Distinguished Papers on World Bank Loan Guangdong Technical and Vocational Education and Training Project（2009—2014）

TVET世界银行贷款职业教育发展（广东）项目优秀论文集

(2009—2014)

广东省人力资源和社会保障厅世界银行贷款项目办公室
广东省职业技术教研室
组编

Management Office of the World Bank Loan Project
Department of Human Resources and Social Security of Guangdong Province
Guangdong Provincial Vocational Technology Teaching and Research Division

中国出版集团
世界图书出版公司

图书在版编目（CIP）数据

TVET世界银行贷款职业教育发展（广东）项目优秀论文集：2009～2014／广东省人力资源和社会保障厅世界银行贷款项目办公室，广东省职业技术教研室组编. —广州：世界图书出版广东有限公司，2014.12

ISBN 978－7－5100－5567－6

Ⅰ.①T…　Ⅱ.①广…　②广…　Ⅲ.①世界银行－国际信贷－职业教育－广东省－2009～2014－文集②职业教育－外资利用－广东省－2009～2014－文集　Ⅳ.①G719.2－53

中国版本图书馆CIP数据核字（2014）第300254号

TVET世界银行贷款职业教育发展（广东）项目优秀论文集（2009—2014）

责任编辑：张　华　许嘉慧
责任技编：刘上锦
封面设计：冒　君
出版发行：世界图书出版广东有限公司
（广州市新港西路大江冲25号　邮编：510300）
电　　话：400 9919 019
http://www.sxz-pub.com　E-mail:yyh@sxz-pub.com
印　　刷：虎彩印艺股份有限公司
（东莞市虎门镇北栅陈村工业区）
版　　次：2014年12月第1版　2014年12月第1次印刷
开　　本：787 mm×1092 mm　1/16
印　　张：13.375
字　　数：321千
ISBN 978－7－5100－5567－6／Z·0081
定　　价：33.00元

2009年，我省引入世界银行贷款职业教育发展（广东）项目，以广东省轻工业技师学院、广东省城市建设技师学院和阳江市技师学院作为先行试验区，致力于探索广东技能人才培养新模式，拓宽技工教育发展新视野。五年来，在厅领导的高度重视和世行专家团队的悉心指导下，项目学校在能力本位教学改革方面成效显著、硕果累累。在此项目完工之际，广东省人力资源和社会保障厅世界银行贷款项目办公室会同广东省职业技术教研室共同组织评选出一批教学改革方面的优秀论文，并汇编成集，以期更好地分享经验，推广项目成果。欢迎指正！

广东省人力资源和社会保障厅世界银行贷款项目办公室

广东省职业技术教研室

2014年10月22日

目　录

一等奖

二等奖

三等奖

TVET世界银行贷款职业教育发展（广东）项目
优秀论文集（2009—2014）

Distinguished Papers on World Bank Loan Guangdong Technical and Vocational Education and Training Project (2009—2014)

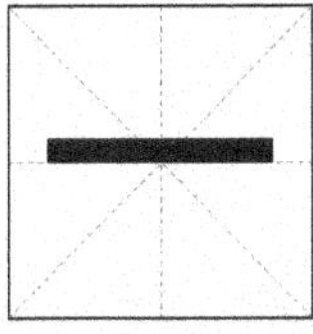

广东技工教育
国际交流合作实践与思考

广东省城市建设技师学院　陈旭彬

摘　要：本文介绍了广东技工教育近年来开展国际交流合作的一些有益探索与实践，分析了其存在问题和不足，并对下一步广东技工教育如何开展国际合作、进一步提升国际化水平提出了建议意见。

关键词：技工教育　国际交流合作　国际化

一、引言

随着经济的全球化和中国加入 WTO，我国教育对外开放进一步扩大，作为与市场和产业紧密结合的职业教育更是走在教育国际化的前沿。作为中国改革开放的前沿阵地，广东具有海纳百川与包容开放的博大胸襟，近年来坚持以世界的眼光开展国际合作，积极开拓国际交流合作新领域，大力加强技工教育国际交流合作。特别是 2009 年时任广东省委书记汪洋作出了“要提高我省现代产业的国际竞争力，就必须打造具有国际水平的现代技工教育体系”的重要批示，为广东省技工教育的国际交流合作工作指明方向，广东省人力资源和社会保障厅为此推进实施了“双百双向”师资培训交流计划，通过“送出去”和“引进来”等方式，与德国、新加坡、香港、奥地利、美国、加拿大、英国、澳大利亚和新西兰等职业教育发达国家或地区交流合作，促进我省技工院校享有外国优秀职业教育资源，进一步确立以职业教育先进国家为标杆，大力提升技工教育国际化水平。与此同时，随着广东省利用奥地利政府贷款引进数控教学设备及培训课程项目、世界银行贷款职业教育发展（广东）项目和世界银行贷款广东农民工培训项目等国际合作项目的深入实施，广东与世界各国的职业教育机构不断加强交流合作，在政府层面的交流互访、校际交流合作、师资培训交流合作、学生交流互换、中外合作办学和国际校企合作等方面不断向前推进，取得了一定的成绩。笔者多年来从事技工教育国际交流合作工作，见证了广东省技工教育近年来在国际交流合作过程中的点点滴滴，有必要对其现状、存在问题及发展方向进行梳理总结和思考，以期指导工作实践。

二、广东技工教育开展国际交流合作的有益探索与实践

自2009年推进实施“双百双向”培训交流计划以来，广东技工教育大力加强国际交流合作，拓展教学改革新思路，先后与德国巴伐利亚州政府、新加坡公共事务对外合作局（SCE）、澳大利亚昆士兰州教育培训部、汉斯赛德尔基金会和奥地利文化教育部职教司等机构成功签署多项合作意向书和备忘录。积极推进新加坡南洋理工学院与惠州市技师学院、珠海市高级技工学校与澳大利亚昆士兰北部TAFE科技学院合作办学，引入新加坡“教学工厂”模式和德国“双元制”教育模式，推动我省技工院校办学模式和教学手段的创新，作出了一些有益的探索和实践，主要呈现如下特点。

（一）交流合作国家（地区）和机构日益增多

从2004年开始，广东就与德国、香港、美国、加拿大等职业教育发达国家或地区合作，尔后逐步发展到与新加坡、奥地利、英国、澳大利亚、新西兰和韩国等国家合作，合作的单位既有政府部门、职业院校，也有职业教育研究机构、行业协会和跨国知名企业。

（二）合作项目载体及合作内容丰富

目前，广东技工教育的合作主要以四大项目为主要载体展开国际交流合作，并且随着项目的深入实施，合作内容愈加丰富。

一是“双百双向”师资培训交流计划。即选派300名广东技工院校优秀骨干教师和管理人员赴德国、新加坡和香港等国际职业教育发达国家和地区培训学习，同时从上述国家和地区引进100名职业教育专家来粤任教和讲学。目前已经提前超额完成了既定目标。

二是广东省利用奥地利政府贷款引进数控教学设备及培训课程项目。经过4年多的努力，广东成功引进奥地利政府货款1800万欧元，为我省8所技工院校购置先

进的奥地利数控教学设备，改善办学条件、提高教学质量提供资金。同时，也为该8所院校的数控专业教师提供了国内和赴奥地利的系列培训课程。

三是世界银行贷款职业教育发展（广东）项目。该项目主要是利用外资，引进优质教育资源，其贷款额度为2000万美元，主要用于提升3所项目院校（广东省轻工业技师学院、广东省城市建设技师学院和阳江技师学院）的办学能力，建立校企合作的长效机制，推行以能力为本位、以学生为中心的课程教学改革，培训管理人员和师资队伍，改进学生评价和教学评价体系，并提供贷款进行土建和采购教学实训设备。作为我省职业教育领域第一次利用国际金融组织资金的项目，从2009年实施以来在各方面的重视与关心下，项目取得了阶段性成果，不但建筑了实训大楼、购买了实训设备，更重要的是吸收借鉴了国外丰富的职业教育发展经验，对推动我省的职业教育制度创新、管理创新和技术创新，从而促使职教培训系统更好地满足学生及劳动力市场的需求起到很大的促进作用。

四是世界银行贷款广东农民工培训项目。农民工培训项目使用世行贷款3500万美元，由广东省人社厅以转贷的方式择优选取广东省轻工业技师学院、广州市工贸技师学院、云浮市技工学校3所技工院校为项目执行单位，项目将通过促进校企合作、开发一体化培训课程、提升培训服务能力、改善教学培训条件等活动，扩大广东省农村劳动力的培训机会，提高培训的质量和效率。项目于2013年9月底启动实施，预计2018年底完工。

此外，自从中国加入世界技能组织后，广东技工院校也将以世界技能大赛为交流合作平台，向世界技能顶峰冲刺。如广州市工贸技师学院与英国领事馆文化教育处联合举办世界技能大赛中英选手热身赛，作为第42届世界技能大赛“制冷与空调”和“CAD机械设计”两大项目中国集训基地，广州市工贸技师学院也通过此平台与英国海泊里学院建立了校际合作关系，双方共同探索在技能人才培养和技能竞赛方面的双赢合作。

（三）合作形式多样

1. 政府之间的交流互访

借助广东与德国巴伐利亚州、澳大利亚昆士兰州友好省州关系，近几年，广东与国外机构之间的交流互访愈加密切，政府之间高层领导交流互访推动了职业教育合作项目的签署和深入实施。如2010年肖志恒副省长率团出访了德国、奥地利和冰岛，促成了广东省人社厅与汉斯·赛德尔基金会的职教合作项目的协议签署。2011年，时任广东省省委书记汪洋成功访问德国，并作出了粤德要加强职业教育双向交流合作的指示，对粤德职业教育的进一步合作起到很大的推动作用。

2. 校际交流合作

“加入 WTO 后，我国做出了开放教育服务领域的承诺，是全世界对教育服务贸易做出承诺的 47 个国家之一。”“中国职业教育是最先开放的教育服务贸易领域，国外教育机构纷纷进入中国，抢占教育服务市场。”广东也不例外，如，澳大利亚和新西兰来粤寻求合作，澳大利亚北部 TAFE 科技学院与中山市技师学院、珠海市技师学院的合作，大都会南部 TAFE 科技学院与广州白云工商技师学院和广东省轻工业技师学院的合作。

3. 教师培训交流合作

“面向世界招聘师资和经常送本国教师出国培训是提高教育国际化水平、扩大教师视野的重要方面。”广东技工教育推进实施的“双百双向”师资培训交流计划就是很好的范例。截至目前为止，已选送 680 多名技工院校优秀骨干教师和管理人员赴德国、新加坡和香港等职教发达国家和地区培训学习，同时，从上述国家和地区引进 100 多职业教育专家来粤授课和讲学，通过双向交流学习，为广东技工教育培养了一大批具有国际视野和先进职教理念的优秀技工师资人才。

4. 学生的交流互换

如，广州白云工商技师学院与韩国湖南大学和昆士兰州大都会南部 TAFE 科技学院的服装专业交换生计划；广东省华立技师学院与美国英卡奈特大学的“1 + 3”合作国际本科衔接办学项目，学生在华立学院学习 1 年的国际认可的公共、专业课程和英语强化课程后，成绩合格者申请到英卡奈特大学衔接其本科课程继续深造。

5. 中外合作办学

目前广东技工教育主要的中外合作项目有广东工业设计培训学院与香港职业训练局，惠州市技师学院与新加坡南洋理工学院，珠海市技师学院、中山市技师学院与澳大利亚布里斯本北部 TAFE 科技学院等合作办学项目。

6. 校企国际合作联合培养技能人才

我省个别技工院校借鉴德国双元制模式，与世界知名跨国企业合作培养复合型国际化技能人才，例如佛山市高级技工学校与佛山欧司朗照明有限公司的合作，珠海市高级技工学校与摩天宇航航空发动机维修有限公司（MTU）的合作。通过利用跨国公司的管理、技术优势，为师生提供一流的研修、实习基地，让师生深入到这些世界知名的企业内，了解发达国家的先进生产技术、市场运行机制、经济管理体制、企业的运行模式等，这对开拓学生视野，培养学生的协作精神和创新意识以及对学校的教学改革都有重要的作用。

三、广东技工教育国际交流合作现状及存在问题分析

我省技工院校经过近几年来双百双向师资培训交流计划的实施，积极吸收国际职业教育发达国家的先进理念和成功经验，创新高端发展，技工教育国际交流合作虽取得了一定的进展，但还处于初级阶段。当前技工教育国际化主要表现出以下几个特点：一是形成了教育国际化初步理念，但对国际化教育内涵认识不深；二是师资队伍初具国际视野，尚缺乏较强的国际教育教学能力；三是技工院校积累了对外交流的初步经验，但处于教育国际化发展的初级阶段。广东技工教育开展国际交流合作依然存在着急需解决的问题和困难。

（一）合作内驱力不足、合作模式单一

广东技工院校近几年注重招生，规模发展有余而内涵创新发展明显不足，很多院校更是腾不出精力去开展“缠缠绵绵”的国际交流合作，广东技工教育的国际交流合作更多是被动的，更多是为了贯彻上级的指示要求而开展的，仅有个别院校是从自身发展需要去开展国际合作，内驱力明显不足，领导重视程度有待进一步加强。此外，技工院校的国际交流合作实践在很大程度上处于一种表面、零散的合作，而且合作模式单一，大部分集中在几个方面：一是选派教师赴国外培训交流学习，尽管派遣的教师多为专业课教师，但由于教师外语水平不高、培训时间较短等原因而难以收到成效；二是接待一些国外考察团来访洽谈合作项目，但由于技工院校学生家庭经济不宽裕、英语基础较差以及签证难等问题，往往使合作项目难以最终落地。

（二）政策与管理缺位、合作层次不高

目前，国家的对外交流合作政策较为严格，因公出国考察培训严格控制组团，广东技工教育虽然近几年加强国际交流合作，但在国际合作方面的政策出台和管理服务方面仍然滞后于现实发展需要。国际交流合作管理机构不健全，几乎没有一所技工院校设立专门的交流合作管理部门，也无专人负责，省厅在机构和工作人员方面也没有做相应的配备。国际交流合作经费不足，管理乏力。因为政策和管理的缺位，导致目前技工教育的有些国际合作项目跟踪和管理不到位，合作的层次也不高，合作仅仅停留于教育代表团互访、选派教师境外培训交流和邀请国外职教专家来粤授课等层面上，很少有学校能在专业合作建设、一体化课程教学改革等内涵发展方面上做出探索。

（三）国际交流发展缓慢，合作效益较低

尽管广东技工教育今年来大力加强国际交流合作，但在师资出国、师资培训进

修、聘请国外职教专家来粤授课讲学和开展合作项目等方面进展缓慢。如，2012 年全省仅派出 145 名教师和管理人员出国培训，而且多为 1 个月以内的短期培训。在聘请国外职教专家来粤授课方面，也比较依赖于德国汉斯赛德尔基金会的不定期资助派遣教师，2013 年仅派遣 5 名专家来粤授课。很多学校都没有能力花大价钱去聘请国际职业教育高端人才。“教育交流过程蕴含着文化碰撞、磨合、融合的过程”，由于文化差异和国情不同，双方对合作项目的理解有出入，导致项目停滞不前。如，广东与德国汉斯赛德尔基金会的职教合作项目进展就不够理想，比起基金会的上海和南京等项目就要落后得多。又如，世行贷款职教发展项目的某个学校目前土建的资金还未使用，绩效较差，严重影响项目的合作效益。总体看来，国际合作项目启动速度较慢、合作层次不高、经济效益低的问题普遍存在。

四、广东技工教育加快实现国际化的理性思考

“新时期的国际合作与交流工作，不再是原来通常说讲的单纯‘迎来送往’、‘出出进进’、‘吃吃喝喝’的工作了”，国际交流合作工作要列为广东技工教育的中心工作，各技工院校要把它作为“一把手”工程来抓。

（一）观念和行动上要高度重视技工教育国际交流合作，提升交流合作能力

我省技工教育全体同仁要树立教育国际化的观念，要认识到教育国际化是经济全球化的必然趋势，教育国际化归根结底是要实现人的国际化。因此，政府主管部门和各技工院校要统一思想、高度重视，充分认识到国际交流合作对技工教育发展的重要意义。同时，要对下一阶段的合作作全面规划，以实际行动重视和支持国际交流合作工作。

一是建立健全政策和管理制度。各校要完善外籍教师的聘请和管理、合作办学的收费标准等相关国际交流合作管理制度，省厅要出台《广东技工教育国际交流合作发展规划》，确定近期、中期和长期的发展目标和优先推进的合作领域。

二是建立机构和人员保障。政府主管部门和各技工院校有条件的情况下要成立层次和职责分明的国际交流合作专职管理机构，并配备专门工作人员负责开展各项国际合作工作，“外事工作无小事”，没有专门的机构和专责人员是很难科学有效地管理的。

三是要加大经费保障力度。无论是选派教师出国培训进修还是聘请外籍教师，都要花钱，没有充足的经费是很难保障合作项目的开展。要建立技工教育国际合作

经费的多元筹资渠道，充分发挥政府资助、学校自筹、社会捐助和个人出资等方式，确保各类合作项目能顺利开展。此外，技工院校要加强自身内涵建设，在人才培养模式、专业建设、课程开发、师资培养和教育教学管理水平等方面缩小与世界一流职业院校的差距，全面提升国际交流合作的能力水平。

（二）加大引进国外优质职业教育资源力度，以重点合作项目带动提高国际交流合作水平

针对广东技工教育面临国际交流合作模式单一、合作层次较低的问题，我们要大胆探索，开拓技工教育多元化的合作领域，在巩固原有“送出去”和“引进来”师资培训交流传统项目的基础上，可大力探索合作办学、缔结姊妹学校、校企国际合作、课程开发合作等项目的可能性。针对文化价值差异问题，要加强对国际交流人员的爱国主义教育和外事纪律教育，加强国际理解教育，培养跨文化国际交流合作意识。同时，最关键的是要大力支持国际交流合作重点项目，比如“双百双向”师资培训交流项目、世行贷款职教发展项目和农村劳动力培训项目，充分引进德国“双元制”、新加坡“教学工厂”和世界银行等优质的职业教育资源，依托一所有实力的技师学院建立国际交流合作示范中心和师资培训中心，引进国外专家长期驻校工作。从而以重点合作项目整体带动、辐射和提高全省的技工教育国际交流合作水平。

（三）坚持以职业教育先进国家为标杆，加快实现技工教育国际化

1. 推进对外合作办学

鼓励支持我省技工院校与境外知名职业院校合作，实践“双元制”和“教学工厂”职教模式、合作开发专业课程、开展学术交流和师生交流等。积极与德国汉斯赛德尔基金会组建“粤德技工教育合作联盟”，推动我省技工院校与德资企业合作办学。鼓励有条件的技工院校建立海外实习实训基地。探索技工院校毕业生海外实习、就业渠道。

2. 建立世界技能大赛参与机制

加强世界技能人才培养标准研究，加快研发与国际接轨的职业标准，培养世界通用技能人才。依托我省优质技工院校按照专业分类建立世界技能大赛基地和集训基地，承担世界技能大赛人员选拔、选手集训、培养世界技能大赛指导专家、承接世界技能大赛等。

【参考文献】

[1]黄华.高职院校开展国际交流与合作的战略分析[J].职业技术教育，2011(22):45－48.

[2]陈昌贵，谢练高.走进国际化中外教育

交流与合作研究[M].广州:广东教育出版社,2010.

[3]彭未名.国际教育交流与管理[M].广州:华南理工大学出版社,2007.

[4]熊倪.高职院校对外交流与合作实践途径创新研究[J].顺德职业技术学院学报,2010(2):46-48.

[5]吕红,李蕾.积极推进国际交流与合作打造重庆中职教育国际化[J].重庆电子工程职业学院学报,2012(5):1-4.

校企合作
自组织运行的对策研究

广东省城市建设技师学院 应丽梅

摘 要：本文以自组织理论为基础，首先分析了校企合作系统内部各要素及其关系，构建了校企合作自组织演化的过程模型。然后从自组织演化视角审视了当前校企合作中存在的问题，即信息交流不充分、缺乏制约条件、合作关系单一以及无法实现涨落，进而提出搭建信息交流平台、促进长效合作机制、构建价值增值链以及发挥政府功能四个对策，以促进校企合作系统从无序态走到有序态，实现自我演化螺旋上升发展。

关键词：自组织 技校 校企合作 对策

一、引言

技校与企业的合作在发达国家已有上百年历史，许多国家如美国、英国、加拿大、德国等都已建立起各具特色而又成熟适用的校企合作模式。我国校企合作的历史可以追溯到清末洋务运动时期，可惜中间经历了两次停滞时期，直到十一届三中全会以后，才有了新的突破。最近几年，党和国家领导人把技校开展校企合作培养技能型人才放在了一个非常重要的高度，在政府文件和讲话中均多次提及，在政策上给予大力支持[1]。目前校企合作从内容、形式到规模上都有了较大发展，但也存在诸多问题。自组织理论是由诺贝尔奖获得者普里·高津先生等人创立的，它以复杂性系统为研究对象，其理论核心是分析在复杂性条件下，系统及系统中各要素由无序态向有序态自组织转化的内在机制。本文从自组织理论视角出发，探讨促进校企合作系统自我完善、自我优化的途径，以期从系统内部入手破解校企合作发展难题。

二、校企合作的系统分析

（一）校企合作系统包含的要素

校企合作是在政府宏观引导下，技校、行（企）业基于各自发展的战略目标，依据彼此的异质资源结合而成的一种风险共担、利益共享的组织体[2]，即政府—行业—学校—企业的有机结合体。其中政府是调控主体，学校和企业是操作主体，校企合作主要是学校和企业两个操作主体在资源、技术、师资培养、岗位培训、学生就业、科研活动等方面进行的各种沟通与交流活动。具体合作内容包括理论知识学习与实践工作的结合、人才培养方式与用人标准的结合、专业课程体系设置与企业需求的结合、技能训练与岗位要求的结合、实习基地建设与企业真实工作环境的结合等等。

（二）校企合作系统要素间的关系

校企合作不是计划经济的产物，也不是行政命令的产物，它是系统内各要素在外力及内部发展动力的作用下，在利益关系的驱使下自由组合而成。技校的资源包括：全体师生、培训鉴定基地、设备、技术、政府专项资金及特殊优惠政策支持等，企业的资源包括：技术人才、实训场地、各种设施、人才需求信息、行业市场信息、科研学术信息等，当两者存在互补关系时，企业和学校通过信息的沟通和资源的共享、合作各取所需，获得生存和发展。校企合作系统的产生是市场经济发展的客观要求和必然产物，其运行和发展离不开市场的支撑。

（三）校企合作系统的目标

校企合作系统内是一种异质组织的混合体，各组成要素的性质不同、目标不同，要兼顾各方利益诉求。对学校来说，校企合作要解决教学资源不足的难题，利用企业的生产环境、设备等来锻炼教师、指导学生，提高教学质量，增强办学实力，以培养“适销对路”的高质量的高技能人才，追求的是社会效益的最大化。对学生来说，校企合作能提供真实的工作环境，有助于积累社会经验、增强动手能力、拓宽就业渠道、提高就业质量。对企业来说，可以获得技校的人才、技术、培训等多方面支持，有利于解决企业产品开发、技术革新、员工培训等问题，增强市场竞争力，促进企业可持续发展，使利润最大化。政府既希望实现经济效益，也希望获得社会效益。校企合作系统必须将这些目标有机结合起来，实现多赢，即“1＋1＞2”的效果。

三、校企合作的过程模型

我们按照时间顺序来考察合作的全过程，把校企合作分成寻租谈判、合作实施、过程监控、成果验收并形成新的合作需求几个阶段，这是一个循环往复并不断完善的过程，如图1所示。

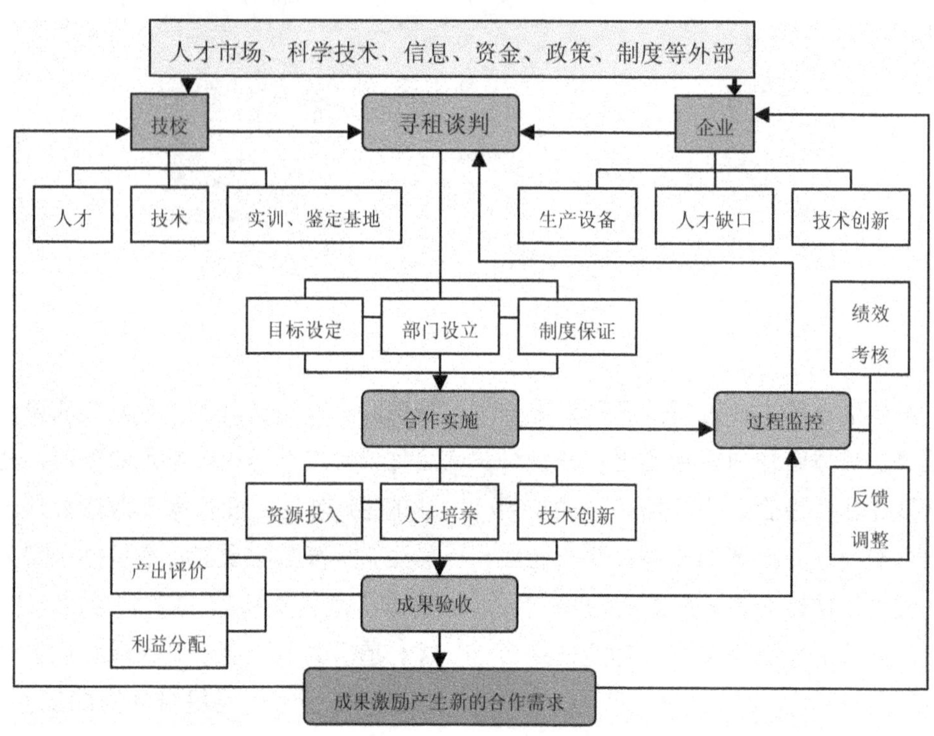

图1　校企合作自组织过程模拟图

（一）寻租谈判

这一阶段最主要的工作是寻找合作对象并设计合作蓝图。在各种内力外力的作用下，技校和企业都有与对方合作的意向，但要真正开展实质性合作，双方还需付出很多精力和时间。学校和企业的领导者首先要在设计层面上长远规划、大胆探索，确定合作目标，以合同的方式明确规定合作的对象、内容、方式、时间、人员以及最终要达到的效果等，还需要根据实际情况设立相应的部门并制定各种相关制度。由于学校和企业是完全不同的两种社会团体，双方的工作方式甚至思维方式都很不一样，因此谈判阶段显得尤为重要。

（二）合作实施

合作规划好之后，还要从操作层面上保证校企合作制定的各种计划得以顺利实施。校企合作进入正式运行阶段，资源的投入是首要的，企业和技校都要付出相应的人力、物力、财力，为合作规划的实施提供保障。校企合作的载体一般是共建实训基地、人才培养计划及资源共享，这里的人才既包括学生、教师，也包括企业技术人员，技术则由校企双方按合同共有，以实现人才培养和技术创新，保证合作系统内各方利益。

（三）过程监控

为了保证工作的效率，实时的监控是必需的。特别是在合作初期，由于双方工作方式、思维习惯的不同，极容易出现矛盾。合作步入正轨后，也要实时监控，保证计划的执行力度，同时也有助于发现问题，及时更改和调整。

（四）成果验收

在阶段合作到期前，就可以对合作效果进行验收。如何衡量校企合作的好坏关系到校企合作的成功与否，也关系到校企合作的可持续深入发展。目前的评价方式大多还是企业管理层人员及学校领导的主观意见，量化指标比较少，没有形成系统。比较先进的评价模式是从投入、过程、产出三个方面入手，设计出一套综合评价体系[3]，更客观地反映出合作效果，实现利益分配。

（五）循环往复

理想的校企合作，不应该是一次性的，而应循环往复，一次比一次深入，一次比一次高效，螺旋上升，实现系统内部的自我完善，逐步走向成熟。校企合作双方在长期的合作过程中逐步探索并建立起各种管理体制和运行机制，能使校企合作系统内各要素间相互作用、合理制约，使系统整体良性循环健康发展。

四、校企合作自组织受阻原因分析

自组织理论认为，系统的开放性是形成有序结构的根本条件，远离平衡态是系统演变的必要条件，非线性是系统自组织的内在条件，满足这三个条件后，系统便在涨落条件下自发由无序态向有序态转化。目前技校在开展校企合作的过程中遇到的问题纷繁复杂，从自组织条件入手可将问题归纳为以下几点。

（一）开放性不足

开放性是指系统与外部环境有物质、能量、信息等交流，使系统的无序程度逐渐降低。校企合作不是计划经济的产物，也不是行政命令的产物，本身是一个自由结合的系统，具有很强的无序性。系统需要与国家政策、产业环境、人才市场、科技发展等外部环境保持高度开放，系统内的要素变化能直接或间接导致外部环境的变化，而外部环境的变化也能促使系统内各要素产生反应，校企合作系统才能与外部环境进行物质、能量、信息交换，最终走向有序。“企业用工荒”和“学生就业难”[4]两种矛盾的社会现象的存在，学校出现的“学生和教师不理解甚至不配合校企合作”的问题，其原因归根结底还在于缺乏一个学校、企业、学生、教师、家长、政府相互沟通交流的平台，信息阻塞，开放性不够。

（二）缺乏制约条件

自组织理论认为“非平衡是有序之源”，即系统内各要素应该是一种相互制约、互相牵制的状态，其目的就是为了使系统内各要素都要承受压力，有压力才有发展，不断地从无序走向有序，从初级走向高级。前面说过，校企合作系统内各成员的性质不同、目标不同，这需要有外力去化解两者之间的冲突与矛盾、平衡他们之间的利益关系。但是，目前我国校企合作还处于“契约式”的初级阶段[5]，校企双方的权利义务一般是依靠双方的协议约定，缺乏法律规范，甚至相当一部分学校与企业的合作是通过口头协议达成，没有约束力，容易产生纠纷。

（三）单一合作关系

目前技校开展的校企合作形式大多是“顶岗实习”、半工半读、企业命名的订单式培养模式等，这些模式就其功能来讲，仅仅解决了学生的实习与就业问题，而且合作的主动权一般掌握在企业手中，实习的内容、时间、人数都由企业根据实际需要来定，学校被动配合，甚少考虑学生及家长的要求，学校老师也基本上没有参与合作方案的设计与具体实施，老师的“纸上谈兵”问题和学生的“学无所用”问题还没有得到根本性解决。我们可以把这种关系概括为一种单纯的“人才供需关系”，这种单一链条的关系非常薄弱，一旦出现问题，比如学生不服从实习安排而故意离岗，这种合作关系就可能面临破裂。

（四）涨落无法实现

在系统开放性、非平衡约束条件和非线性相干条件缺失的条件下，涨落无法实现，原有的平衡稳定态无法打破，无法上升到更高的有序状态，只能维持原样。表现在现实中，则是目前我们谈到校企合作时经常听到的“合作层次偏低”、“合作形式单一”等问题。

五、基于自组织运行的校企合作对策研究

从自组织理论来讲，校企合作运行模式是不能人为地去打造的，而只能去创造其自组织运行所需的四个条件，只要条件具备，系统内在运作机制就能得以形成，并导致系统自组织地从无序态向有序态转化，客观地形成校企合作的理想运行模式。为了创造校企合作的自组织条件，提高校企合作的自组织功能，我们可以从以下几方面入手。

（一）构建信息交流平台，提高系统开放性

为充分满足系统的开放性条件，我们首先要构建校企合作信息交流平台，使系统内各要素的信息完全透明化、公开化，并做到真实、可靠和有效。校企合作的启动是由技校与企业之间的需求碰撞产生的，校企双方的基本情况以及双方的供需情况都需要“信息”来传递。通过信息交流平台的建立，使技校的专业建设、师生素质、技术成果以及企业的经营状况、技术装备、人才缺口等信息在系统各要素之间、系统与外界之间充分交融和沟通，促使系统各要素在更大范围内进行合作伙伴的有效选择，化解由于信息不对称导致的合作风险，同时有效遏制系统在实际运作中出现的经营风险。信息交融越充分，其有序化程度就越高，自组织、自增值能力也越强。

（二）建立长效合作机制，形成制约关系

为了保证系统内要素之间信息沟通的真实和合作的诚信，还必须建立良性的约束和激励机制，形成非平衡约束条件。其目的就是使系统内各要素都要承受守约的压力，违约者要付出成本，而守约者可获得更多的利益，从而迫使系统各要素向着长期紧密合作的方向发展。激励的途径包括制定利益分配制度、调整行为方式和增加信息沟通渠道等；约束的途径可以通过目标和行为两方面来进行，在目标约束中，明确校企合作双方应达到的目标，以目标作为考核的主要指标，在行为约束中，指明双方做什么、怎么做，不应该做什么、怎么做等，通过激励和约束机制给校企合作双方足够的动力和顺畅的运行力，推进管理熵的减小，达到自组织的联动效果，使整个系统健康、有序地发展。

（三）构建价值增值链，促成非线性相干局面

建立校企合作系统内各要素之间的非线性相干关系，就是构建一条具有多盈利

点的网状价值增值链，并由此引发校企合作模式的多元化发展。根据分析，我们可以尝试建立校企合作第三方服务平台[6]，这个平台可以是政府机构，也可以是学校的教研处或企业内部某部门，甚至是中介机构。这个平台的功能是为校企合作双方，提供技术存储和技术缺口信息，管理校企双方合作的合同，提供校企合作双方的担保，组织管理校企合作双方的利益分配等。在设计合作上，作为校方可在帮助企业降低成本、技术改造、人力资源等多方面给予支持；作为企业，可在校方师资技术力量的整体提高、实训教学、课程规划、教学改革、学生就业等多方面给予帮助，实现合作内容的多样化、合作主体的多元化，只有这样，校企合作才不至于成为昙花一现。

（四）政府搭台出政策，实现涨落条件

在以上三个条件同时具备的基础上，当满足外界输入达到一定阀值时，系统就有可能打破原有的平衡，走向远离平衡态，在随机涨落即外部发展机会和机遇中，形成新的、更加有序的结构，即系统向更高层次演进。对校企合作而言，这个涨落条件可以是新政策的制定与实施，也可以是一个公平竞争新平台的建立，或者围绕诚信所形成的新的市场游戏规则[7]。这种涨落仅仅是一种潜在的、未被市场主体接受和实践的涨落。在这种新的涨落条件下，系统通过内在机制的作用，加之市场经济的规律，校企合作呈现一种螺旋上升的趋势，在特定的时期下会形成特殊的成熟模式，在新的竞争中获得更多的机会和效益；反之，一些没有形成系统自组织机制的合作模式将会始终处于一种无序态，丧失机会和优势，最终被市场淘汰出局。

需要强调的是，我们这里所说的校企合作模式并不是人为发明和构建的，而是自组织条件具备的前提下，系统内在、运作机制推动形成，并导致系统自组织地从无序态向有序态转化，客观地形成校企合作合理的运营模式。换言之，也就是说，我们寻求的是创造形成校企合作模式的客观条件，而不是去创造模式。

【参考文献】

[1]劳动和社会保障部高技能培训联合委员会.校企合作培养高技能人才成功之路[M].北京:中国劳动社会保障出版社.2007.

[2]张海峰.高职教育校企合作联盟的系统研究[J].职业与教育,2009(20).

[3]方德英,等.校企合作评价体系:校企合作创新—博弈、演化与对策[M].北京:中国经济出版社,2007.

[4]搜狐新闻网.用工荒与就业难的奇怪并存[EB/OL] http://news. sohu. com/s2010/dianji384/.

[5]刘洪.校企合作必须关注的问题[EB/OL].http://www. worlduc. com/blog. aspx? bid =2775298.

[6]余祖光.职业教育校企合作的机制研究[J].中国职业技术教育,2009(02).

[7]伍硕.论系统自组织的条件、机制和发展方向[J].彭城职业大学学报,1999(02).

对技工院校体育教学中开展拓展训练的探讨

阳江技师学院　蔡志能

摘　要：体育教学和拓展训练在培养学生能力和潜力上具有得天独厚的优势。怎样将二者有机融合具有重要意义，拓展训练可让参训学生通过体验活动项目认识自身潜能，认识群体作用，启发想象和创造力，提高解决问题的能力。把拓展训练应用于体育课中，联系了学生未来社会生存的关键因素进行再设计，针对性地对这些能力进行有效培养，因此体育课与拓展训练有机地结合是未来体育教学改革的方向和趋势。

关键词：拓展训练　体育教学　技工院校

近年来技工院校发展非常快，我校作为技工院校中的一股新生力量，校领导十分重视教学改革，多次组织学校教学管理骨干教师到高明接受专业的拓展训练学习。希望通过教学改革建立一套适合我们技工院校学生的教学方法，强调在体育课堂中除了让学生能够锻炼身体之外，还应该在学生的品德和职业素养方面取得一定的成果，本人近两年在校内进行了拓展训练教学方法的尝试，取得了一定的教学成效。本文是对这个尝试性改革的阶段性总结和思考。

一、素质拓展训练在技工院校体育教学中的意义

拓展训练并非体育加娱乐，而是对正统体育教育的一次全面提炼和综合补充。在何种情况下能使有限的知识和技能释放出最大的能量，如何开发出那些一直潜伏在身上，而自己却从未真正了解的力量，怎样才能弄清，人与人的沟通和信任到底能深入到什么程度？这就是拓展训练的真正意义。

二、技工院校体育课开展拓展训练内容的必要性

在技工院校里，很多学生都对体育课不够重视，在体育课堂上表现为怕苦怕累，欠缺刻苦耐劳的精神，从而对体育产生厌学心理。即使强制要求他们进行一些项目练习，他们也是畏手畏脚，老师在旁边的时候就练习，老师走开就偷懒。这些现象，

在技工院校的体育教学当中都比较普遍。所以，在现代的体育教学过程当中，增加一些新的教学方式，让学生对体育课程感兴趣，这是对体育老师提出的一种新的要求。

拓展训练是一项集求生、惊险、刺激、娱乐、教育于一体的极限运动。现在这项运动已经被许多国家的各级学校所喜爱，并有了专门的训练内容和方法。对在校青少年进行针对性的求生意志、信念、欲望的训练，帮助受训者克服恐惧心理、坚定求生信念、建立团队精神，拼搏进取，以无畏精神更好地面对学习、工作和生活。但是，拓展训练在我国技工院校开展的情况还不够理想。其实开展拓展训练对学生克服社会上带来的各种压力，提高自身的能力和学习兴趣都有很大的帮助。笔者在2009年开始对我校个别班级在体育课堂开展拓展训练项目，在各个专业中都分出实验班和普通班进行教学。

三、素质拓展训练的实施

(一) 教师对拓展训练项目的设计

1. 确立拓展项目目标

每一个拓展训练都有一定的目标，如培养学生团结协作方面的，或者培养学生沟通能力方面的，又或者培养学生敢于表现自己方面的，这个目标可以分一个或几个单元来完成。同时也可以将运动项目体现在拓展训练中。

2. 确立拓展项目的时间

拓展训练并不是一定要每节课每次课都进行，但是教师可以根据学生的表现情况来进行拓展训练项目的时间，可以是整堂体育课，也可以是每次课用20~30分钟来进行。

3. 不同专业设置不同类型的拓展训练

在学校的大环境中，可以根据各个专业的特点设置符合本专业的拓展内容，见表1。

表1　班级情况与拓展训练类型对应表

班级类型	班级	拓展训练类型
女生班	会计、广告类	细致型、创作型
男生班	机械类	比赛型
混合班	管理类	团队沟通型
所有班级	所有班级	团体合作型

4. 确立奖励制度

为确保拓展训练能更好地进行，在团队项目中以奖励加分的制度来提高学生的积极性。同时团队项目以复杂性、艰巨性为特征。良好的团队气氛，成员之间的相互信任、理解、默契、配合是活动成功的关键。团队项目对于改善受训者的合作意识和受训集体的团队精神有很强的针对性。所以在实施拓展训练中应加大团队项目的比重，实行奖励制度。

5. 可通过将团队项目和单项拓展、个人项目相结合的形式来进行

特别注意的是在混合班中要注意男女分组的情况，要让各组男女生人数相对平衡；项目要求要适中，最好让小部分学生能够独立完成，还有一部分同学必须通过帮助才可以完成。在项目结束后要设置个人分享部分，让学生将自己的个人感受说出来和全班同学进行分享，最后教师也对拓展过程进行点评，个别项目教师还可以参与其中，和学生一起感受拓展过程，提高学生的学习兴趣。

（二）将实验班合理分组

1. 确定体育骨干

根据相对自愿合理分配的原则把实验班分成4组，12人左右为一组。分组时要注意，分开身体素质相对优秀的学生。请每个组自主推选组长，规定组长职责有三个：①负责本组成员的考勤和纪律；②负责本组活动情况的协调，调动本组成员积极参与活动、相互配合；③负责向老师汇报每次活动的情况，收集组员的意见，向老师提出改进活动的建议等。

2. 确定队名和口号

根据学生的自身特点，让学生发挥想象力，自主确定本队的队名和口号。这样可以让每一位队员都明确自己属于哪一个团队，在日后的团队中，自己应该为自己的团队贡献自己的力量。

确定队名是拓展训练的一个必经过程，在这个过程中往往使课堂由原来的严肃变成愉快。在确定各自队伍的队名和口号的时候，让学生在每一次训练或比赛开始之前都同声高呼自己的队名和口号，达到让学生从心理上归属到自己的队伍这个集体里面。

（三）按实际教学情况，重新选择教学内容，选择拓展项目教学

我校的体育课教材采用的是信晓宁主编的《体育与健康》，广东教育出版社2009年7月第2版，该教材为广东省技工

院校教材，项目齐全，难度适中，更配有直观易懂的运动技术动作，使学生能直观地了解到各种运动项目的技术动作要领。

笔者在教学中首先把教材内容按运动项目主题分成项目，根据学生的实际情况，选取一定的运动项目，运用拓展训练的知识，把各个不同的运动项目和拓展训练主题组合在一起，集中以拓展的主题以更好地巩固知识，方便模拟教学的开展，见表2。

表2 《体育与健康》教学项目模块一览表

项目	项目主题	项目内容
1	游戏拓展	1. 数字组队 2. 火车挂钩 3. 车轮滚滚
2	排球项目拓展	1. 垫球拓展 2. 传球拓展 3. 发球拓展
3	篮球项目拓展	1. 运球拓展 2. 传球拓展 3. 投篮拓展
4	教学比赛	1. 排球比赛 2. 篮球比赛 3. 太极拳学习比赛

（四）拓展模块项目分析

1. 拓展项目意义

可以培养学生的团队合作意识和团队精神，让学生在游戏中学会如何去解决团队冲突，遵守游戏规则。同时还可以培养学生的集体荣誉感，提高竞争意识、创新思维等优良品质。

2. 拓展模块例子说明（见表3）

表3　举例说明

拓展模块	举　例	举例说明	开展意义
游戏拓展	数字组队	全班同学手牵手围成一个大圈，要求男女间隔不能超过两人，按教师要求进行牵手跑，当听到教师的哨声响起的同时，留意教师举起的手指数并进行组队，最后剩下的同学要接受一个小惩罚：表演一个小节目	这既是一个团队项目也是一个个人项目，它既体现了团队的合作精神，也锻炼了个人的自我展示能力，在最后的小惩罚中，要求进行表演一个小节目就很讲究个人的胆量和展示能力。同时也发展了学生的反应能力
排球项目拓展	自我垫球	某个班40人，平均分为4组，体育骨干合理安排在各组之间，教师制定一个目标（个人连续垫球1分钟，全组要求垫300下以上）	给学生一个团队目标，由体育骨干带动全队同学，让技术优秀的学生带动技术不好的学生，同时能给技术不好的学生一个学习的动力和压力，在自己的团队中尽自己的一份力量
篮球项目拓展	定点投篮	5个点，每个点投两球，每进一球算全组得1分，总成绩分数最高为第一名	团队目标，培养学生良好的学习兴趣，同时增强学生的集体荣誉感，让学生既学到技术，也学会如何去帮助自己的队友，达到共同提高
教学比赛	太极拳教学比赛	简易太极拳24式，教会学生动作之后，给出学生一个要求，在完成所有动作之后，每一组队员要自己想办法，将动作拆散重新组合一套动作，可以更加简单	在学习的过程当中去提高学生的创造能力，或者说是构造能力，从而让学生懂得去思考，而不是生搬硬套

四、开展素质拓展训练教学的效果

（一）两种教学模式的对比（见表4）

表4　开展拓展训练教学与传统教学实施对比

比较项目	10会计1班	10会计2班
教学方法	开展拓展训练教学	传统教学
上课地点	运动场	运动场
学生活动形式	1. 拓展游戏 2. 项目拓展 3. 教师纠正指导 4. 教学比赛 5. 小组分析、共勉、体会 6. 相互按摩放松	1. 准备运动 2. 热身跑 3. 教师示范、布置练习 4. 教师巡查练习，个别纠正 5. 集合
教师角色	提供材料，组织教学活动，监控协调和记录，鼓励组内相互合作，鼓励学生进行各种形式的自我学习或小组合作学习	示范、监督练习
教学效果	1. 课堂气氛活跃，学生活动和自我学习占课堂80%的时间 2. 大大增加了生生交流和师生双向交流时间 3. 课堂上学生不仅知道哪些是重点技术，而且能够在课堂时间内通过各种形式的活动或小组学习方式消化理解运用这些技术要领，达到学用结合，以用促学的效果	以学生练习为主，师生互动和生生互动时间很少甚至没有，学生只是在课堂上跟教师练习，互相指导学习就很少出现
考核方式	以团队活动作为每个项目的小测验，期末成绩为每个项目成绩的百分比之和，主要考查学生的团队合作能力，当然为了公平起见，也对在团队活动中所做贡献的大小做出相应的加减分	传统的个人项目考查，主要考查个人学习的能力，并没有体现团队间互助，学生的团队意识没有得到提高
学生评课	授课方式多样化，素质拓展教学很新颖，对个人技术和综合素质有较大提高，希望继续开展下去	普遍反映对本课程学习没有兴趣，学习内容枯燥

（二）问卷调查结果分析

学期结束前对实验班进行了问卷调查，发放问卷56份，收回53份，从问卷中可以分析出新教学模式至少对该班同学产生了以下积极影响。

1. 对体育课程学习兴趣提高

94.5%的同学表示经过本课程的学习后更加喜欢体育锻炼，90.9%的学生表示将来主动会选择感兴趣的项目进行定期的身体锻炼。98.2%的学生表示本门课程所学的体育知识技能对将来职业和生活“非常有用”。

2. 锻炼了学生在工作岗位所需要的许多综合能力

增强了该班的团结合作精神，83.7%的人认为拓展训练教学使其“加强了与同学之间的交流，体验了团队分工与合作”。同学们体验到服从、分配、相互协调及配合对完成团队任务的重要性，在此过程中巩固了班级情感。这些正是技工院校的学生最需要锻炼的素质。

3. 使学生端正了学习态度，改善了学习方法

拓展训练教学开展之前，实验班的学生习惯了在教师监管和考试压力下应付式的学习方式。经过一个学期的拓展训练教学，同学们体会到学习的乐趣和在快乐中进行体育锻炼的方式，自己积极主动去完成任务。为了在团队中获得重视和尊重，必须争取任务最多的角色。然后为了顺利完成任务而积极主动地去学所需的知识。同学们对考核方式的改革表示欢迎，76.4%的人认为这样的考核方式“有助于及时检验学生的整体素质和团队精神，非常好”。

4. 提高了运动技能

经过不断的拓展训练教学后，更多的学生开始主动进行体育锻炼。

五、个人体会

这次拓展训练给我留下的印象极深，得到的知识与心得体会也非常丰富，总结起来，有以下几点。

（1）分层管理、明确领导极其重要。每个人的岗位职责确定之后，各司其职，有利于明确责任，发挥个体的主观能动性，使其既知道自己应该做什么，又思考怎样做好。

（2）应学会遇到问题换位思考。在工作中，不要为表面的现象所困扰，有些印象其实是主观的臆想，需要你的耐心和智慧，通过分析、判断，充分了解它的本质，通过组织、协调达到目标，通过沟通交流，才能建立多赢的局面。

（3）从失败中也得到教训和启示。在工作中，各单位之间需要沟通和信息共享，需要相互配合和协调，形成力量的整合才能完成共同的任务。

（4）知识和技能还只是有形的资本，意志和精神则是无形的力量。拓展训练就是开发出那些一直潜伏在身上，而自己却从未真正运用的力量。

（5）拓展训练项目丰富多样，能够帮助学生培养各种兴趣，有了广泛的兴趣和爱好的学生，就会更多地接触社会，接触

他人，因而能够较好地克服孤僻，忘却烦恼和痛苦，协调人际关系，扩大社会交往，提高社会适应能力。

【参考文献】

[1]石丽.拓展训练与大学生心理素质的构建[J].南阳师范学院学报(自然科学版),2004(3):88－90.

[2]蒋春雷.我校实施拓展训练培训的经历及感悟[D].江苏科技大学,2008.

[3]胡玉华,朱小毛.在体育教学中运用拓展训练提高大学生心理素质分析[D].中南林业科技大学,2006(03).

[4]韩宏义,刘擎.大学生野外生活生存训练[M].杭州:浙江科学技术出版社,2004:5－6.

[5]张吾龙,周惠娟.拓展训练教学对提高普通高校学生合作能力的影响[J].西安体育学院学报,2006,23(1):113－115.

工作过程系统化在《机械维修》（上册）课程中的应用

广东省轻工业技师学院　梁莉莉

摘　要：基于工作过程系统化，对《机械维修》（上册）课程进行了改革，按照六步法，使得学生能从具体变化的工作过程的要素中，把握其相对固定的步骤，从而获得一个完整的思维能力训练，掌握到一个指导行动的思维方法。

关键词：工作过程系统化　《机械维修》（上册）　六步法

在传统的上课模式里，理论课主要是以老师为中心，讲授为主，学生在课堂里坐着听；这种情况一般是老师讲得天花乱坠，而学生们要么昏昏欲睡，要么在那里玩手机开小差，教学效果不是很理想。若继续使用墨守成规、照本宣科的教学方法，教学质量不会有本质的提高。为了改变这种情况，我们进行了教学改革。提高教学质量的本质在于改善教学理念，创新教学方法，最终才能推动教学改革。目前，我校正在进行的“品德技能合一”的教改模式，则是以学生为中心，按照工作过程系统化中的六步法进行的。

一、工作过程系统化

“工作过程”是指“在企业里为完成一件工作任务并获得工作成果而进行的一个完整的工作程序”（赵志群）；它是“一个综合的、时刻处于运动状态之中而结构相对固定的系统”，它主要表现在“三个能力维度上：专业能力、方法能力、社会能力”。这三种能力的培养是通过集成、整合来完成的，不是简单的能力叠加。

人，在解决一个问题或者完成一个任务时，总是在一个习惯性的、普适性的思维指导下实现的。这个思维过程的完整性是不变的，可以通过资讯、计划、决策、实施、检查、评价实现，这六个步骤始终指挥着每一个人去解决每一个具体问题；而人的具体行动的完整性，也以这六个步骤的形式呈现出来——思维层面与行动层面的完整性，就这样集成地存在于每个人的每个具体的工作过程之中。若我们通过这些相对固定的步骤对学生进行训练，就能使学生获得一个完整的思维能力训练，习得一个指导行动的思维方法。

二、工作过程化课程——《机械维修》（上册）介绍

在学校推行“品德技能合一”的教学改革中，我们的教学工作需要教学理念和教学方法的创新。顺应学校教学改革的浪潮，我系将《机械基础》、《机电设备维修》和《机修实习》科目的主要内容进行整合，揉合成了《机械维修》科目。《机械维修》上册的主要内容是以《机械基础》为主，认识机构的装配过程，当中涉及到较多的理论知识。

该课程的载体是以送料机构为项目载体，如图1所示。因为，该机构包含有带传动、齿轮传动、曲柄滑块机构、间歇运动机构、轴承、螺纹联接、销联接和键联接等结构，能有机地将《机械维修》（上册）部分的内容揉合在一起。

图1　送料机构

三、课程的设计思路

（一）项目设置

把送料机构和变速机构分割成一个个的小机构，则每一个小机构就是我们设置的一个项目。根据这样子的思路，《机械维修》（上册）的项目设置见表1。

表1　《机械维修》（上册）的项目设置

项目	内　容
项目一	带、链传动机构的装配
项目二	平面四杆机构与间歇机构装配
项目三	螺旋传动
项目四	齿轮传动机构的装配
项目五	轮系和变速机构的装配
项目六	键、销、轴承

（二）课程的教学思路

该科目的教学安排是要使学生在“做中学”，教师使学生知道“应该学”和“怎么学”。

在实际教学中，为了完成项目活动，弥补学生已有知识的不足，老师可以做引导性的安排，帮助学生学习有关知识，学生的学习方式慢慢也就会由传统的被动接受式学习方式向应用型、探究型、自主型

的学习方式转变。因此，我系设计的教学思路安排如下：学生学习一个项目时，会先根据工作页和老师的指引学习相关的机械知识，然后以小组为单位，动手装配一个相应的机构，这样可以使学生主动参与到课堂中来，让学生在“做”中“学”机构的结构与工作原理。然后，在全部项目学习完成之后、课程结束之前，再进行一次送料机构的总装配，使学生除了对前面所学知识进行一次整理综合之外，更可以产生学习的成就感，提升学生对该课程的求知欲，为后续的《机械维修》（下册）的学习做好铺垫。

四、课程的学习方法——六步法

在该科目的学习过程中，一般按照六步法进行。

（一）信息收集（资讯）

很多教师在教学过程中发现，学生接到任务后，如果单一地采用学生看书做题方式来进行信息收集的话，学生很快会产生厌倦感，就会出现学生在这个阶段中不愿意动笔，只是坐等老师公布答案的情况。为此，我系机械维修教研组的教师定期进行集体备课，结合自身的教学经验，并时常讨论切磋，形成了以下几种信息收集的方式。

（1）根据学材中的知识加油站的内容完成学生工作页中的问题，用这种形式进行信息收集，这种方式适合收集的信息量不多的情况。

（2）根据模型收集信息。教师根据项目包含内容先准备好模型，并在上课的时候，要求学生以小组为单位，先对模型进行观察（包括观看和模拟操作），之后结合书本内容小组讨论，完成工作页部分的练习，并让学生代表上台简述他们小组的信息收集情况（包括看到的是什么机构、有何结构、如何工作等）。

（3）抢答式收集信息。老师根据书本内容整理好一系列问题，然后学生在有限的时间内根据问题、模型、动画等进行信息收集，时间到后抢答得分。

（4）带学生到车间见习，并撰写见习报告。在条件允许的情况下，老师组织学生到车间中去，让学生在机器的装拆以及观看机器运转的过程中，并在指导下有意引导学生认识课本知识与该机器的联系，加深学生对专业知识的理解与感性认识。课后，要求学生把听到的、看到的、摸到的、想到的用见习报告或者见习心得的形式呈现所收集的信息。

以上信息收集的方法既可以单独采用，可以综合运用，需要的时候加以适当的讲解与示范，能收到较好的效果。

（二）制定计划与决策

在教师引导下，学生共同参与、共同讨论制定项目工作计划（可以是以小组为单位多制定几份计划以激发学生的创造性思维，也可以是小组中每人做一份计划后经小组讨论后得出最优方案），确定工作步骤和程序，明确自己所担任的角色和任务，并提出详细的实施方案。在这个过程中，项目小组的每个学生都行动起来了，可以使学生从心里产生对学习的一种渴望，变“要我学”为“我要学”。另外，简单任务的顺利完成有助于学生建立自信，产生被需要感和成就感。

（三）实施计划

实施时，以小组为单位，小组长根据

之前制定的方案进行分工、组织，充分调动、发挥每一位组员的积极性，而其他组员明确了任务，确定各自在小组的角色分工以及需要解决的问题之后，互相合作，按照计划步骤进行机构的装配，并在装配过程中不断听取教师的建议，进行改进。而教师在这个过程中要及时恰当地对学生进行引导，学生遇到不能解决的难题时，教师适时出现，加以指导，化解难点，并督促学生根据制定的项目计划书，按时按量完成任务。当学生在装配过程中出现了困难和问题并解决之，这个过程不仅是已有知识、技能的应用，而且还要求学生运用新知识、新技能，去解决过去未遇到过的实际问题，激发学生去潜心地投入到新知识的学习中，活学活用，去完成自己的目标任务。具体的实施计划过程见表2。

表2　实施计划的过程

序号	学　生	教　师
1	按照计划领取工具、材料	分发工具、材料
2	按照计划实施装配	巡回指导
3	检查调试	教师评估

（四）分享展示

小组合作完成装配任务之后，接下来是分享展示环节。有位心理学家说过："人性最深切的渴望就是获得他人的赞赏。"学生在完成机构装配之后，通过分享展示，使自己的学习成果呈现于他人面前并受到肯定时，能激发学生的内在学习动力，引发学习兴趣，同时也能感受被他人赞赏的快乐。

教师在教学中，根据教学内容的不同，主要采用的分享形式见表3。

表3　分享形式

分享形式	描　述
陈述式	个人或小组代表按一定的次序，轮流上台展示分享；个人在组内分享
答辩式	个人或小组代表上台陈述完后，其他小组代表针对发言内容进行发问
授课式	小组选出优秀代表，将该项目所学内容以及小组的学习成果以授课的形式展示

（五）评价

教学评价也就是检查项目成果，进行成绩评定。如果只检查结果的话，小组内每个同学的成绩相同，这显然是不公平的。我们采用了以学生为中心的过程性教学评价，包括自我评价、成果呈现、学生互评、师生互评等多种形式。评价内容主要围绕三个方面：自我学习能力、协作学习过程中所做出的贡献及完成工作任务的质量。把定性考核与定量考核结合到综合评价中，依据课程标准建立规范化、标准化的评分标准，如课堂记录评价表、项目知识点评价表、项目分享评价表（成果呈现评价）、学生自评表、学生互评表、教师对学生个人评价表。通过以上系列评价，可以对学生的学习过程进行较客观、真实、准确的全过程考核。

（六）具体实施案例

以《槽轮机构》的教学过程为例，来具体说明六步法的课程学习方法安排，见表4。

表4 《槽轮机构》的教学过程

工作描述	工 作 现 场
第一步：明确任务，搜集信息	 
第二步：制定计划	 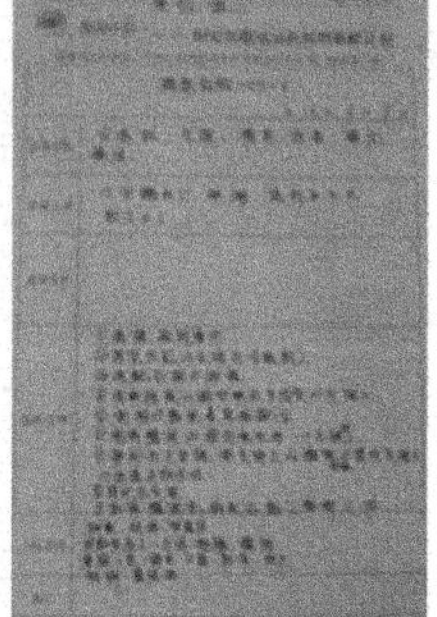

续表

工作描述	工　作　现　场
第三步：学生决策计划（组员代表公布集体讨论决策内容）	
工作现场定制管理（6S管理）	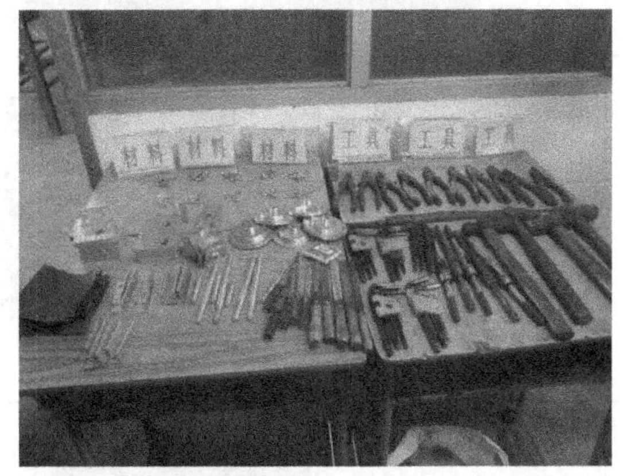
学生分组领取工具和材料	

续表

工作描述	工 作 现 场
第四步：学生实施计划	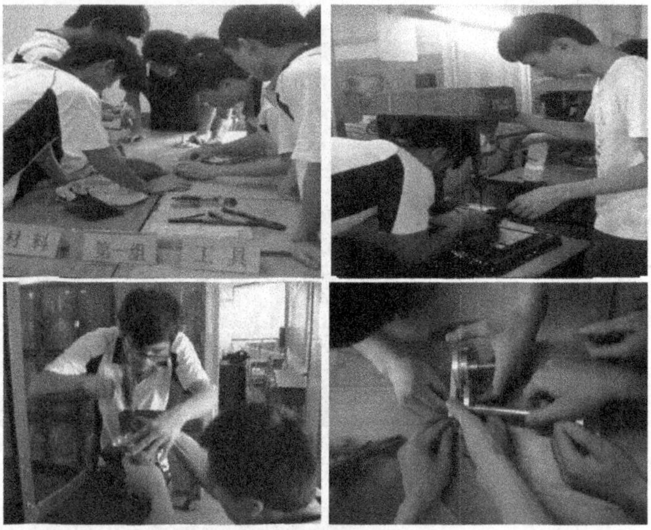
第五步：检查控制试运行实施效果	
第六步：评价反馈。第一个完成任务的组员分享实施体会	
老师讲评	

续表

工作描述	工 作 现 场
评价表	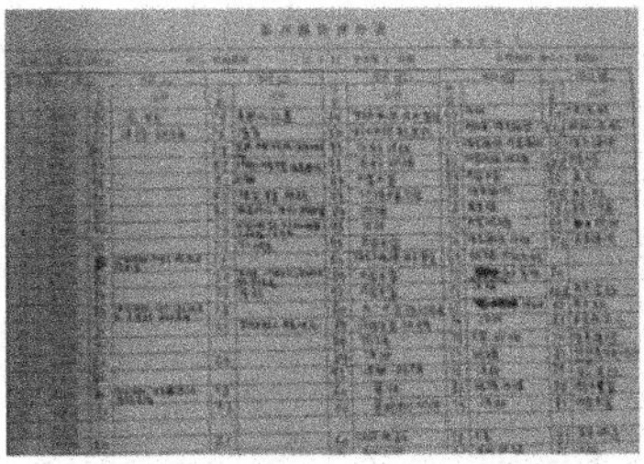 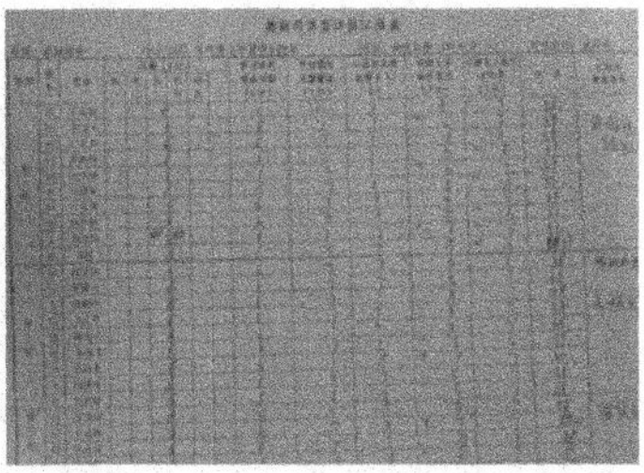 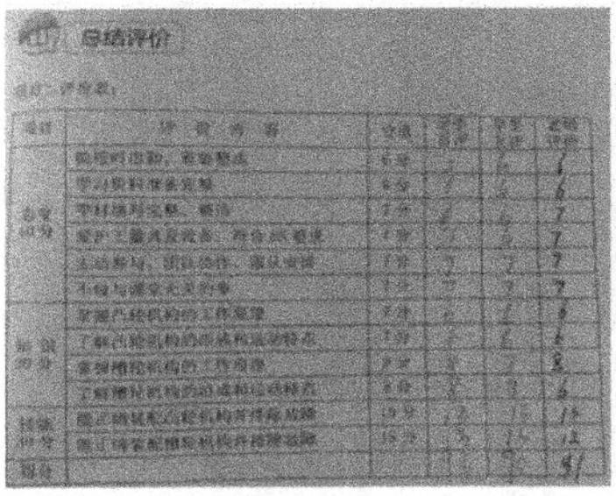 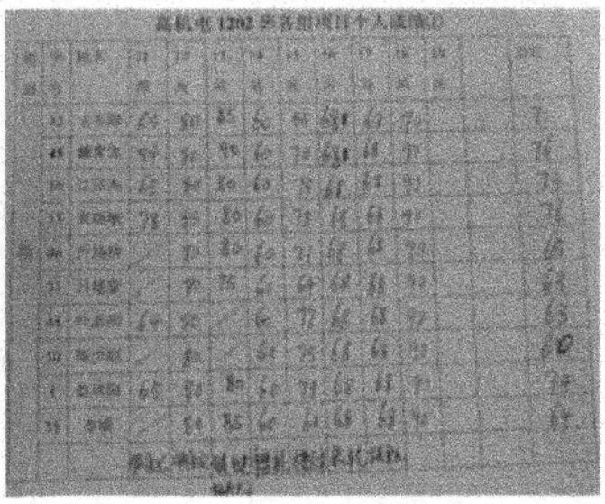

五、小结

经过一学期的实践，《机械维修》（上册）课程的教学采用工作过程系统化的教学模式后，发现学生基本上都能主动参与到课堂；能真正弄明白机构的结构与工作原理，特别是每完成一个机构的装配之后，学生们的那种成就感、满足感都洋溢于脸上，自信是满满的；能更大程度地提高学生的应用能力、发现问题、分析问题和解决问题的能力，培养学生团队配合、互助精神及工作过程的条理性；同时，学生撰写报告的能力都得到了锻炼、培养和提高。这就使得学生能从具体变化的工作过程的要素中，把握其相对固定的步骤，从而获得一个完整的思维能力训练，掌握到一个指导行动的思维方法。采用工作过程系统化教学，同时对教师各方面有较高的要求，促使教师自觉地进行自我提升，对教师也是一种锻炼和提高。

【参考文献】

[1] 姜大源. 工作过程系统化课程概念[J]. 中国职业技术教育,2008(27).

[2] 向丽. 以职业为导向的高职课程研究与实践[J]. 中国职业技术教育,2008－4.

TVET世界银行货款职业教育发展（广东）项目
优秀论文集（2009—2014）

Distinguished Papers on World Bank Loan Guangdong Technical and Vocational Education and Training Project (2009—2014)

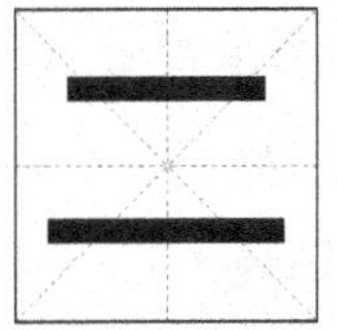

以“能力本位为导向”课程设置的三种基本模式

广东省轻工业技师学院　谭国平

摘　要：在以“能力本位为导向”的教育教学改革活动中，须厘清三种典型的企业职业活动过程方能构建科学、合理、实用的职教课程，以确保职教课程体系与企业职业活动过程的高度相关性。

关键词：职业活动　课程构建　学习模块

以能力本位为导向的教育教学模式，其核心思想是以企业工作项目或典型工作任务为载体来引领职业教学活动的开展，即“工作任务——工作过程——相关学习——获得能力”的结构形式。该模式是以企业真实、有代表意义的工作过程体系作为职业教育课程体系设计的背景依据，这种模式已形成广泛共识，成为我国当前和今后职业教育改革的主流和方向，方兴未艾。

“教学做一体化”的课程学习模块（或学习单元）应当是企业典型工作任务实质的教育模式的再现。任何企业的职业活动过程从总体上看都具备同样的规律，但不同企业或行业因其工作性质（如生产、经营、服务等）、工作内容、工作流程、工作环境、工作要求等方面的差别，又会有自身的特殊性。基于此，我们很有必要厘清这些问题，才能确保课程的开发设计与相关企业的职业活动过程具有高度的相关性。

在参与课程开发设计的活动中，我们归纳总结出企业工作活动有三种典型的模式，据此可推知可有三种基本职业教育课程设置的学习模式。

一、第一种模式——直线串联型的系列学习任务

在企业中这种直线串联型的工作项目往往是大型且综合型的，其工作过程均为多节点的流水线作业，通常需要一个较大的工作团队合作方能完成的。它的特点是后一项工作任务必定是建立在前一项工作任务的基础之上，整个工艺流程中的各工作（岗位）遵循着严格的先后逻辑关系，同时该生产线涵盖了该专业所有的工种、岗位，其工作流程图如图1所示。

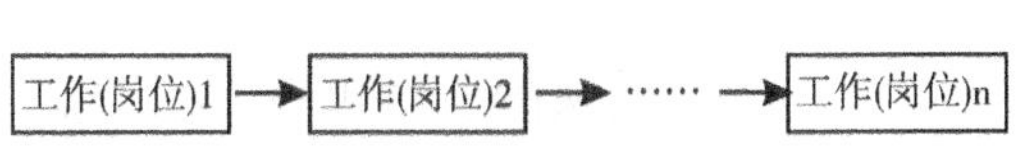

图 1　工作流程图

如一个现代化的造纸企业，其工作（岗位）就是围绕着造纸生产线而设置的，包括水净化站→制浆车间→造纸车间→碱回收车间→化学设备→污水处理站，造纸车间里又有抄纸段、涂布段、加工段等，而每个站（段）又是由多种工艺组合的流程。这其中包含了机械、电气、控制、化学、化工、环保等一系列的知识和技能，是一个典型的大型综合工作项目。

因此，“制浆造纸工艺”专业的专业教学课程就可依据上述的工艺流程开发和设计出相对应的学习模块（单元），并将它们贯穿于整个专业综合能力培训的全过程，其主干课程模块的排序也应为直线串联型，如图 2 所示。

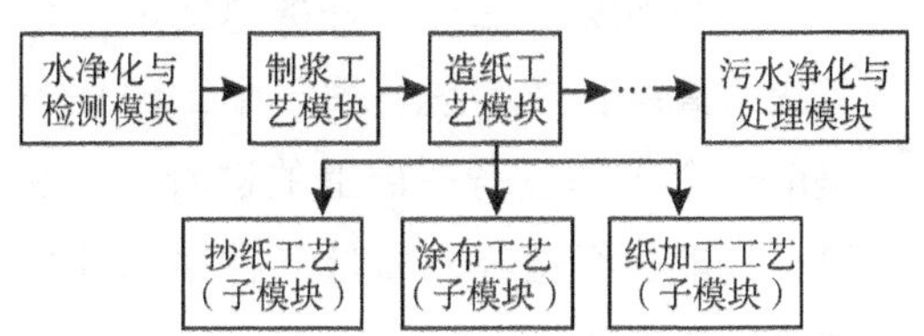

图 2　“制浆造纸工艺”专业的教学模块设置

再如，动漫影视公司制作一部动漫影视作品，其主干工艺流程为角色和背景的绘制（手绘或电脑绘）→合成→输出→剪辑→录配音→影片输出等，而每一项任务中又包含若干个子任务。于是，“动漫影视设计与制作”专业的课程设计可选择一个大型、综合的动漫影视作品（如《喜羊羊与灰太狼》）作为引领的学习载体，其专业课程模块的构建和学习顺序参照影视公司的工艺流程就是顺理成章的事了。符合直线串联型课程模式的专业还有计算机游戏制作、建筑施工等等。

直线串联型课程模块的特点有以下几点。

（1）后一个学习模块总是建立在前一个学习模块成果的基础之上，呈现“前因”“后果”的流程式继承关系。

（2）每个学习模块的基础理论、技能、工作内容等都不尽相同，各成体系。

（3）学习模块的教学排序应遵循实际工作前后的必然顺序，就如同一串珍珠项链。

二、第二种模式——中心扩散任务群型

这种模式的特点是有一系列的工作任务因它们各自都相对独立，难易程度大致相同，甚至工作方式、内容也往往是大同小异，它们共同组成一个工作任务群，如图3所示。

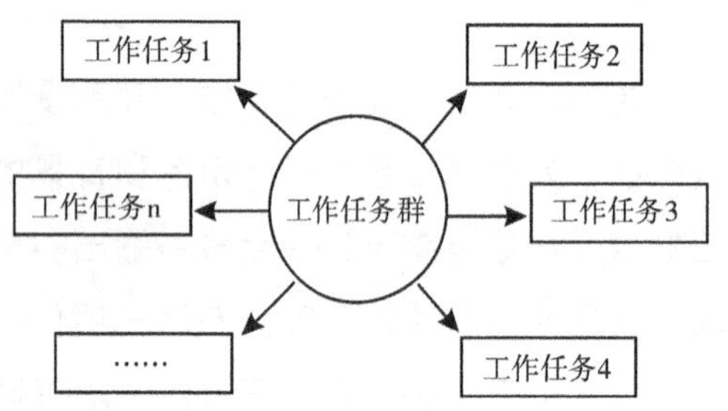

图3　中心扩散任务群模式

例如，从事室内装饰设计与施工的公司，其工作任务群主要为：现代家居方案设计与施工、中式家居方案设计与施工、欧式家居方案设计与施工、自选家居方案设计与施工、商店（橱窗）装饰设计与施工、酒店装饰设计与施工、办公室装饰设计与施工、会议室装饰设计与施工等。

不难看出在这种模式中，任务群中任何一个工作任务的各方面内容均可以迁移到另一个工作任务，即任务之间的各个方面都能够相互借鉴和迁移。因此，在“室内装饰设计与施工”专业的课程模块设计时，可将上述的工作任务群移植过来，经必要的教育教学改造后，就构成了如上图式的“中心扩散任务群型”课程模式。

再如“烹饪点心技术”专业，任一菜系都可选择一系列有典型代表意义的菜谱作为课程学习模块的构件，其属性也归于此类模式。符合中心扩散任务群型课程模式的专业还有工业分析与检测、服装设计与制作、汽车检测与维修等等。

中心扩散任务群型课程模块的特点如下。

（1）各学习模块都相对独立，自成体系，各模块呈平行关系。

（2）每个学习模块都共享相同的基础理论、技能，彼此之间可互相借鉴并能迁移。

（3）学习模块的教学排序无须固定，可根据需要作任意安排，对学习效果不会产生影响。

三、第三种模式——阶梯递进型

任何企业的工作任务其表征均是从易到难、从简单到复杂、从单一到综合，呈现出明显的阶梯递进式。而能否承担这些不同程度的工作任务是由操作者的理论知识、实践技能、工作经验等综合能力高低程度所决定的。这些工作任务的表现形式如图4所示。

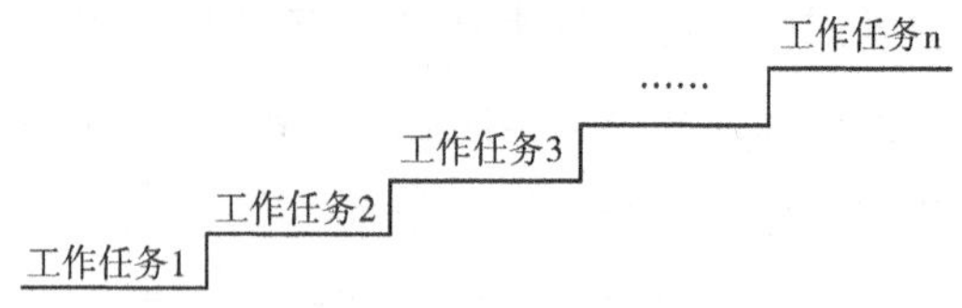

图4　阶梯递进式工作任务模式

从上图可见，后一个任务总比前一个任务更为高级，或者说，后一个工作任务总是前一个工作任务基础上的进阶，即在理论、技能、经验等方面是一种继承并提升的逻辑关系。

“模具设计与制造”专业的课程模块

就是典型的该类模式。因此，在这种类型专业课程模块设计时，我们应遵循于从最基础起步，逐步向高级递进的原则，以此让学生在阶梯递进式的学习实践中获得相关的职业能力。

符合阶梯递进型课程的专业或学习模块还有数控加工技术、机床切削加工、电气自动化设备安装与维修、计算机相关专业、多媒体制作等。

阶梯递进型课程模块的特点有以下几个。

（1）后一个学习模块总是建立在前一个的基础之上，但必是前一个模块的综合继承和进阶。

（2）后一个学习模块的基础理论、操作技能、工作内容、工作形态都较前一个更为高级。

（3）学习模块的教学排序须遵循由易到难、由简到繁、由单一到综合的程序进行。

显然，上述三种学习的基本模式其共同特征都是按照实际工作过程来序化职业能力，即以企业的工作活动过程作为参照系。在进行学习课程转化时，须将基础性知识与过程性知识整合、理论知识与实践知识整合，在保证“实用、够用”的前提下，基础性知识的总量并没有变化，而是将这类知识镶嵌入工作过程的学习中，使其在课程中的排序方式发生了变化。这样，课程的学习不再是静态的学科体系的显性理论知识的复制与粘贴，而是着眼于动态的行动体系的隐性知识的生成与构建。

需要特别说明的是，以上仅仅是许多可能的模式的一部分。事实上，在这三种模式之间（尤其是学习的细节上）存在着许多交叉重叠，并没有严格的界限。教师应根据各种课程的特点和自己的教学经验，在以上几种基本模式的基础上，进行穿插、变形与组合，可以创造出许多新颖适用的教学模式。

四、结束语

正如德国职业教育家 Paetzold 所指出的：课程似乎是建造了一个存放和重现经验与知识的书架，书架不同隔层的划分使得整理与重获更加容易，它极大地减轻了记忆负担。因此，职业教育课程开发的关键步骤是对所选择的知识内容实施序化的过程，也是一个重建内容结构的过程。而这种序化和重建的源泉来自于企业的职业活动，只要我们顺着企业职业活动这条“藤”，就肯定能摸到一串职业教育课程的“瓜”，并能确保我们所构建的职教课程体系植入了企业的 DNA。

【参考文献】

[1]德国联邦职业教育研究所，刘邦详译.借助学习任务进行职业教育：学习任务指导手册[M].北京：机械工业出版社，2010.

[2]劳耐尔.欧盟 Asia-Link 项目关于课程开发的课程设计[M].北京：高等教育出版社，2007.

[3]赵志群.职业教育工学结合一体化课程开发指南[M].北京：清华大学出版社，2009.

能力本位课堂教学模式在职业能力课程改革中的探索与实践

广东省轻工业技师学院　钟贵麟

摘　要：目前，我国中等职业教育的发展正进入一个崭新的时代，职业教育教学的改革可谓“百花齐放”，在结合自身教学条件的前提下，许多中等职业学校或技工学校都在积极引入国外先进的教学理念，开展职业教育教学改革。“能力本位”即是一种引自国外的先进教学理念之一。然而，同一教学理念会因教师的不同程度的理解和不一样的教学实施，产生不同的教学效果。本文阐述了在中等职业学校的职业能力课程教学中，运用能力本位教育教学理念，开展课堂教学探索与实践的一些经验。

关键词：职业能力　能力本位　课堂教学　探索　实践

能力本位教育（Competency Based Education，简称 CBE），以美国、加拿大为代表，产生于二次大战后。其核心理念是从职业岗位的需要出发，确定能力目标。通过学校聘请行业中一批具有代表性的专家组成专业委员会，按照岗位群的需要，层层分解，确定从事行业所应具备的能力，最终明确培养目标。能力本位教育理念，注重培养学生的综合能力，更关注学生的可持续发展能力的培养，符合现代企业职业岗位的用人要求。2002 年 3 月中国政府与澳大利亚政府签署“中澳（重庆）职业教育与培训合作项目”，该项目是我国首次将澳大利亚式能力本位教育引入职业教育领域，意在推动我国职业教育改革的发展。在此背景下，许多中等职业学校、高职高专院校及技工学校引入并运用此理念开展了各种形式的教育教学改革。基于各地区教育教学水平的差异以及教师对能力本位教育理念的理解程度不一，各学校、各专业，乃至各课程的教学改革效果亦存在差异性。

一、关于能力本位教育教学理念的理解

能力本位教育理念作为一种外来教育理念，它势必改变现行职业教育的课堂教学模式、教师的授课方式和学生的学习方式。作为教师应从以下三个方面对能力本位教育理念进行理解。一是职业教育培养学生什么样的能力？联合国教科文组织 2001 年在《关于修订的技术与职业教育建议》中提出，职业教育应培养学习者获得

某一领域内的若干职业所需要的广泛知识和核心技能，使个人在选择职业时不至于受到限制，且能在日后的职业生涯中从一个职业转向另一个职业；同时能为初次就业包括自谋职业及就业后的培训提供充分的专业准备；在知识、技能和态度诸方面提供一个基础，以便在个人职业生涯中的任何时候都能接受继续教育。二是对能力本位中的“能力”的理解。能力本位中的“能力”应是指“职业能力”。职业能力是岗位特定技能（对特定岗位）、行业通用能力（对一些岗位）、就业核心能力（对所有就业者）的总和；是专业能力、方法能力、社会能力的总和；也是知识、技能、态度的总和。三是对能力本位中的“本位”的理解。所谓能力本位，强调的是职业能力为本和凸显以人为本，而不单纯是技能，应关注人的综合能力的发展过程，注重人的持久职业生涯发展。

二、如何在职业能力课程教学中体现能力本位教育理念

根据能力本位教育理念培养学生职业能力为本的要求，在职业能力课程教学中，应想方设法让学生动起来，使学生成为课堂教学的中心和主体，否则学生的专业能力、方法能力、社会能力就无从培养。因此，能力本位课堂教学模式应以学生为主体，以学生学会学习为目标，以师生互动、生生互动为基础，以自主学习、合作学习为主要方法和形式的新型课堂教学模式。

（一）教师应由“讲师”向“导师”转变

长期以来，许多教师在开展职业能力课程教学时，总是遵循“知识讲解→操作示范→学生强化训练”的三部曲模式。该模式的特点是教师讲，学生听。学生大都能自主学会简单的知识和技能，教师本可不讲，但许多教师总是按部就班一一讲授，学生则听得枯燥乏味乃至失去学习兴趣。因此，教师应把讲解的重点放在比较复杂的知识和技能方面，尽量做到少讲而精讲。简单、容易的知识点和技能点应引导学生完全自主学习，充分锻炼学生的学习能力。教师的主要工作是如何指导学生开展学习活动，让学生在学习活动中以专业知识和技能的培养为载体，兼顾培养学生的其他能力。教师既是学生学习的指导者，又是课堂教学活动的引导者和策划者。换言之，

教师应是学生的导师和课堂活动的“导演”。

（二）学生为中心，注重培养学生学习能力

在能力本位课堂教学中，每一环节都应体现学生作为教学主体的中心地位。注重学生的学习能力培养，关注学生课堂学习状态的变化。教师主要工作是引导学生进入学习状态，做好课堂的监控和适时的必要性的讲授，充分调动学生学习的主动性，使整个课堂的教学活动完全处于教师的掌控之中。由于技校学生普遍基础知识薄弱、学习主动性和积极性不高，在教学过程中要慢慢引导和指导，切忌一开始就实行完全开放式的学生自主学习教学方式，否则必将因学习任务难度大而打击学生的学习自信心和兴趣，导致学生抵制自主学习的方式。因此，教师要充分做好学生的学力分析，给学生布置力所能及的学习任务，让学生充分享受到自主学习的乐趣和成就感。让学生逐渐适应这种课堂教学模式，最终达到培养学生自主学习能力的目的。

（三）采用项目教学法，培养学生形成系统化的工作习惯

能力本位教育理念突出培养学生的职业能力，即培养学生具有岗位特定技能（对特定岗位）、行业通用能力（对一些岗位）、就业核心能力（对所有就业者），要求从知识、技能和态度三个方面进行全方位培养。根据职业教育的专业课程的设置特点，只有让学生有目的、有载体地去完成一项具体的工作任务，才能最有效地实现以上三个方面能力的培养。在职业教育的教学法中，项目教学法则是实现此培养目标的最佳教学方法。在项目教学法的教学活动中，学生需要自主完成工作项目所需各种信息、资源的收集、整理、学习和运用等一系列工作。学生在完成这些类似于实际工作岗位中典型工作任务的学习项目时，逐渐养成一种具有特定职业性质的工作过程系统化的工作习惯。

（四）分组教学，培养学生竞争意识

为充分体现“学生中心”的课堂教学理念，学生参与课堂学习活动的参与度成为衡量教学效果的重要指标。提高学生参与度比较有效的手段则是采用分组教学的方式，因为只有把学生划分成更小的学习团队，才能让他们在团队中获得更加具体的任务安排，从而提高学习的效率，并能有效培养学生的团队合作精神与竞争意识。

三、能力本位式课堂教学的教学设计

能力本位式课堂教学应围绕“能力为本，学生中心”的理念进行课堂教学方案的设计，需要考虑教材的开发或选择、学生学情分析、教学环节的设计、教学资源的匹配等因素。教学环节的设计，即是解决在课堂上学生做什么、教师做什么的问题。能力本位式的课堂教学，教师的职能是“导”，学生是“演”，学生是课堂的主角，教师是课堂的组织者。教师在课堂上不再仅仅是要教学生“怎么做”，更是要教学生“怎么学”，即既要授之以“鱼”，

又要授之以“渔”，且重点是授之以“渔”。表1为运用项目教学法理念进行的一种教学环节设计框架。

表1　运用项目教学法理念进行的教学环节设计示例

教学环节	学生做什么	教师做什么	活动形式/教学法
教学组织	小组考勤、学习准备	任务布置、导入、教学资源分配	角色扮演
资讯	信息收集、学习、整理	答疑、难点讲解	知识PK、知识接龙、学生“助教”式讲演、小组竞赛
计划	制定工作计划	组织学生开展小组讨论、指导学生制定工作计划	小组讨论、头脑风暴法
决策	确定最佳工作计划	评价并记录学生的参与度及表现	小组工作计划展示
实施	按计划进行任务实施操作，做好相关记录	技术指导、操作示范、安全监控、评价并记录学生的参与度及表现	学生个人技能PK、学生“助教”式操作演示
检查	学生根据任务要求自检	检查技术标准指导、安全监控、评价记录	演示、试验、分组竞赛
评价	学生自评、互评	给予评价标准及点评	成果展示

根据以上教学环节设计框架可进行如下所示的教学案例设计，见表2。

表2　“汽车转向信号灯电路故障诊断与排除”教学环节设计（90分钟）

教学环节	教　学　设　计	时　间
环节一：教学组织	1. 精神状态激发：教师喊“开始上课，同学们好”，全班学生由班长发令起立喊“好，很好，非常好。” 2. 考勤：各学习小组组长向老师汇报本组出勤情况，教师做好记录并更新课室小黑板 3. 着装仪表检查	5分钟

续表

教学环节	教学设计	时间
环节二：课题导入	1. 行业资讯（汽车行业最新动态新闻） 2. 情境引入（维修接待）：由若干名学生分别扮演车主、维修接待、修理组长等，模拟一辆左转向信号灯不亮故障进厂维修的情境	15分钟
环节三：课题学习	（资讯阶段） 1. 故障分析——引出转向灯电路原理 2. 引导学生自主学习转向灯电路原理 （1）学生自主认识转向信号灯电路主要元件 （2）教师播放转向信号灯电路原理视频 （3）学生查阅学习资料完成工作页中转向信号灯电路走向的查找 （4）先请理解能力较好的学生上台讲解其所理解的电路原理——“助教”式讲解 （5）教师点评与补充对电路原理的讲授	45分钟
	（计划与决策阶段） 3. 电路连接（相当于维修故障检修与排除过程） （1）学生以组为单位讨论并制定电路连接计划及材料准备 （2）各组将材料准备清单（A3纸）列于黑板上，并请各组代表陈述本组的工作计划及准备情况	
	（实施阶段） （3）准备就绪的小组进入电路接线工作任务实施，开始连接转向信号灯电路，教师进行巡回指导	
	（检查评估阶段） （4）率先成功连接电路的组在自行试验检查电路效果后向老师上报，老师检验电路后给学生记录操作技能表现	
环节四：总结点评	当各组基本完成电路连接时，教师组织学生进行总结点评 1. 各小组派代表总结本组任务实施情况 2. 教师对各组学习情况进行点评 3. 教学结束，学生进行场地整理与卫生打扫 4. 向学生布置下一个学习项目的准备任务	25分钟

四、能力本位式课堂教学的学生成绩评价

能力本位式课堂教学模式，重点关注学生在课堂学习活动的参与度、专业能力、方法能力和社会能力的培养，从知识、技能和态度三个方面对学生进行全面提升。因此，能力本位课堂教学对学生成绩的评价应是过程性评价与结果性评价相结合的全面性综合评价，才能更公正、更公平、更客观地反映学生的学习成绩和能力水平。过程性评价是能力本位课堂教学评价的主要方式，其主要评价学生在学习活动过程中的表现，如学习的主动性、参与度、团队合作、人际沟通、学习能力、语言表达能力、创新能力、职业道德规范等。教师可制作一份《学生课堂表现评价记录表》（见表 3）将学生上课过程中的出勤、纪律、知识问答参与次数、技能操作训练情况、个人/小组 PK 表现、学习态度表现、教室场地设备卫生维护等进行记录，用于开展过程性评价。在学生完成每个子项目学习后，教师根据学生在该项目学习过程中的表现记录给予客观的综合评价评分或评价等级。

表 3 《×××》课程学生课堂表现评价记录表

学习项目名称：__________　______学年第____学期　班级：　学生人数：____人

组别	姓名	专业知识		专业技能		学习态度										综合评价
		个人问答表现	小组 PK 表现	个人操作表现	小组 PK 表现	出勤记录					着装	安全规范	上课纪律	清洁卫生	团队精神	
						日期										

综合评价等级根据学生表现情况划分为“优秀”、“良好”、“中等”、“合格”、“不合格”五个等级。

五、开展能力本位课堂教学可能遇到的关键性问题

师生对能力本位教育理念理解不一致是开展能力本位课堂教学遇到的首要问题。在能力本位教育教学改革中，不可避免地存在不理解或出现理解偏差、不接受能力本位教育理念的师生。实践证明，如不能在初期将能力本位的教育理念深入到每位师生的内心，今后的课堂教学将很难达到预想的效果。其次，实施过程性评价难度大。过程性评价作为一种比较科学合理的评价机制，也有着比传统评价方式更突出的弊端：一是时间跨度长；二是工作量大。时间跨度长是指教师要在课程教学的每一节课中关注并记录每一个学生的上课表现，直至这门课程学习结束才能给予评价成绩，需要完好保存每个学生在课程学习期间的课堂表现记录。工作量大主要是教师每一节课都要详细记录好几十名学生的表现并定期进行统计评价，工作量有时比传统的批改试卷还要大很多。

六、结束语

能力本位课堂教学模式作为一种先进的教育教学模式，符合现代职业教育的育人理念。在当代职业教育改革浪潮中，该理念凭借其育人的科学性与前瞻性始终占着一席之地。如何将该教育教学理念与职业学校自身的教育实际有机结合，是引入该理念进行教育改革所面临的重大命题。作为能力本位教育改革的探索者和实践者，以上所述仅为本人在职业教育改革路上获取的些许经验和体会，如有不当之处，敬请指正。

【参考文献】

[1]严中华.职业教育课程开发与实施[M].北京:清华大学出版社,2009.

[2]贝克,徐国庆,等译.职业教育教与学过程(第一辑)[M].北京:外语教学与研究出版社,2011.

[3]劳耐尔,赵志群,吉利.职业能力与职业能力测评[M].北京:清华大学出版社,2010.

[4]赵志群.职业教育工学结合一体化课程开发指南[M].北京:清华大学出版社,2009.

关于《酒店文化》课程教学改革与实践

广东省轻工业技师学院　吴玉琴

摘　要： 本文从《酒店文化》课程的“任务驱动教学模式”教学改革，通过设计教学活动和酒店实践，发挥学生的主体作用，提高学生各方面的能力。

关键词： 酒店文化　教学改革　实践

《酒店文化》课程在旅游与酒店管理专业课程中是一门比较特殊的课程，特点是易于理解，难以表达，较为抽象。目前由于技校办学资金短缺，所拥有的教学资源十分有限，酒店服务与旅游专业校内实训室功能单一，设备设施不齐全，只能为学生提供简单的客房铺床、中西餐摆台。因此，学生很难从校内简单的实训室感受酒店文化。酒店提供给的是一种产品，更是一种文化，只有酒店的从业者具有了良好的文化素养，酒店才会有文化的“灵魂”。所以要养成旅游与酒店管理专业学生的文化素养，把易于理解的文化知识内化为文化素养，甚至内化为职业素养，作为教师的教学活动要达到如此教学效果实属不易。这几年，我校在教学改革中引入职业教育的先进理念，即“以行业需求为导向、能力为本位，以学生为中心”，采用“任务驱动教学模式”，通过工作场所情境的创设、灵活的学习活动设计，通过师生互动和学习活动使学生在“做”中探索学习。

一、整合教学模块，以任务驱动来组织教学内容，针对学生就业岗位需求安排学习任务

笔者结合技工学校的实际状况以及学生的客观特性，根据学生的从业需要编写《酒店文化》校本学材，使学习内容更加突出实用性，讲究适用性，更具针对性。例如，可以针对酒店服务的整体要求和岗位要求整合教学模块，以“初识酒店”为模块安排教学任务，以酒店服务礼仪技能和对客服务技能训练作为重点，将该模块的内容分为酒店发展概况、酒店服务礼仪、酒店服务人员素质、酒店对客服务流程四个教学任务。让学生在高度仿真的工作环境中，通过实实在在的能力训练，全面、系统地熟悉并掌握酒店对客服务过程中的礼仪要求及各岗位的礼仪要求和操作技能，尽量满足酒店用人在知识、技能、态度方面的要求，让学生今后进入酒店后不论到哪个岗位，从事何种工作，都能举一反三，零距离对接。

二、精心设计教学活动，充分发挥学生的主体作用

学生是课程学习的主体，精心设计教学活动，以此激发学生的求知欲，调动学生的学习积极性，提高学生的学习能力。要发挥学生的主动性，就应该让他们以自学为主，通过小组合作方式，来实现这种学习。学习以小组为单位，每组5～8人。每一模块，小组重组一次，以锻炼学生们与更多不同群体的合作能力。小组随不同模块课程的不同教学特点，小组的组建方式不同。一般是通过随机抽检和自由组合相结合，上课时要求以小组为单位就坐，这样有利于组内的沟通、合作。每组的同学或代表回答、汇报或表演结束，全体同学必须给予掌声，以体现对同学的鼓励、尊重，从而营造出和谐的学习氛围。这样，也给汇报同学、小组增添了自信和自尊，为小组之间沟通、协调、互相学习创建宽松的环境。同时，小组学习还有助于培养学生的团队协作精神和锻炼小组长的领导组织能力。这也将为学生们毕业后能够更好、更快地融入社会打好基础。

根据学习的一般规律，学习方法和学习者的记忆情况有密切关系。①只用口述：100%是演讲者想说的，大约80%说了出来，学习者会听到60%～70%，三小时后40%～50%还能记住，三个月后仅能记住0～5%；②口述与视觉结合：学习者三天后大约能记住60%～70%，三个月后还能记住30%～40%；③口述、视觉与笔记结合：学习者三天后大约能记住70%～80%，三个月能记住40%～50%；④亲身体验：学习者三个月后还能记住大约80%～90%，而且能运用大约70%～80%所学内容。因此在《酒店文化》的教学中，笔者采用“知识学习—情景模拟—参观酒店—走访酒店—学习成果分享”教学五步走。

例如，在“酒店服务人员素质”的教学设计中，课堂教学遵循以下六个环节，见表1。

表1 《酒店文化》课程教学方案

教学环节	学习内容	学生活动	教师活动	课时分配
第一阶段：获取资讯	学生需要掌握的知识： 1. 前厅服务人员的素质要求 2. 餐厅服务人员的素质要求 3. 客房服务员的素质要求 学生获取资讯的途径： 1. 辅助教材 2. 酒店图片、宣传资料 3. 网络 4. 教学视频 注：学生分成6～8人一组的学习小组，创设小组合作学习氛围	以小组的方式通过辅助教材、网络检索酒店前厅、餐厅、客房服务员的相关信息	1. 教师讲解知识 2. 教师提供信息，并指导学生分析提炼信息	2

续表

教学环节	学习内容	学生活动	教师活动	课时分配
第二阶段：明确任务	布置任务：模拟酒店招聘前厅、餐厅、客房服务员 任务解读： 1. 结合所学的前厅、餐厅、客房服务员素质要求知识，以及教师提供的酒店服务人员学习资料和上网收索的资料，模拟酒店招聘前厅、餐厅、客房服务员 2. 全班共分为5个小组，即招聘组、应聘组、前厅组、餐厅组、客房组 3. 表述前厅、餐厅、客房服务员素质要求 4. 在招聘活动中，体现前厅、餐厅、客房服务人员的素质要求	学生接到教师布置的任务并着手准备	教师讲解任务要求，规定任务完成时间，在小组讨论时巡视并加以指导	1
第三阶段：制定计划	1. 以小组为单位，由小组长组织制定工作计划，工作计划要点如下： （1）落实人员分工 （2）明确每个阶段工作完成的时间 （3）小组讨论，最后确定招聘稿、表演题材 2. 各小组可以灵活采取形式完成情景模拟 （1）招聘组要写好招聘计划书、招聘启事和招聘面试记录表，并做好招聘前的各项准备工作 （2）应聘组做好个人仪容仪表、个人简历并准备好招聘者可能会提问的问题 （3）前厅组、餐厅组、客房组根据小组设定的情景，准备好相关的道具、布置好背景或情景并安排好人员分工	讨论活动的开展	1. 教师走到学生中间进行现场指导 2. 记录各组讨论情况	1

续表

教学环节	学习内容	学生活动	教师活动	课时分配
第四阶段：实施计划	根据任务进行“招聘酒店前厅、餐厅、客房服务员”的情景模拟 注意问题： 1. 背景、场地的提前布置 2. 时间控制 3. 专人过程记录和监控，拍照和录像	小组模拟	教师认真倾听、记录	2
第五阶段：总结评估	组织各小组学生对照任务书的“模拟酒店招聘前厅、餐厅、客房服务员”的学习情况进行自评、互评	1. 本小组自评 2. 其他小组对本小组的评价	制定评价表，其中自评占30%、互评占30%、师评占40%	30分钟
第六阶段：反馈	教师根据学生的学习情况及评价进行总结反馈，指出优点与不足	学生倾听	教师总结	15分钟

结束课堂教学后由老师组织学生前往白金五星级酒店——长隆酒店等参观学习。通过参观学习，了解酒店的建筑风格、装饰特点、服务素质等酒店文化，增强实践认识，提高对酒店文化的认知。参观酒店的学习经历，为学生走访酒店奠定了基础。根据教学任务由教师列出学校附近五星级酒店的名称，如四季酒店、君悦酒店、卡尔顿酒店等，各小组派代表抽签决定走访的酒店，与酒店的前厅、客房、餐厅服务人员或客人进行交流，了解岗位工作要求、工作内容、服务流程并与之友好合影，返校后以PPT的方式分享学习成果。

对于学生学习的考核，笔者认为应该注重过程，而不是最终的结果，考核方式放弃记忆考查的笔试方法，而是进行综合性考查，这种考查应该注重口头演讲、文字表达、走访酒店以及学习小组团队的良好协作与沟通等诸多方面。

三、通过四周的酒店顶岗实习，让学生切身感受酒店文化

教育部《关于全面提高中等职业教育教学质量的若干意见》（以下简称为《意见》）（高教〔2006〕16号文件）中提出“中等职业教育作为高等教育发展中的一个类型，以培养面向生产、建设、服务和管理第一线需要的高技能人才为使命”并要求各高校“积极推行订单培养，探索工学交替、任务驱动、项目导向、顶岗实习等有利于增强学生能力的教学模式”从《意见》可得知，职业教育已经开始从传统的课堂式教学向实践教学方向改革，其

根本目的是提高学生的动手能力和增加学生的实践经验。

技校“酒店服务与旅游”专业是培养在服务一线能从事前厅接待、餐厅服务、客房服务、会议服务等岗位工作，具有公民基本素养和职业生涯发展基础的中、高级应用型技能人才。

按照学生的认知特点，现将《酒店文化》的实践教学分为三个阶段：第一阶段参观酒店；第二阶段校内实训；第三阶段短期酒店顶岗服务。让学生直接接触社会和实践，补充课堂书本上学不到的知识和技能，增强对工作性质和社会环境的感性认识，培养学生的吃苦耐劳精神和团队意识、提升酒店岗位认知和服务技能水平。

针对旅游职业教育具有职业性、实践性和应用性的特点，我们选择社会声誉好、经济效益好、经营管理好且有实习诚意的星级酒店作为学生进行《酒店文化》实践的企业。实践证明，实践教学是深化酒店文化理论知识，提高学生酒店服务技能的有效途径。学生在酒店顶岗实习期间由执教该课程的老师带队，对学生进行必要的培养和指导，与酒店通力合作，及时解答、解决学生遇到的疑惑和服务问题。使学生做到“学”的认知在“工”时实践，“工”的体验在“学”时升华。

四、教学改革的效果

该课程的教学改革给每一位同学搭建了展示自我的平台。许多在传统考试方式下学习成绩欠佳的同学，在学习中表现活跃、积极、大胆、善于思考，充分发挥了他们的潜质，表现出较强的组织能力、表现能力、沟通合作能力、解决问题和分析问题的能力，还表现出较强的实践能力。同学们在这个模块化教学改革的平台中，勇于挑战和展现自我。学生在教学过程中得了知识，锻炼了能力，在小组合作学习过程和走访酒店调查中学会了表达与概括，特别是学生们在学习过程中学会了如何进行“发现学习”并在老师和同学的学习交流中获得了自信和自尊。

【参考文献】

[1]宁泽群.旅游管理专业PBL教学模式的改革与创新[M].北京:中国电力出版社,2012.

[2]徐萍.饭店文化[M].北京:中国铁道出版社,2010.

[3]贺月.技工院校酒店服务与管理专业实践教学模式的探索[J].教育教学论坛,2012(43B).

广东省技工学校心理健康教育工作开展状况调查研究报告

广东省城市建设技师学院　谭　纯、刘妙群

摘　要：为了全面掌握广东省技工学校心理健康教育工作的开展状况，研究者采用问卷调查法，随机抽取省内37所技工学校进行调查研究，采用数理统计和总结归纳法对调查数据进行分析。研究结果表明了当前技工学校心理健康教育的基本情况，师资队伍情况，课程设置情况，心理咨询室建设情况，经费投入情况，学校心理健康教育开展的计划、设想和困难，心理教师群体的主观感受及对上级主管部门的要求和建议。本研究客观地阐释了广东省心理健康教育的开展状况，为决策者指明了方向，为保障省内心理健康教育快速发展提供了有效建议。

关键词：广东省技工学校　心理健康教育

一、前言

2012年教育部修订了《中小学心理健康教育指导纲要》，为我国中小学心理健康教育的有效实施提供了政策保障，同时也为技工学校心理健康教育提供了重要参考。2011年3月，广东省颁发了《中小学（中职学校）心理健康教育“十二五”发展规划》，明确了“十二五”期间心理健康教育的指导思想、教育理念、基本原则、目标任务、发展思路和任务，切实有效保障了广东省心理健康教育的实施，为广东省技工学校心理健康教育的发展提供了良好环境。

随着社会转型期的到来，心理健康教育成为我国当代技工教育的一项重要内容。在政府的高度重视下，近年来，技工学校的心理健康教育发展迅速。但我们必须意识到，技工学校心理健康教育起步较晚，经验缺乏，各学校在重视程度、队伍建设、设施配备、教育水平和教育实效等方面参差不齐。为了全面客观了解广东省技工学校心理健康教育状况，研究者自编调查问卷，对省内37所技工学校进行了调查研究。

二、问卷调查

（一）研究对象

本研究采用随机抽样的方法，随机抽取了广东省37所技工学校，涵盖了国家重点、省级重点、市级重点及地方普通技工类院校。因此，样本代表性强，能够代表广东省技工学校心理健康教育工作开展状况的特点。

（二）研究工具

采用自编《广东省技工学校开展心理健康教育工作情况问卷调查表》进行调查研究。问卷题型有选择题、客观题和主观题三种题型，旨在调查技工学校心理健康教育的基本情况、师资队伍情况、课程安排情况、心理咨询室建设、经费投入及心理健康教育工作开展的设想、计划、措施和建议等。笔者主管学院心理健康教育工作，在多年工作经验和文献综述的基础上，编制了本问卷，该问卷具有良好的效度，实践意义显著。

（三）研究程序

1. 问卷编制

在文献综述、实践经验和深度访谈的前提下，完成问卷编制。

2. 填写问卷

10 月至 11 月期间，采用随机抽样法对选定技工学校进行实测，由学校负责心理健康教育工作的老师完成问卷填写。

3. 数据分析

采用 Spss 13.0 对客观题进行分析，采用总结归纳法对主观题进行分析。

（四）研究结果及讨论

1. 技工学校基本情况

在被调查的 37 所技工学校中，最多设有 6 个系别，最少只有 1 个系别，大部分学校有 3 个系别，占到 70.3%；最多有 325 个班级，最少只有 7 个班级，每所学校平均有 95 个班；学生人数最多有 12320 人，最少有 334 人，每所学校平均人数为 4329 人；老师人数最多有 640 人，最少有 13 人，平均每所学校有 190 名教职工，见表 1。

表 1　技工学校系别数量分布图

系别数（个）	学校数量（所）	所占百分数（%）
1	1	2.7
2	1	2.7
3	26	70.3
4	1	2.7
5	7	18.9
6	1	2.7

2. 师资队伍情况

（1）专职心理教师情况。

在被调查的学校中，共有专职心理教师53人，其中心理学专业毕业有28名，占52.83%。每所学校最多有5名专职心理教师（揭阳市高级技工学校5名，中山市技师学院和广州市交通高级技工学校各4名）11所学校没有专职心理教师，见表2。专职心理教师中，初级职称（助理讲师）占40.5%，中级职称（讲师）占29.7%，高级职称（高级讲师）占5.4%。专职心理健康老师与学生总数的比例是1:2940，见表3。

表2 技工学校专职心理教师人数分布情况

专职心理教师人数（人）	学校数量（所）	所占百分数（%）
0	11	29.7
1	11	29.7
2	7	18.9
3	5	13.5
4	2	5.4
5	1	2.7

表3 技工学校专职心理教师职称分布情况

专职心理教师职称	学校数量	所占百分数（%）
初级（助理讲师）	15	40.5
中级（讲师）	11	29.7
高级（高级讲师）	2	5.4

（2）兼职心理教师情况。

在被调查学校中，总兼职心理教师有289位，平均每所学校的兼职心理教师7.8位，平均兼职课时数9.4节。兼职老师由班主任担任的平均每校有6.9位。由学科老师（不含班主任）担任的平均每校有2.1位。兼职心理教师主要涉及的学科有道德教育、思想政治、语文等。兼职心理教师与学生总数的比率1:539。

（3）专职心理教师与兼职心理教师的比率。

在被调查学校中，兼职心理教师有289位，专职心理老师有53位，其中心理学毕业的专职教师有28位。专职心理老师占心理教师总数的15.50%；心理学专业毕业的心理教师占心理教师总数的8.19%。

（4）专兼职心理教师专业证书持有率。

在被调查的专兼职心理教师中，平均有1位持有国家级二级心理咨询师证书，二级证书持有率7.90%；平均有1位持有国家三级心理咨询师证书，三级证书持有率占12.28%；证书总持有率占20.18%。

（5）专兼职心理教师培训情况。

2010—2013年期间参加市级以上心理培训的心理教师平均有3位，平均有4场（次）。有培养心理教师愿望的学校有24所，占64.9%；不打算培养的学校有3所，占8.1%；无所谓的有10所，占27.0%。每学期老师的校本培训内容中有落实心理健康教育知识的学校有30所，占81.1%；没有落实的学校有7所，占18.9%。每学期班主任的校本培训内容中落实心理健康教育知识的学校有29所，占78.4%；没有落实的学校有8所，占21.6%。

3. 课程设置情况

（1）学校开设心理健康教育课的情况。

13所学校所有年级均开设了心理健康教育课，占35.1%，10所学校在某一个年级开设了心理健康教育课，占27.0%；5所学校在两个年级开设了心理健康教育课，占13.5%；9所学校没有开设心理健康教育课，占24.3%。在没有开设心理健康教育课的学校中，其中6所学校表示有开设心理健康教育课程的计划，3所学校没有相关计划，见表4。总体而言，各学校开设心理健康教育课的意识较强，但心理健康教育课普及率有待提高。

表4　技工学校心理健康教育课程年级开设情况

心理健康教育课程年级开设情况	学校数量	所占百分数（%）
全部年级开设	13	35.1%
某个年级开设	10	27.0%
两个年级开设	5	13.5%
没有开设	9	24.3%

（2）教材使用情况。

使用校本教材的学校有1所（从化市技工学院），占2.7%，使用省（教研室）编教材的学校有3所，占8.1%，选用其他教材的学校有17所，占45.9%，没有教材，只有简单教案的学校有16所，占43.2%。由此可知，将近半数的学校没有教材，更缺乏校本教材，因此探索并编制适合技工学校的校本教材十分有必要。

（3）心理健康教育的落实和开展途径。

在开设课程的28所学校中，8所学校通过班会课落实心理健康教育课，占总数28.57%；13所学校通过专设心理辅导活动课程落实心理健康教育，占46.43%；通过其他课程形式落实的，如拓展性课程、研究性课程、社团活动等有7所学校，占25.00%。

通过心理健康教育课堂开展心理健康教育的学校有10所，占35.71%，通过讲座的形式开展的有7所学校，占25.00%，通过其他形式开展心理健康教育的有3所，占10.71%，系统缺失值有8所，占28.57%。

学校心理健康教育课在落实中，由教务科负责的学校有12所，占42.86%；政教处（德育室）负责的有7所，占25.00%；由教研室负责的有1所，占3.57%；其他部门负责的有3所，占10.71%，系统缺失值为5所。

统计可知，心理健康教育主要通过班会课、专设心理辅导活动课程及拓展性课程、社团活动等途径进行，涉及到的形式主要有心理健康教育课程、心理讲座等。

（4）心理健康教育课课时安排情况。

在开设课程的28所学校中，在某一年级开设心理健康教育课堂时，两周一节的学校有4所，占14.29%，每周一节的学校有6所，占21.43%，一周两节的学校有13所，占46.43%，缺省值有5所，占17.86%。

在两个及两个以上年级开设心理健康教育的18所学校中，每学期面向全体学生开设2课时的学校有11所，占61.11%；2所学校每学期开设1课时，占11.11%；不同年级课时数不同的学校有5所，27.78%。

（5）危机事件处理情况。

学校在发生校园事件（如轻生）后，开展了学生心理危机干预的学校有22所，占59.5%；没有开展的有2所学校，占5.4%；缺失值有13所，占35.1%。

（6）家长学校培训的情况。

在每学期的家长学校培训中，11所学校包含心理健康教育培训内容，占29.7%；24所学校没有心理健康教育培训内容，占64.9%；系统缺失值为2所，占5.4%。

4. 心理咨询室建设情况

（1）心理咨询室硬件设施。

目前学校心理咨询室的硬件设施情况，很完善的学校0所，比较完善的学校有7所，占18.92%；一般情况的有16所，占43.24%；硬件设施缺乏的有14所，占37.84%。

28所学校的心理咨询室建立了完善的工作制度，占75.7%；9所学校的工作制度不完善，占24.3%。

27所学校建立了心理咨询室（有独立办公室），占72.97%，其中咨询室面积有10~20平方米的学校有9所，占24.32%，咨询室面积达21~40平方米的学校有4所，占10.81%。10所学校没有心理咨询室，占27.03%。

在还没有建设心理咨询室的10所学校中，计划在一学期内建设心理咨询室的学校有1所，占10%，计划在一年内建立的有2所，占20%；计划未来1~2年内建设心理咨询室的学校有3所，占30%；4所学校表示还没考虑好，占40%。接近半数的学校还没有建立心理咨询室的打算。

（2）心理咨询室的开放情况。

心理咨询室开放频率，8所学校每周开放两次左右，占21.62%；周一至周五开放的学校有23所，占62.16%；每天都开放的学校有4所，占10.81%。

心理咨询室开放时间，没有学校中午开放；20所学校下午放学后开放，占54.05%；7所学校全天候开放，占18.92%；6所学校没有规定开放时间，占16.22%。

除了心理咨询室外，学校还建立了其他提供咨询的方式：19所学校开设了咨询热线电话，占51.4%；27所学校开设了网络QQ咨询，占73%；22所学校有悄悄话信箱，占59.5%；其他方式的有5所学校，占13.5%。具体有朋辈咨询、心理咨询室新浪微博、心理协会咨询员、新浪微博等。

（3）学生主动到心理咨询室进行咨询、求助情况。

咨询、求助较多的学校有1所，占2.70%；咨询、求助一般情况的有20所，占54.05%；咨询、求助很少的有13所，占35.14%；没有主动求助的学校有2所，占5.41%。

（4）学生心理档案建立情况。

6 所学校部分年级建立学生心理档案，占 16.22%；7 所学校有部分班级的心理档案，占 18.92%；16 所学校为咨询学生个体建立心理档案，占 43.24%；没有建立心理档案的学校有 8 所，占 21.62%。

（5）购买专业心理测量工具的情况。

在被调查的 37 所学校中，14 所学校有专业心理测量工具，占 37.84%；23 所学校没有专业心理测量工具，占 62.16%。

27 所学校认为有必要购买专业的心理测量工具，占 72.97%；5 所学校认为没有必要购买专业心理测评工具，占 13.51%，系统缺失值为 5。

在认为有必要购买专业心理测量工具的 27 所学校中，打算半年内购买专业测量工具的学校有 2 所，占 5.41%；计划一年内购买的有 3 所，占 8.11%；计算 1～2 年内购买的有 6 所，占 22.22%；暂时还没有明确计划的学校有 16 所，占 59.26%。

5. 经费投入

每学年各学校开展心理健康教育工作的经费投入大约是 0～10 万元。大部分学校无固定经费。

6. 心理教师群体的主观感受

（1）孤军奋战，辛苦并快乐着。

大部分心理教师感觉工作虽然辛苦，但帮助别人成长，也是件快乐的事情。有一种孤军奋战的感觉，因为尽管从上到下都在呼吁心理健康教育很重要，但落到实处的时候，没有专项资金，没有人力，没有交流平台，更没提升的可能。

（2）心理督导机制缺乏，希望加强交流学习的机会。

目前，心理教师群体普遍缺乏督导机制，大部分学校的心理教师只有 2～3 位，团队支援和督导的力量薄弱，碰到问题或棘手的事情没有专家提供督导。多数心理教师表示希望多与校外心理机构接触，增加交流，缓解自身压力。

（3）被需求和相应地位之间的差距。

作为技工学校的心理教师，感觉学生对心理健康教育的需求很大，但是心理健康工作在学校的地位还有待提高。有些学校不重视心理健康教育，学校心理健康机构只是应付检查的摆设，平时边缘化心理健康教育工作，出事了才临时抱佛脚。

（4）“专职”与“兼职”之间的矛盾和冲突。

为了深入开展心理健康教育工作，心理教师要专职工作，但实际情况中，多数心理教师不可能真正做到专职只做心理咨询方面的工作。另外，兼职心理教师由于不是科班出身，再加上培训学习不够，导致专业素养不过关，无法有效解决学生问题。

（5）学校心理健康教育氛围淡薄，心理课程可有可无。

技工学校过度重视技能教育，对学校的德育、人文、心理教育等不够重视，极少引进心理学专业的教师。对心理教师的培训也比较匮乏。多数心理教师不上心理课，而是上一些相关或不相关的课程，心理课程处于随时被其他课程取代的尴尬处境。

（6）心理教师评价标准难以界定，学校评价褒贬不一。

一方面，工作性质决定了心理教师大部分时间是默默做幕后工作，咨询效果是一个持续和隐性过程，不能短时间显现，导致部分领导和老师认为心理教师没有干什么事情，很“清闲”。另一方面，领导和同事喜欢把心理教师当神来看，认为心理教师能解决所有问题，能兼顾许多事情，混淆德育和心育；有些领导认为心理咨询服务的人群太少，购置太多硬件不划算等。

7．学校心理健康教育开展遇到的困难

（1）学校对心理健康教育不够重视。

心理健康教育与德育混为一体，在处理学生问题的态度和方法上出现偏差，混淆了心理教师的角色，阻碍了心理健康教育工作的顺利开展。学生对心理健康认识度不够，不愿意跟老师交流。家长对学生心理健康教育存在完全忽视的问题。

有些学校没有活动经费或活动经费很少，没有相应的制度保障，如危机个案处理流程，导致心理健康教育活动的顺利开展受阻。

（2）青少年心理状态的复杂性增加学校心理健康教育的难度。

青少年期是人生的叛逆期和第二断乳期，心理状态非常复杂。主要体现在经济上不得不依赖父母，却不愿意服从指挥，对家长为人、老师为人、教学，都有自己的看法和主见，较难与父母、老师沟通，有时甚至会固执己见和存在偏见；有逆反心理，崇尚主体，纪律松懈，社会和集体责任感欠缺；不尊重他人，自私任性，厌学旷课；有从众心理，成群结伙抽烟、喝酒，有的有意破坏公物，甚至打群架；有攀比心理，在生活上相互攀比，为在同学特别是异性面前炫耀，不顾家庭条件而花钱如流水等等现象，都使得学校的心理健康教育较难开展。

（3）缺乏督导机制，心理教师压力大。

很多心理教师都是身兼数职，行政工作、教学任务繁重，面对学生的各种需要，从解决心理困惑、治疗性的干预，到提升心理素质、发展性的培养，工作任务繁重；但一些心理教师缺乏经验和指导，更没有相应的督导机制；心理教师和学生比例不协调，需要开展很多活动，工作负担很重；团体辅导的场地和设备比较缺乏，增加了心理健康教育开展的难度等，所有这些都导致心理教师压力大。

（4）学校心理健康教育的受众面窄。

有些学校虽然配备了专职心理教师，但师生比率偏小，无法实现面向全校师生开展心理普查工作。个体咨询开展消耗大量的精力。再加上学校老师和学生对心理咨询的偏见，很难实现心理健康教育面向全体学生，走以预防为主的发展道路。最终导致心理问题最多、最严重、最需要咨询的学生不敢前来咨询，前来咨询的学生在科任（德育）兼咨询老师（心育）面前防御，不能敞开心扉等。

（5）严重个案，深感无助。

个案咨询发现，技校生心理问题复杂，家庭教育对学生健康成长影响极大。有时候面对问题严重的个案，因为家庭、社会，甚至是由于学校制度或者某些客观原因导致的学生心理问题，会有很强的无助感。

（五）研究结论

（1）技工学校基本情况方面的调查数

据显示：广东省各技工学校办学情况差别显著，政府需加强对弱小技工学校的扶持力度。

（2）师资队伍情况方面的调查数据显示：心理教师队伍专业化水平有待提高，包括增加专职心理教师的数量，提升心理教师的职称及加强培训。专职心理教师与学生总数的比率是1:2940，师生比率有待提高。

（3）课程设置方面的调查数据显示：学校开设心理健康教育课的意识较强，在被调查的37所学校中，有28所学校开设了心理健康课，占75.68%，但鉴于多数学校在某个特定年级开设相关课程，因此技工学校心理健康教育课程的普及率有待提高。

（4）教材使用情况方面的调查数据显示：将近半数（45.9%）的学校没有教材，更缺乏校本教材，因此探索并编制适合技工学校的校本教材十分有必要。

（5）心理健康教育落实和开展途径方面的调查数据显示：心理健康教育主要通过班会课、专设心理辅导活动课程及拓展性课程、社团活动等途径进行，涉及到的形式主要有心理健康教育课程、心理讲座等。

（6）危机事件处理方面的调查数据显示：学校危机事件有效处理的比率有待提高，危机事件干预机制有待进一步完善。

（7）心理咨询室建设方面的调查数据显示：目前技工学校心理咨询室的硬件设施有待进一步完善，近81.08%的技工学校硬件设施条件一般或缺乏；多数学校（62.16%）没有购买专业心理测量工具，学生心理档案的建立受阻，仅为个别学生建立或没有建立学生心理档案的学校占64.86%。大部分学校没有专项经费，各学校需要加大经费投入。

（8）学生主动求助方面的调查数据显示：学生主动求助的比率较小，探索学生更乐意接受的心理健康教育形式，提高学生主动求助率势在必行。

（9）心理教师群体的主观感受主要包含几个方面：压力大，缺乏督导机制，不能及时舒缓压力；交流学习机会少，感觉孤军奋战；“专职”与“兼职打杂”之间的角色心理冲突；学校心理健康教育氛围淡薄及学校评价标准褒贬不一等。

（10）学校心理健康教育的困难：有些学校领导对心理健康教育不重视；心理健康教育要面向全体学生，走预防发展为主的路线与学生受众面窄之间的矛盾；青少年期心理问题的复杂性是学校心理教育工作难点根本所在；由于缺乏专业督导，面对严重个案，心理教师也会有强烈的无助感等。

三、提高技工学校心理健康教育水平的建议

（一）当前心理健康教育开展状况

目前各学校心理健康教育开展了如下活动：为了保障各项心理健康教育活动正常有序的进行，各学校陆续建立了心理咨询室；从平时做起，让心理健康教育课程常态化；抓住学生身心发展关键期，举办专题心理健康教育讲座；开展心理主题班会课，提高学生受众面；开展新生入学心

理普查，及时掌握新生心理动态；开展心理专业社团，互动成长，丰富学生课余生活；开展系列心理素质拓展训练，引导学生在体验中学习成长；做好心理健康教育宣传，普及心理健康教育知识；关注教师群体心理健康，缓解教师群体压力；开展相关学术研究，提高学校心理健康教育的内涵和高度等。

危机个案处理方面，涉及的方面有家庭矛盾、失恋、打架、同学因事故受伤或死亡、人际交往障碍、性取向异常等方面。危机个案处理有成功的案例，也有失败的案例。因涉及到隐私问题，各学校在此项目上表露不多。调查表明各学校危机个案处理意识日益增强，但处理效果有待提高。

（二）学校心理健康教育开展计划、设想

1. 课程设置方面

各学校计划在全校普及心理健康教育课程，教育内容的选取要联系学生学习生活实际，最好选用发生在本校或周围的案例，把心理健康教育贯穿在学校整个教育教学活动中。

2. 心理咨询中心建设

配备必要的硬件设施和专业的测量工具。完善各个功能室（心理咨询室、办公室、团体辅导室、沙盘游戏治疗室等）的设备和器材。建设基础设施，扩大心理咨询室，从硬件上为学院心理健康教育提供保障。

完善心理咨询制度，将心理咨询室建设好，提高心理咨询室的运行效率。遵循心理健康教育“预防为主，矫治治疗为辅”的原则，探索更为灵活，学生更乐意接受的心理健康教育方式，帮助学生积极主动求助，如借助学生社团开展心理健康教育，多开展一些心理拓展训练等体验式课程。

3. 心理档案建设方面

做好前期学生心理问题调查工作，新生入学时进行心理普查，建立健全学生心理档案，对全校学生甚至老师的心理健康状态进行普查，在完善的同时圈定目标人群，进行个案的跟踪。了解急需解决的问题，增强心理健康教育的目的性和预见性。

4. 心理健康教育活动的组织

办好“心理健康教育活动月”和“5·25心理健康教育宣传周”等重点活动。加大针对朋辈辅导的培训，培养心理协会干部，定期组织心理活动，使心理健康教育深入学生。选取重点主题，开展心理健康教育讲座，普及心理健康知识。活动开展需有主题，分阶段分步骤进行，可以分年级进行。把系列心理健康教育活动内容形成特有的校本教材，使活动有序化、系列化、科学化。

5. 心理健康教育方式

要采用个案教育和普遍教育相结合的办法，个案教育有心理教师制定计划辅导及个体咨询，普遍教育课利用学校组织的国旗下演讲、心理漫画征集、主题班会课等形式开展。

6. 加强心理教师队伍建设

有的学校正计划招聘3名专职心理教育老师，2名兼职心理教育教师。各学校增强心理教师师资力量的意识逐渐增强，增加专业心理教师数量的同时，也鼓励心理教师参加培训，提升专业化程度。

7. 积极关注教师群体心理

心理教师还需要关注教职工群体，对所有班主任进行心理咨询技巧、心理危机干预等方面的培训。关注教师心理健康，通过开展相关的活动，增强教师的归属感和工作幸福感。

（三）对上级主管部门的要求和建议

学校心理健康教育的顺利开展，离不开上级主管部门的帮助和支持，以下是被调查学校相关老师对上级部门提出的建议。

1. 上级领导要重视学校心理健康教育并提高心理教师地位

提高心理教师的待遇，设定制度保障学校心理健康教育有专项资金、师资，增加交流平台，不断提升。希望上级主管部门领导设法对家长也进行心理健康教育培训。尽量让心理教师专职化，固定心理教师课时，进行相关学术研究，提高学校心理健康教育的深度和内涵。

2. 队伍专业化

心理教师师资队伍要专业化、专职化，改变有的学校心理教师是兼职的、不专业的现状，专业老师的工作应该以心理健康教育为主。为心理教师定期提供业务培训和学习平台，希望多组织一些培训，特别是二级心理咨询师的培训或相关技巧、技能的培训，协助专职心理教师尽快获得二级心理咨询师证书；系统培训师资，建立全省乃至全国的技工学校心理健康教育教师培训中心。

3. 心理教师督导机制方面

建立一支心理咨询师的督导队伍，专门负责心理教师压力的缓解和心理工作的督导，对各学校心理教师定期培训，提高专业老师的业务素质。

4. 心理教师之间加强交流

由上级主管部门协调组织同一个城市、区县的省属和市属技校，每月或每两个月一起开展一次教研活动；分享各院校关于心理教育方面的优秀经验和成功案例；建立一个信息共享平台，让各个院校的心理教师互通有无，探讨研究，分享心得，定期更新国内外大专技工学校心理健康教育工作的动态及成功案例，使教师能够借鉴、学习，提升自身水平，完善知识体系，使本校心理健康工作的开展更加顺利，形式更加多样，内容更加丰富。

5. 组织心理教师开展专业竞赛，提高业务水平

开展各类专业竞赛，并在赛后进行总结，提升心理教师的专业能力。

6. 职称评定方面

定期组织心理教师进行心理方面的职称评定，提高心理教师的专业性；希望上级主管部门在心理教师职称方面给予专业晋升；职称评定方面提供支持，保证心理学专业能进行高级职称的评定。

7. 心理健康教育课程设置

将心理健康教育课程纳入到技工教育课程体系中，使其成为必修课程，或开设相应的选修课程；组织心理专家编写适合技工学校学生心理特点的教材及相关教学资源；汇集心理危机干预成功案例成册等。

“能力本位教育”理论在法律基础课中应用的思考

广东省城市建设技师学院　郑晓婷

摘　要：技工教育的发展，课改势在必行，选择一种适应现代职业教育的指导思想必不可少。能力本位教育就是一种现代教育理念，是社会对职业教育的本质要求。专业课程可以适用这类新型的模式，公共课也应当去迎合能力培养的需要。本文结合能力本位教育的理论，以及法律基础这一门理论公共科目的教学实践工作，提出法律基础教学改革的一些看法，以提高这一门课的教学效果，也希望能顺应“能力本位教育”这一潮流，使其在技工院校的教学中得到全面开花结果。

关键词：能力本位教育　法律基础　能力目标　学习迁移

“能力本位教育”理论从上世纪80年代引入我国，在90年代得到推广，主要在高职院校的专业课教学中实施。近来，这一理论在技校的教学改革中得到青睐，一股思潮风起云涌。它不仅影响着专业课的教学模式，也将波及公共课的教学。

法律基础课作为一门公共课，它属于德育课里一个部分，是技工院校学生应学的重要内容。可在新的形势和新的环境下，以传统的教学方式去给学生传授法律常识，进行法制教育，是不太容易被技校学生接受的。所以，在全面教学改革的背景下，技工院校的法律讲堂势必要注入新鲜的血液。那么可否从盛行的“能力本位教育”理论里去寻找呢？又该如何去操作？笔者作了如下思考。

一、“能力本位教育”理论在法律基础课教学中的可行性

“能力本位教育”是对原本“学科本位教育”的一种超越，它是以从事某一具体职业所必需具备的能力为出发点来确定培养目标，设计教学内容、方法和过程，评估教学效果的一种教学模式。它强调将职业能力作为教学的基础，主要是以通过职业分析来确定的综合能力作为学习的科目，以职业能力分析表所列专项能力，从

易到难地安排教学计划核心。如此看来，在教师进行“能力本位教育”时，是要有明确的一种职业，一个岗位，有具体的要求，具体的需要，才能确定所谓的“能力目标”。而法律基础课对于非法律专业的学生来说，是一种常识教育、思想教育，它不属于一门专业理论知识，也不会因不同专业的学生来设置教学内容。这与“能力本位教育”的特征似乎格格不入。有人提出这是“能力本位教育”理论在应用上的局限性。

其实，所谓的理论、理念，还是要靠实践来解释其合理性和实用性。事实证明，在各国或各学校对能力本位教育的理解是有大大小小的差异，其在实践中的具体做法也就不尽相同了。因而能力本位教育在不同地区或机构被视为一种“学习过程的管理”、“职业技术教育的系统开发计划”、“课程开发模式”或“教学模式”。或者可以这么说，它的局限性应该是有弹性的。这弹性就在于，它的“本位”是一种综合能力，可以包括知识、技能、道德的任何一方面或几方面结合的应用，是要对职业岗位、职业需要有灵活变通的余地，有枝有干、有主有辅的能力。

法律基础课，在某些层次的教育中，可以把它归于语文、数学、英语之类的通用课程，任何职业都需要，可以说是任何一种专业能力的辅助技能。在法治国家里，社会需要的是守法的人才、企业需要有纪律观的职员，市场经济需要法律法规的规范，作为将来要走进社会、为自己为国家创造财富的技校生，有强烈的法律意识去保护自己、判断是非、解决问题，就是一种为人处世的能力。由此，把“能力本位教育”当成一种指导思想，不完全照搬具体本位教育模式，在法制教育中是有其可行性的。

二、“能力本位教育”理论在法律基础课教学中的操作

“能力本位教育”理论在法律基础课

程教学的改革中要发挥作用，是必须建立在技校生的特点之上的，要以学生为本位，来设置能力目标，确定教学项目和任务，采取学生能够接受的教学方法，来实现学生运用法律常识解决问题的能力的提升。所以，在对法律基础课教学模式的设计时，首先解决“学生本位”的问题。

（一）要了解学生对这门课的抵触心理

法律基础课是政治、德育中的一个分支，对于本不爱学理论知识的学生一提起“上政治课”，他们就会联想到抽象、无聊，如唐僧在对孙悟空念经般头疼。于是，在开始上这门课之前，应当让他们对法律课有一个明确的定位和认识。如一下子就来个案例让他们去讨论，那不一定能参与进来。在展开法律教育、上法律课之前，应当为学生找到上这门课的动力。先不讲他人的例子，要引导学生讲自己的经历，然后才逐渐引入，法律其实不遥远，就在他们的身边，这样才能找到学习的自主性。

（二）要了解学生对法律的概念的认知程度

像大学的法律教程，有一门叫法理学，很详细地讲解了法律的理论知识，那是学其他法学科目必不可少的内容。当然，如果和非法律专业的技校生讲什么法的概念、法的要素、法的作用、价值等等，那不单是课时的问题，而是不实际的做法，学生也接受不了。但是，又不可以一下就跳过，直接对他们说宪法、刑法、民法等法规内容。这么做，只会让他们一知半解、一头雾水。曾经，笔者在上第一节法律课时，提问，权利是什么？有学生回答，有地位就有权利。或是问，违法会导致什么后果？有学生回答，要坐牢。很明显，学生对某些法律概念存在着理解的偏差。因此，还是有必要挑一些常用的法律概念，用具体一点或是通俗一点的说法为学生讲解。比方说，权利与义务、法律行为与法律责任、违法与犯罪等这些任何法规都会涉及的法律词语。这样，也为讲解具体的法规埋下伏笔，在他们了解一些法条时，也不至于那么吃力。

（三）了解学生接受怎样的上课方式

笔者曾为不同专业、不同级别的学生上课，他们在课上的反应是各具千秋。由此，这就要求任课老师要拓宽上课的思路，灵活应对学生的反应，采取多样化的上课方式。传统的法律教学，有发现法、问题法、案例分析、模拟法庭、法律诊所式、法律讲座等诸多方式，这些在不同专业、不同课堂环境中的运用，效果是会有所差别的。要以学生为本位，任课老师假如完全以自己善用的单一模式去开展教学，是很难让学生参与到法律这样一门公共课程里头来的。另外，还得考虑技校生他们特殊的生源、他们90后这一代人的特点，寻求新型的上课方式、教学语言，才能和他们一起“沟通”法律的问题。

有了一个大概的方向后，法律基础课的教学大致可以定下这样的模式。

首先，确立能力目标。基于技校生的学习能力及原有的理论基础，以及对职业需要的预测，作为公共课的法律基础课，其能力目标应该是广泛而不是深奥，浅而易懂，具体是在于生活、工作中解决问题的能力的提升。比如，对法律概念的具体认识（注意，并非抽象的理解，一提到公民的教育权，便可以想到九年义务教育这一政策）；以法律的观点判断对错（不是对案例的深入分析，只是让学生判断是合法的还是违法的）；用法律法规来解决工作中可能碰到的问题（比方，用人单位拖欠工资的话，劳动者可以怎么做）；利用法律常识去防止一些社会陷阱，等等。

其次，项目、任务的设计。要转变教师的角色，树立新型的工作价值观。任课老师不完全是课堂的操纵者，在设置项目、任务的时候，不妨也让学生参与进来，通过讨论或调查的方式，尽量集一个班内多数学生的看法，选择他们喜欢的案例、话题来设计，要使得项目的可行性、任务的参与度够高，才能得到理想的教学效果。好多任课老师都喜欢拿模拟法庭作为项目、设置任务，可那对于技校生来说，是有一定难度的。或许可以考虑，就社会某个热点话题设置个“小品”、“情景剧”，让学生表演对话题的反应，然后逐渐引申到法律问题，最终尝试用法律途径来解决，在这里头项目是法律事件的提出，任务是分工找出解决问题的方法。

再次，选择训练方法。如上所说，传统的法律教学方法是不少的，只是哪种方式适用于哪些项目、任务，还是要做到合理的搭配。如果是模拟法庭，那是要通过角色的训练、法律语言的学习、逻辑辩证思维的锻炼、诉讼程序的熟悉等等才能实现的，花费的时间可能不是非专业学生所能接受。于是，只能从简单的日常生活、工作中的法律事件为出发点，比如可以从娱乐新闻、体育新闻、民生热点，或者一些影视剧里出现的场景，作为训练的模拟场景，利用案例驱动、问题的讨论、正反面的对比、展开联想的方式进行趣味教学。在训练过程中，教师发挥的是指引的作用，而不是像编程一样去设置条条框框。在课堂中，有时会遇到无法预测到的反应，如冷场、混乱、嬉戏的场面，教师都应当有相应的心理准备和控制的措施。

最后，选择考核方法。作为公共课，法律基础课一向都是以考查、开卷的方式进行考试，但这不是考核的唯一途径。还应当结合学生上课时的反应，在设置项目、任务时的参与度等等，结合能力目标的实现来设置考核方法。当你发现，同一问题，从上课前学生的懵懂无语，到上课后，学生有坚定的立场去发言，这就已经渐渐接近目标了。笔者建议，可以采用面试的方案，或者参考综艺节目里的一些趣味问答、游戏等方式，来对学生进行考核。

三、学习迁移的问题

在将“能力本位教育”的指导思想逐步引入法律课教学的过程，有一问题也还是值得探讨的，就是学习迁移的问题。在学习过程中，各种学科和各种技能之间，或者同一学科和技能的各个不同部分之间，存在着某种程度的彼此相互影响的现象。这就使得已经获得的知识、技能，甚至方法和态度对学习新知识、新技能也必然存在影响，这种影响就称为学习的迁移。这是一种重要的学习过程。有学者认为“能力本位教育”可能会削弱必要的理论基础，阻碍学习迁移。个人觉得，像法律基础课这样一门常识性科目，是应该大量发挥学习迁移的作用的。传授法律知识，不仅是为国家培养守法的公民，而且对于学生本身而言，学习法律的过程，是有利于逻辑思维的提高，有利于纪律感的提升，有利于综合素质的提高，有利于学生就业，等等，还与接受德育教育、培养职业道德有所关联。这就要求任课老师在编写教案、实现教学计划的过程中，要有意识地找到迁移的方法，去引导学生善于思考、主动发言和理性判断，懂得联系本专业所必学的法律法规（如会计专业的，有财经法规；建筑专业的，有建筑法规），琢磨出学习的规律。在教与被教的过程中，都应本着一种观念，知识和技能不会因当初的学习目的而局限自身的应用范围，职业教育不是终结教育，而是终身教育。要取长补短地运用“能力本位教育”来改革教学，学习迁移是不该放弃的。

以上，是笔者经过对“能力本位教育”理论的学习，结合自己的一些教学经验，也对前人探讨过的关于法律教学、技校生法律意识提高的一些问题，所作的一些思考，可能还不够深刻，欠缺足够实践性操作案例。不管如何，课改是大势所趋，总是要有一个大胆尝试、小心求证的历程，法律基础课最终该是如何的一种教学模式也并非固定、一成不变。而，教师本身就是一个岗位，我们的教学工作，本身就是一种“能力本位”的开发过程。我们也将脚踏实地地朝着“培养社会需要的一流技能人才”这一个能力目标而迈进。

【参考文献】

[1]广州市人事局.专业技术人员职业修养与发展[M].广州：羊城晚报出版社,2007.

[2]人力资源和社会保障部教材办公室.道德法律与经济常识[M].北京：中国劳

动社会保障出版社,2010.
[3]邓泽民.职业学校学生职业能力形成与教学模式研究[M].北京:高等教育出版社,2002.
[4]张文显.法理学[M].北京:法律出版社,1997.
[5]石磊.建立以学生为主体的能力本位教育[J].中国科教创新导刊,2011(26).
[6]吕鑫祥."能力本位教育"课程模式的理论思考[J].高中后教育与人力资源开发,1997(2).

室内设计专业
学生如何快速入门建筑设计

广东省城市建设技师学院　朱锦辉

摘　要：本文从方案设计要领、建筑结构、建筑构造、建筑规范等方面入手，以有志从事建筑设计的室内设计专业学生为对象，分析其从事建筑设计的优势及困难所在，并对如何解决这些问题提出了一些建议，以作参考。

关键词：室内设计　建筑设计

室内设计作为建筑设计相近专业，最早也是源自于建筑设计，但随着社会分工的细化，室内设计慢慢形成了独立的体系，从建筑设计专业中分离出来。在市场经济的调节作用下，室内设计、建筑设计毕业生彼此穿插，室内设计专业学生毕业后从事建筑设计工作者也不在少数。尽管这些专业彼此有着内在联系，但也有着明显的差异，对于修读完室内设计，但有志投身到建筑设计的毕业生来说，先入门、再在实践中学习提高成为他们从业的必然之路。因此，如何尽早掌握建筑设计窍门、在从业初期少走弯路就成为了他们行业转换成败的关键。本文从实际出发，对室内设计专业学生在从事建筑设计初期的常见问题及学习要领进行阐述，其内容分述如下。

一、把握流线

室内设计的专业重点在于装饰效果、整体氛围的营造，尤其是材料的搭配以及美学元素的组合运用，从人们视觉感受出发，满足人们对审美的需求。诚然，外观设计也是建筑设计的一个重要方面。著名的建筑作品都以其鲜明独特的外观著称，著名设计师的作品也必传承着其个人风格。尽管如此，建筑设计归根到底还是围绕人们实际功能需求的一门学科，其本质的内涵主要体现在建筑的功能区域创造以及功能流线设计上。功能区域指的是各种具备不同使用功能的空间或空间组合。而功能流线，则是人们按照使用习惯在穿越不同功能区域的过程中产生的行走路线，不同类别的人群在建筑中会产生不同的功能流线。如商场中的服务员与顾客、学校的教师与学生、医院的医生与病人等，都在同一建筑中划分出彼此独立的功能区域，并在使用中衍生出各自的功能流线。由于没有受过专业训练，室内设计专业学生在从事建筑设计之初，其设计方案往往会出现线混乱或流线交错。例如在餐厅用餐的顾客需经过厨师专用的厨房才能到达卫生间，这就是流线混乱。又例如顾客与食材配送员进入餐厅都使用同一门口、同一走道，就是流线交错。(如图 1 所示)

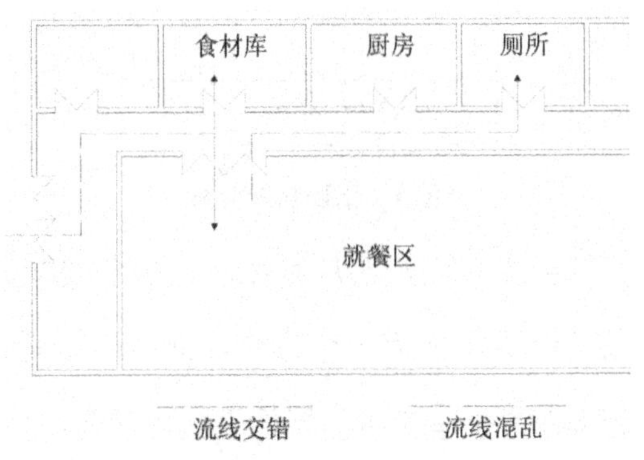

图 1　错误功能流线示例

在设计过程中要检查功能流线是否存在问题十分简单，就是在设计方案中模拟不同类别人群走一遍就可以了。虽然流线错误很容易被发现，但纠正起来却很难，要修改功能流线就必须要调整功能区域布局，一个功能区域的调整往往会引起其他区域的变化，这时就需要对整个建筑布局进行重新考虑，对于功能复杂的建筑来说，修改布局所花的时间和精力往往比重新进行设计更大。可见，要避免出现功能流线混乱，最好的方法就是在起始设计阶段一次性形成合理的功能流线。

二、掌握方法

前面已经提到，要在建筑设计起始阶段形成合理的功能流线，这也是进行方案设计时始终围绕的核心。室内设计专业学生在进行功能流线设计时比较容易犯的毛病，就是采用功能单间作为设计单元，对这些单元进行排列组合。应该说，除了修读建筑设计的学生外，外专业学生在初次接触方案设计时都会犯这样的毛病，也许是因为这种设计手段看似比较直观，但这样做实际是很不科学的。

采取单元排列方式进行设计，必然是把功能单间一个一个地进行组合，假设一部分的功能单间已经形成了比较系统的功能流线，但当把其他的功能单间考虑进去后，旧的功能流线就必然被打乱，这样相当于把之前的设计成果推翻进行重新设计（如图2所示）。可见，功能单间越多，需要重新考虑的次数就越多，如此庞大的工作量显然是无法让人承受的。建筑设计学科是否有更系统的方法进行高效的设计呢?答案是肯定的。

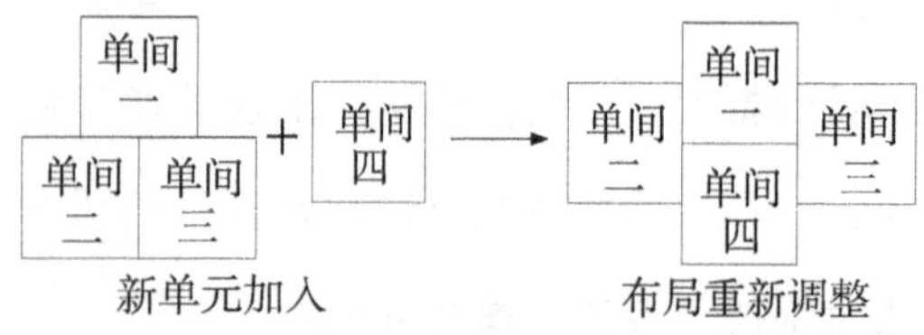

图2　加入新功能单间

这里先要建立一种正确的理念。无论是学习建筑设计，还是学习室内设计，素描都是必修的课程。在学习素描的过程中，初学者往往会犯这样的毛病：把画面中其中一部分绘画得很细致，然后再去绘画其它部分，但总觉得后面画的与前面画的无法统一起来，这与采取单元排列方式进行设计其实是犯了同样的错误。正确的做法应该是从整体出发去完成整个绘画过程，建筑设计也是如此，即从整体出发，先整体后局部。

具体来说，做方案时先根据使用者类别对功能流线进行划分，比如餐厅，工作人员形成一条流线：食材进入→食材储存→食品加工及烹调→传菜；顾客形成另一条流线：进入餐厅→用餐→结账。这样就可以先把餐厅划分成两个大的功能区间。显然，两个区间有一个交汇点，就是就餐区，所以两个大区间不能完全独立，他们应该在就餐区进行交汇，这样就在整体设计上避免了流线混乱（如图3所示）。在此基础上，再对两个大区间按流线顺序进行布局及细化，如果这些大区间里还蕴含了更细的流线，如工作人员流线实际又包括服务员与顾客两条流线，则也可以采用同样的方法解决，层层分解，以此类推。

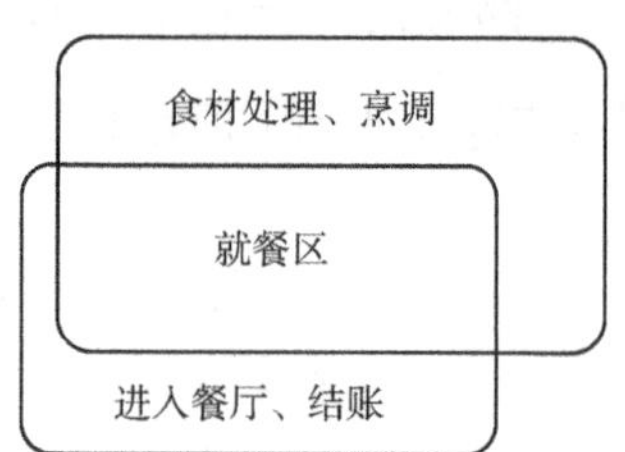

图3　正确功能流线

另外，要做到从整体出发进行设计，就不能遗留任何一个细部，例如杂物间、休息室等一些相对次要的单间往往在设计初期被忽略，在方案形成后再试图添加，这同样是致命的，应该在方案形成的过程中一并进行考虑。

建筑功能流线设计中所强调的先整体、

后局部，是设计专业中普遍存在的设计理念，尽管其表现方式不同，但该理念也必然为室内设计专业所掌握，只要经过适当训练，室内设计专业学生必能迅速掌握正确的功能流线设计方法。

三、积累案例

尽管对于室内设计学生来说，功能流线设计的核心理念并不陌生，但毕竟不同功能的建筑各色各样，如果对于各种建筑的功能区域配备不熟悉，功能流线根本无从谈起。要了解各种建筑的功能区域设置，方案积累是最直接的办法。

积累方案一方面可以依靠自己的生活经验，对于日常生活中会接触到的各种建筑，要进行细心观察，了解其功能流线。除了生活积累外，也可以多看别人的设计，毕竟生活中能接触的建筑类型有限，而且很多功能区间，如商场的办公室、控制室等都是工作人员专用的，日常生活很难接触到，如果通过浏览别人的设计方案，借鉴经验，则可弥补这方面的不足。进行方案积累，建议先由简单方案入手，如快餐店、理发店等，再慢慢过渡到幼儿园、旅馆，最后是学校、医院、车站、飞机场等人流密集、流线复杂的建筑。学习时，可以根据建筑功能先自行进行设计布局，即使存在问题也必须坚持把方案完成，最后拿出现有方案进行对比，通过对比发现的问题往往印象比较深刻，另外也可以参考别人是如何解决自己设计中遇到的问题的。学习过程中对每个方案所犯错误都必须进行总结，尽量在后续的学习中不要再犯，如果能做到每次方案都比以往的有所提高，相信很快便能把建筑设计做得得心应手。

对于自己形成的方案，除了与现有方案进行对比外，也应该多向有经验的建筑设计师请教，他们往往能发现一些初学者无法发现的问题，比如尺寸标注、建筑规范运用等。在学习过程中，也可以与其他学员通过通讯群、或者 ABBS 等专业论坛进行讨论交流，藉此进行方案讨论，分享学习心得。

对于室内设计学生来说，方案设计并不陌生，关键是把关注点由氛围营造向功能流线转移，只要多进行方案积累，思路调整得当，很快便能熟练掌握建筑设计的要领。

四、尺规作图

与学习室内设计一样，学习建筑设计也离不开尺规作图。尽管电脑已经成为设计行业必不可少的工具，但就方案形成过程而言，手绘显然是最合理最高效的手段，毕竟这是把个人设想进行表达与记录的最直接方法。在进行平面布局时，建筑设计与室内设计的关注点存在一定差异，具体来说，室内设计往往是在现成的建筑平面图中进行功能细化及家具布置，现多采用计算机辅助手段，通过调用图块进行。而建筑设计涉及到空间的大小及形状调整，无法采用模块化设计，只能采用手绘形式逐步推敲。可见，室内设计专业学生要转向从事建筑设计工作，需要具备良好的尺规作图能力。

建筑设计的绘图工具与室内设计基本相同，主要包括绘图板、丁字尺、三角尺、比例尺等。在草稿上进行了初步设计后，就要把方案绘画在图纸上了。绘画时，可以先采用铅笔画出建筑的中轴线，在门、窗处必须把线条断开，这一步相对简单，关键是把丁字尺紧卡于绘图板的左缘，保证横线间相互平衡。绘画竖线时必须把三角尺紧靠丁字尺绘画，以保证竖线与横线垂直，其关系如图4所示。

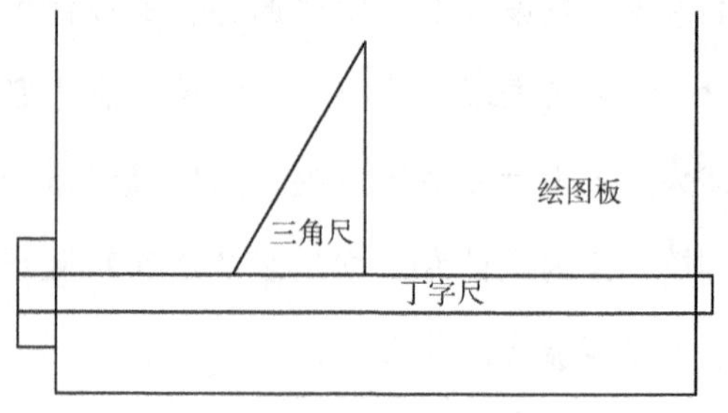

图4　尺规作图方式

用铅笔画好轴线后，为了表达墙厚、门、窗以及增加图纸的美观，需要绘画墨线。绘画时，必须从上到下，按从右到左的顺序绘画，以免作图工具划过墨线弄脏图纸。由于之前绘画的是轴线（单线），绘画墨线时要画成双线以表达墙的厚度。初学者易犯的毛病就是把门洞、内墙交接等墨线应该断开的部位连接起来，只能采用涂改液或损坏图纸等措施进行补救，造成图纸不美观。针对这种情况，学员练习时大致可以依据以下原则绘画墨线：外墙断开门洞即可，内墙断开门洞及内墙交接处，窗则一律不断，在最后阶段补上窗中间的双线即可。墙体绘画完成后，一般需要布置厕所内部以及绿化，为了提高绘图效率，提升专业素质，一般不建议采用模板，而是通过徒手绘画进行练习，最终获得理想的整体效果。

就课程设置来说，大部分室内设计专业学生都修读过建筑制图课程，具备尺规作图的基本素质，只要有针对性地加强练习，室内设计专业学生的手绘设计能力必定能达到建筑设计的从业要求。

五、了解结构

从设计流程上来说，室内设计是建筑设计的后续补充，在建筑设计已经完成好结构布置的前提下，室内设计一般不会涉及建筑结构，以保证建筑合理受力，坚固耐用。正因如此，室内设计专业课程中也很少专门设置建筑结构课程，这为学生转向从事建筑设计增加了一道屏障。

由于室内设计只涉及到填充墙的局部改动，所以学员只要懂得如何分辨填充墙、柱、承重墙以及剪力墙就可以了。但如果要进入建筑设计领域，就必须熟悉它们的受力关系与分布原则，懂得如何布置柱子、承重墙、剪力墙等，这要从基本的建筑结构学起。常用的建筑结构大致分为混合结构、框架结构、剪力墙结构、钢结构，初学者需要对相关结构的异同有所了解，并能根据所设计的建筑类型选择适当的结构类型，一般来说，低层民用建筑，可以选择混合结构。高层建筑可以选择框架结构以及剪力墙结构，如高层商品房、商业楼。超高层、大跨度建筑，如电视塔、飞机场等，则可以选择钢结构。初学者应阅读一些有关建筑选型的书，加深了解。

建筑结构的设计是与平面布局一起完成的，以最常见的框架结构为例，进行平面布局时，先形成大概的布局草案（如上图3 所示），在此基础上进行结构布置，主要是柱的设置。柱子一般要成行成列，形成柱网。在布置柱网时需要考虑柱子的间距，因为柱子的间距就是梁的跨度，梁的跨度又继而影响梁的高度等，这些问题对室内设计学员都比较陌生，但通过结构设计的学习都能得到解决。

虽然建筑结构由专门的结构设计人员负责，但建筑设计人员也要对建筑结构有一定的了解，不至于设计出在结构上难以实现的方案。再者，如果建筑设计师能够熟悉结构，在进行建筑设计时就可以充分把设计与结构进行结合，让柱子、梁等结构要素与建筑外观充分融合。对于室内设计专业学生来说，建筑结构涉及力学、配根等专业知识，学习起来有一定难度，但并不需要深入掌握，只要掌握实际运用即可。

六、掌握构造

虽然室内设计专业也有开设构造课程，但室内设计的构造内容与建筑设计会有所区别。具体来说，室内设计所涉及的构造主要是建筑主体完工后，在此基础上进行装修施工所形成的构造，在绘画大样图的时候，对建筑主体的细部构造无需进行表达。而建筑设计中的构造，除了建筑主体的内部构造外，也包括了后续装修所形成的构造。可见，要投身建筑设计，室内设计学员应该在原有基础上增补建筑主体构造方面的知识。

常用的建筑构造包括基础、墙体、楼

面、屋顶、地下室、楼梯等。学习时，首先要明确这些构造的设置目的以及设计要点。例如基础的设置目的就是承受建筑主体的重量，所以根据其承受的压力，可选择使用独立基础、条形基础、片筏基础、箱形基础等。另外还要熟记这些构造的相关尺寸，如楼梯踏步一般宽度不应小于0.26米，这也是从人体工程学等方面进行考虑的，了解了这些尺寸的含义更便于记忆，也能做出美观实用的设计。除此以外，构造各部分的材料也要熟记，同样是采取先理解，后记忆的学习流程。例如屋顶，从下至上可以包括吊顶（各种天花）——保温层（保温材料）——建筑主体（钢筋混凝土）——找平层（水泥砂浆）——防水层（防水卷材）——中间层（陶粒）——隔热层（隔热块材）等，只要记住这些构造层的作用就能基本记住材料了。

建筑构造类型丰富，就屋面而言，就可分为平屋面、坡屋面，而坡屋面就使用材料不同，也可分为平瓦屋面、油毡瓦屋面、彩钢板屋面等，其构造也各不相同。这些构造对室内设计专业学生来说都比较陌生，学习时可以先阅读课本，了解各部分构造的整体要求，在此基础上要多看图集，建议从国家建筑标准设计图集《住宅建筑构造》看起，里面囊括了常用建筑的各部分构造，学员应在理解的基础上进行记忆，并对同类型的构造进行对比及归纳。为了牢固记忆，建议学员边看边画，这样印象会更加深刻。

尽管建筑设计的构造内容与室内设计有所差异，但其先理解、后记忆的学习原则是一致的。再者，建筑构造详图也是采用剖面的形式展现的，其表达方式以及图例对室内装饰学生来说都十分熟悉，只要多看、多画，室内设计学生必能熟记各种建筑构造，并能绘画出高质量的施工详图。

七、多看规范

建筑规范所涉及的层面很广，不同类型的建筑、建筑内的各个部分、建筑的各种功能都有相应的规范作指导。室内设计作为建筑设计的一个分支，当然也有相关的执行规范。但与建筑设计不同，由于室内设计及室内装修的影响面小，危险系数低，所以相关的验收制度一直没有执行到位，很多规范没有得到充分落实，室内设计师对行业规范的重视与熟悉程度当然就要大打折扣。一旦转向从事建筑设计，对规范就必须十分重视，因为每一个不符合规范的细节都有可能存在安全隐患，当然验收也是不可能通过的。尤其一些强制性规范，例如临空窗台的最低高度等，必须熟记。另外，建筑规范的层次较多，由高到低包括国家标准（GB），行业标准，地区标准（DB），企业标准（QH）等。这些标准当中，部分又分为强制性标准与非强制性标准。引用规范时，要注意规范的级别，一般来说，级别越低的规范要求越严，如果一项设计内容涉及到不同层次的规范，可以依据较低级别执行。

阅读规范时，注意先把握规范总则，总则中指明了规范的适用范围及范围外的处理办法，是对规范的一个总体把握。规范内的具体内容，一般会通过文字、图例、图表、名词解析等形式展现，里面涉及的内容较多，要求较细，初学者一般难以记忆，建议先收集相关规范，建立规范目录，并对规范进行整体浏览，建立大概印象，在实际设计过程中应根据需要有针对性地查找相关规范，快速萃取需要的相关数据。

建筑规范数量繁多，要转投建筑设计，室内设计学员必须重新端正态度，对建筑规范予以足够的重视，以严谨、专业的态度学习专业规范，设计出美观、实用、安全的建筑。

八、结语

由于学科的关联性，室内设计学员转投建筑设计会存在一定优势。但也应该看到，建筑设计是一门涉及面广、综合性强的学科，室内设计学员仅靠已有知识还远不足够，必须先端正态度，以从业标准要求自己，通过系统学习建筑设计理念、建筑设计绘图、建筑结构、建筑构造、建筑规范等专业知识，长期积累、反复训练，不断向专业靠拢，并采取先入门再深造的手段，在实践过程中努力提高自身综合素质，最终成为一名专业建筑设计师。

【参考文献】

[1]余卓群.建筑设计学习寄语[J].高等建筑教育,2004(02):45.

[2]李少红.浅议建筑装饰专科学生建筑设计能力的培养[J].湖州职业技术学院学报,2009(03):13.

[3]马娱.建筑设计课程学习方法的探讨[J].辽宁工业大学学报(社会科学版),2009(01):41.

[4]舒光学.浅析建筑设计基础教学[J].科教文汇(上旬刊),2009(04):6.

[5]郑利军.《建筑设计基础》课程建设研究[J].山西建筑,2010(31):22.

[6]李燕.抽象图解在室内设计教学中的应用[J].科技信息,2011(32):9.

基于工业分析与检验专业的工学一体化课程体系的构建

广东省城市建设技师学院　林　漫

摘　要：本文基于我校工业分析与质量检验专业工学一体化课程体系的构建，论述了工学一体化课程体系构建的基本原则、总体思路和建设流程，本文的研究成果应用性较强，对于中职学校工学一体化课程体系构建具有较大的指导意义。

关键词：职业资格 典型工作任务 学习领域 课程体系

一、引言

工学一体化课程体系的构建，是以职业资格研究为依据，在确定专业服务面向、明确专业培养目标的基础上，提炼出对应职业（专业）的典型工作任务，构建学习领域、设计学习情境，并依据职业成长的逻辑规律和学生认知规律排列课程序列。以工学一体化课程体系为核心的人才培养系统，能够完成学生未来岗位职业能力、关键能力的培养，真正实现高素质，高技能人才的培养目标。

2 年前，我校工业分析与质量检验专业的课程在结构模式上基本上沿袭文化基础课、专业基础课、专业课的三段式结构。课程内容仍按学科体系编排，侧重知识的系统性，没有形成清晰、完整的职业综合能力培养体系。课程实施模式主要还是以课堂集中教学为主，校内实训也只侧重于点状的技能培养，校企结合的通道也远未打通，未能突出工作过程完整性在课程体系中的逻辑主线地位，而且教学方法陈旧，教学质量满足不了人才培养要求。面对这种情况，我们结合全国示范校建设进行了全方位的改革，打破学科体系，建立基于工作过程的工学一体化课程体系，实现“学习的内容是工作，通过工作实现学习”，在工学一体化课程体系构建方面进行了有益的探索和实践。

二、工学一体化课程体系的构建

工学一体化课程体系的构建分三个阶段。第一阶段：市场调研。以市场需求为逻辑起点，以行业、企业、区域经济发展分析为依据，确定专业服务面向、就业岗位群和就业核心岗位，明确专业人才培养目标。第二阶段：典型工作工程任务研究。通过实践专家访谈等形式，归纳代表性工作任务，提炼典型工作任务，并整合典型工作任务形成综合能力领域，形成技能人才培养要求。第三阶段：转化学习领域，并对学习领域进行描述，构建工学一体化课程体系。

（一）市场调研

市场调研基本过程包括明确调查目标、设计调查方案、制定调查工作计划、组织实地调查、调查资料的整理和分析、撰写“人才需求与专业改革调研报告”。

我校工业分析与质量检验专业通过广泛、深入的市场调研，形成了本专业人才需求调研报告。

（1）本专业毕业生就业良好。就业率达98%，专业对口率达80.4%，80%就业地域集中在珠三角地区，从事建材行业的占48%、精细化工行业的占17%、食品行业的占14%、其他行业的占21%；工作岗位方面，担任技术员和分析工的占63.6%、担任操作员的占13.2%、担任资料员的占22%、其他岗位占1.5%；起薪点2200元/月。

（2）本专业主要面向行业（广东省建材行业等）发展势头良好。

（3）工业分析与质量检验相关专业毕业生供不应求。广东省企业的检验人员年缺口为720224人，其中，建材行业各级检测人员年缺口10万人左右。而广东省中等职业学校工业分析与质量检验相关专业年毕业生约4030人，远远满足不了企业用人需求，而企业人才需求中，主要来源针对中职学校、需求量较大的是技师、高级工和中级工。

通过市场调研，明确了专业服务面向、从业的核心岗位和辅助岗位、主要岗位的职业能力要求和关键能力要求，从而明确了我校工业分析与检验专业人才培养目标为培养面向建材行业就业，适应建材行业生产过程控制、产品质量检验岗位群工作，胜任建材工业原料、燃料、半成品及成品化学成分分析及污染监测工作任务，具备分析检验技术服务职业素养，达到国家化学分析中、高级工职业资格要求的高技能人才。

（二）典型工作任务研究与提取

要想实现本专业人才培养目标，课程

设置需要与职业活动紧密关联，打破“三段式”与“学科本位”的课程模式，摆脱学科课程的思想束缚，重视知识与工作的联系，将点状的操作技能训练通过综合性工作任务和工作过程载体进行整体化链接，让学生在尽量真实的职业情境中学习“如何工作”，从而获得极其重要的工作过程知识和背景意识，实现从学习者到工作者的角色转换。

实现这一目标的课程需要一个合适的内容载体，这个载体就是学习领域—工学一体化课程。典型工作任务是工学一体化课程框架确立的基础，可通过实践专家访谈或典型工作过程研究等形式来进行提炼。表1为实践专家访谈工作程序。典型工作任务也可以通过对某一职业的典型工作过程进行研究来提取。

通过实践专家访谈等形式，我们得到了工业分析与质量检验专业典型工作任务情况（见表2）。在此基础上，进一步完成典型工作任务的描述工作，主要包含典型工作描述、工作对象、劳动工具、工作方法、劳动组织、工作要求、职业能力要求、代表性工作任务等。然后，完成行动领域的归纳，根据职业成长规律及对知识、技能的层次要求（中级、高级、技师等），整合代表性工作任务和典型工作任务，并对典型工作任务进行排序。

表1　典型工作任务提炼的工作步骤及要求

工作步骤	工　作　要　求
企业实践专家确定	1. 选取的专家应来自不同类型的代表性企业 2. 选取的专家中应包括具有丰富一线工作经验和职业院校学习经历的企业员工 3. 选取的专家中大部分仍从事一线工作 4. 选取人数以10~15人为宜
访谈会工作方案拟定	根据《实践专家访谈会参考方案》拟定本次访谈会工作方案
典型工作任务提炼	1. 按工作方案召开实践专家访谈会，提炼典型工作任务 2. 访谈会所用表格：《企业技能人才职业发展历程自我分析表》、《典型工作任务描述表》、《典型工作任务列表》等表格
典型工作任务审定	组织行业、企业专家，课程开发专家，骨干教师三类人员共同审定

表2　工业分析与质量检验专业典型工作任务表（面向建材）

代表性工作任务名称	典型工作任务
1. 溶液配制；2. 酸碱滴定；3. 配位滴定；4. 氧化还原滴定；5. 沉淀滴定；6. PH值测定；7. 电导率测定；8. 纯水制备；9. 实验准备；10. 仪器、设备安装、调试、校正、验收与维护	1. 化学分析基本技术（走入分析化学1、2）
11. 样品采集；12. 样品制备；13. 样品分解；14. 水泥分析；15. 玻璃分析；16. 陶瓷分析；17. 水泥熟料分析；18. 石灰石分析；19. 铁矿石分析；20. 石英砂分析；21 粘土分析；22. 石膏分析；23. 萤石分析；24. 矿渣分析；25. 水泥生料分析；26. 分析结果评价；27. 编制实验报告；28. 建材生产配料；29. 含水量分析；30. 发热量分析；31. 水泥生料分析 32. 试剂仪器申购、验收、储存与保管；33. 实验室药品、器皿、设备管理与维护；34. 实验室6S管理；35. 实验室规章制度制定；36. 操作规章编制；37. 实验室规划建设	2. 生产控制例行分析 3. 生产原材料分析 4. 生产用燃料分析 5. 产品质量分析 6. 产品配方设计 7. 化验室管理
38. 分析方案解读与改进；39. 对比实验；40. 空白实验；41. 条件实验	8. 分析方法解读 9. 分析方法设计
42. 水泥密度检验；43. 水泥细度检验；44. 水泥比表面积测定；45. 水泥标准稠度、用水量、凝结时间、安定性检验；46. 水泥胶砂强度检验；47. 水泥胶砂流动度检验；48. 其他物理常数测定	10. 建筑材料物理性能检验 11. 物质物理常数测定
49. 实验室废水处理；50. 实验室废气处理；51. 实验室废渣处理；52. 实验室污染监测	12. 环境质量指标监测与保护
53. 仪器、设备操作规程编写；54. 化验操作规程编写；55. 化验装置改进	14. 技术管理（1、2）
56. 生产设备运行操作；57. 设备故障处理	15. 中控设备操作

（三）转化学习领域，构建工学一体化课程体系

典型工作任务提取出来并经确认后，首先，对照国家职业标准，分析与提炼各等级技能人才的综合职业能力要求，分析每一典型工作任务的对象、步骤、要求、工艺流程、设备工具以及工作的组织形式，确定具体工作任务作为学习内容，确定学习时间（基准课时），转换成学习领域（见表3），其次，根据工作过程、认知规律和职业发展规律序化学习领域；再次，根据社会、行业、企业与职业要求，安排关键能力、职业道德和拓展课程，并赋予学习内容和总量给定的学习时间，构建工业分析与质量检验专业工学一体化课程体系，该专业课程方案见表4。

表3　工业分析与质量检验专业学习领域

层次	行动领域（典型工作任务）	学习领域		
		名　称	学时	计划开设学期
中级	走入分析化学1	走入分析化学1	144	第一学期 第二学期
	走入分析化学2	走入分析化学2	216	第二学期 第三学期
	建材生产控制例行分析	建材生产控制例行分析	72	第三学期
	数据处理	数据处理与产品质量评价	72	第三学期
	建材生产原材料分析	建材生产原材料分析	144	第三学期 第四学期
	材料物理性能检验	建筑材料物理性能检验	144	第三学期 第四学期
	产品质量分析	建材产品质量分析	144	第四学期 第五学期
	分析方法选用	分析方法选用与优化	108	第五学期
	环境质量指标监测与保护	环境质量指标监测与保护	108	第五学期 第六学期
	仪器维护	仪器维护	108	第五学期 第六学期

表 4　工业分析与质量检验专业课程方案（3 年制）中级工

课程类型	课程编号	课程名称	课程学时				各学期学时安排					
			总学时	行动课	实训	练习	第一学年		第二学年		第三学年	
							18 周	18 周	18 周	18 周	18 周	20 周
文化基础课	1	道德、法规与心理健康	180	160		20	2	2	2	2	2	
	2	语文	144	104		40	4	4				
	3	化验数学	144	104		40	4	4				
	4	英语	144	104		40	4	4				
	5	计算机应用基础	104	52		52	6					
	6	体育与健康	180	20		160	2	2	2	2	2	
学习领域	7	走进化学分析实验室 1	144	48	48	48	4	4				
	8	走进化学分析实验室 2	216	88	64	64		6	6			
	9	建材生产控制例行分析	72	24	24	24			4			
	10	数据处理	72	24	24	24			4			
	11	建材原材料化学分析	144	48	48	48			4	4		
	12	建筑材料物理性能检验	144	48	48	48			4	4		
	13	典型食品分析	108	48	30	30				6		
	14	建材产品化学分析	144	48	48	48				4	4	
	15	典型化工产品分析	144	48	48	48				4	4	
	16	分析方法选择与改进	108	36	36	36					6	
	17	环境保护（三废分析）	108	36	36	36					4	2
	18	仪器设备维护	108	36	36	36					4	2
	19	文献检索	40	20		20						2
	20	职业交际	40	20		20						2
	21	化妆品分析	40	20		20						2
	22	顶岗实习	400		400							20
总学时数			2928	1136	890	902						
周学时数							26	26	26	26	26	30
课程门数							7	7	7	7	7	6

三、工学一体化课程体系构建的思考

职业教育的目标就是实现综合职业能力目标的培养。为此，要从工作世界中寻找一系列具有职业典型意义的典型工作任务作为课程内容载体，而这些任务是通过实践专家访谈和工作过程研究得到的，这需要思考以下问题。

第一，实践专家的组成问题。实践专家访谈会要求专家要来自同一职业，工作与专业对口，并且有2/3专家经历职业生涯整个过程，这其实是个理想模型，实际很难达到要求，因此收集到的代表性工作任务并不具代表性，提取的典型工作任务也就不典型。实际上用典型工作过程研究方法提取，也许更合理。

第二，学校各自单独开发课程问题。一体化课程开发是个复杂的系统工程，没有专家的指导，各自为政开发，一是质量不高，二是浪费资源。整合资源，合作开发更为有效。

第三，课程的实施问题。工学一体化课程实施须具备两个条件：一是能开展以行动为导向教学的工学一体化教师；二是能支撑以行动为导向教学开展的一体化教学环境。事实上，实现这两个条件并不容易，需政府部门在教师培养、准入、待遇、校企合作上有实质性举措，更需要政府对技工教育有实质性投入。

第四，课程实施的质量监控与评价问题。工学一体化课程实施是否能够达到设计预期，不仅需要实施严格的过程监控，防止“行动导向教学”变“放羊”，同时，更需要有科学、公平、客观的质量评价体系，采用传统的评价方法对一体化课程进行评价已不符合要求，需开发针对性的评价体系。

总之，要实现综合职业能力培养目标，课程是核心、教师是关键、条件是支撑、机制制度是保障。本校在开放性、职业性原则指导下构建三阶递进工学结合人才培养模式。在学习载体安排上采用学习性任务—工学一体化课程、实际工作任务—生产性实训、岗位工作任务—顶岗实习三个递进式学习平台；在教学上采用行动导向教学；努力培养一体化教师，完善制度机制建设，在推进课程改革方面做了大量卓有成效的工作，取得了较好的成效。

【参考文献】

[1]赵志群.职业教育工学结合一体化课程开发指南[M].北京:清华大学出版社,2009.

[2]赵志群.职业教育与培训学习新概念[M].北京:科学出版社,2003.

[3]人力资源和社会保障部职业能力建设司.国家技能人才培养标准编制指南

[R]. 2013.

[4]姜大源. 工作过程系统化课程概念解析[J]. 中国职业技术教育,2008(27).

[5]本论文资助项目《基于示范校建设的工学一体化人才培养模式和课程体系的开发与实践》,项目编号:A2013122401.

浅谈技工学校数学教学方法的创新

阳江技师学院　叶　美

摘　要： 数学课程一直是各类技工学校的一门重要文化基础课，历来是基础学科教学的一个难点。探求一种创新的数学课堂教学方法是我们技校数学教育工作者的长期任务。本文就技校数学教学中一些改革创新教学方法进行了探讨，给予我们数学教育者一定的借鉴。

关键词： 技校数学；教学现状；创新教学方法；行动导向教学法

当今发展社会，技校在培养中高级技能人才方面肩负时代的使命，技校的发展既充满了机遇，又面临着挑战。虽然数学教材一改再改，难度不断降低，教师教学手段越来越多，但教师仍是“苦”，学生仍是“烦”，导致教师不喜欢教，学生不愿意学。如何让数学基础差的技校生重新喜欢上数学，就需对教学方法创新改革，使之更好地为专业课教学和学生就业能力服务，增强学生的综合能力，成了技工学校数学教学的当务之急。

一、数学课程教学现状及存在问题

（一）教学无创新

教学方法单一，课堂教学模式单调，无创新，内容过于普教化，激发不了学生的学习激情。由于教学资源的缺乏，教师凭一张嘴，一支粉笔加之有限的教具、挂图，用“满堂灌”及“填鸭式”教法，呆板枯燥以讲为“主”的单调教学模式，如图1所示。

图1　常规数学科教学模式

就算课堂练习，也是蜻蜓点水，教师评价完并给出答案。没有培养学生的合作、讨论、创新思维能力及发挥他们学习的主观能动性和在课堂的主体地位，更没有考虑学生理解能力的层次的不同及对掌握知识的评价。这时，数学基础本来就差的技校生就更加厌烦，逆反心理更强，觉得是浪费时间，干脆玩起手机或睡觉。笔者认为更应该由师生共同确定的行动来引导教学组织过程，学生通过主动和全面的学习，达到脑力和体力劳动的统一来实现教学的创新。

（二）教学内容理论与专业教学要求相脱离

文化基础课的教学和专业教学要求严重脱节。很多学生都觉得学数学对专业和就业没帮助。有些数学教师一味重视理论及推导，没有知识的实际应用，甚至只上自己喜欢的内容，不同专业的学生学的内容都是一样的，与专业教学要求严重脱节。这样的教学忽视知识与具体工作的联系，无法提供最受企业关注的“工作过程知识”和基本经验的专业数学理论知识，不能满足企业和劳动市场的要求。这就给数学教学提出了新的要求：既要注重理论又要加强实践。笔者认为应该把学生培养成具有社会性，同时又能满足就业市场所需的技术性、技能型的职业人才。那么，教学目标应从“关注知识”转向“关注学生”，变“被逼学”为“主动学”。

（三）数学课被边缘化

各学校越来越重视专业课，文化基础课被边缘化，数学课每周仅有少量的课时，使教学目标不能及时完成，甚至有些学校都不开数学课。据了解，广东大多数技校的数学课周课时是 4 节，一个学期 20 周，则总课时 80 学时，如果扣除放假、实习等原因造成的脱课，实际上也就只有 50 节左右，远达不到大纲的要求。也有些技校的数学课周课时是 2 节，一学期 20 周，若扣除其他原因，真正上课只有 20 节左右。这么少的课时，不但质量没保证，教师上得也很尴尬，正常的教学质量和内容没得完成，教学方法更被忽视，不需花太多精力备课，反正这些关于社会科学知识的文化基础课，得不到学校和学生的重视，索性“教好教不好无所谓”，教学完全照本宣读。笔者认为课程改革目标不能模糊，基础素质和实践能力之间不能摇摆不定。

二、数学课程改革创新教学方法

要使学生学有所成，老师教有所乐，那就需要教育者积极改革，创新教学方法。在创新中，行动导向教学法取得很好的效果。

行动导向教学法，是 80 年代以来，世界职业教学理论中出现的一种新的思潮，它是以活动为导向，以能力为本位的教学思想。所谓行动导向，是指“由师生共同确定的行动产品（目标）来引导教学组织过程，学生通过主动和全面的学习，达到脑力劳动和体力劳动的统一”。它重点强调的是对人的关键能力（即综合职业能力）的培养，如图 2 所示。

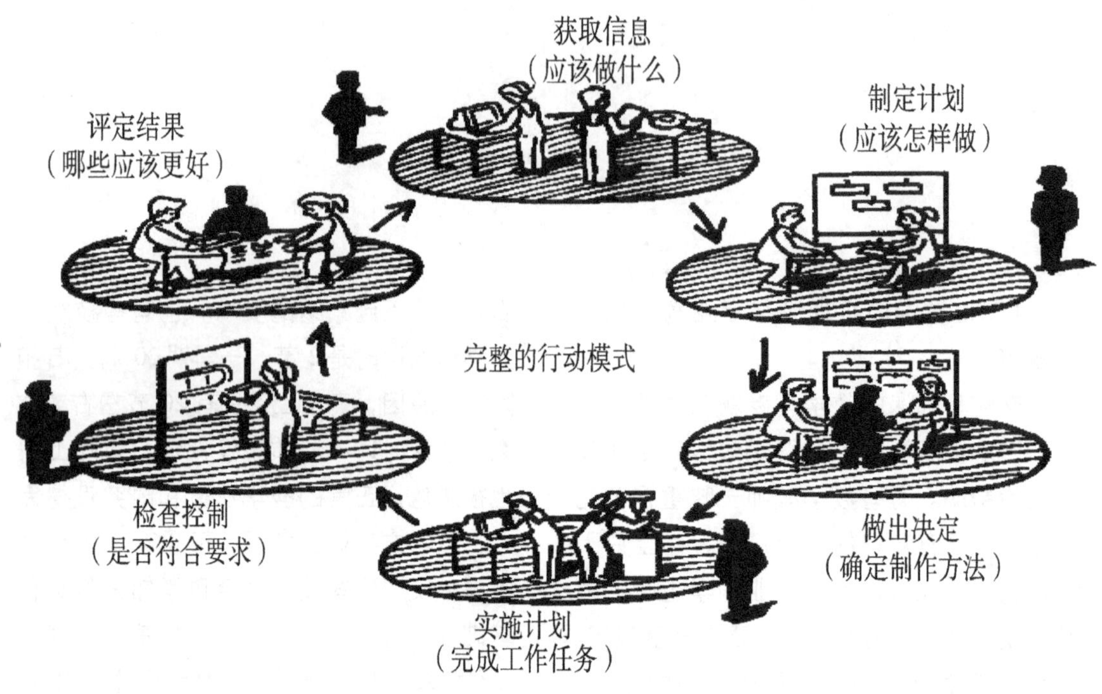

图2　行动导向教学法模式

现就行动导向教学法中比较适合数学教学的几种创新方法总结如下。

（一）思维导图教学法

思维导图又叫心智图，是表达发散性思维的有效图形思维工具，它运用图文并重的技巧，把各级主题的关系用相互隶属与相关的层级图表现出来，把主题关键词与图像、颜色等建立记忆链接，充分运用左右脑的机能，利用记忆、阅读、思维的规律，协助人们在科学与艺术、逻辑与想象之间平衡发展，从而开启人类大脑的无限潜能。

将思维导图应用到教学之中，有以下几个优点。

（1）可以帮助教师构建完整有效的知识框架体系，对学习的课程进行有效的资源整合，使整个教学过程和流程设计更加系统科学。

（2）帮助师生进一步加强对所学和所教内容的整体把握。

（3）通过教师积极正面的引导，更充分地发挥学生学习的主观能动性。

（4）更有效地促进师生间的交流与沟通等等。

思维导图可分为脑图、鱼骨图、程序流程图、模型分析图等，如图3所示。

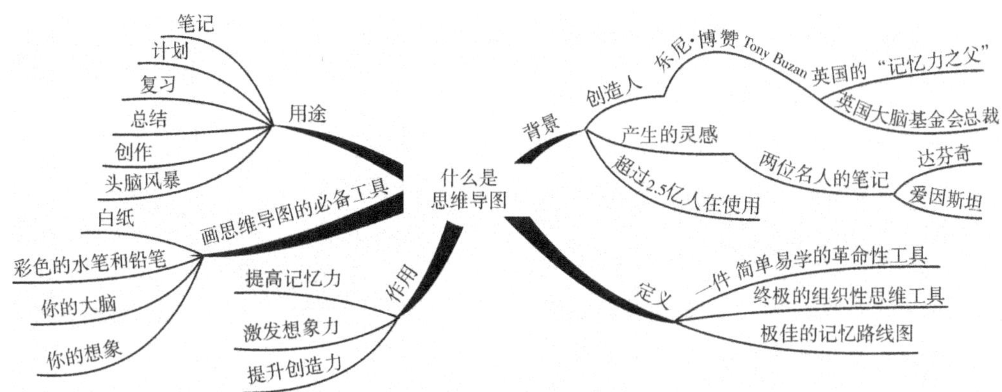

图 3　思维导图形式

1. 思维导图在预习中运用

课前预习是数学学习的重要环节，对于技校生，绝大部分是不会花时间去提前浏览数学新课内容，就算看，也走马观花地浏览，看不懂也不会一起讨论，因此上课的效果也受影响。如果教师提前几天布置任务，让学生预习，分组讨论并完成新课的内容的思维导图，相信上完课后，学生对新知识的掌握有事半功倍效果。

例如，在讲“棱柱和棱锥的表面积和体积”，学生提前两天领回牛皮纸，对棱柱和棱锥的表面积和体积的新知识，自觉预习，然后小组讨论，列出知识点及框架，开发创新思维，完成填画好流程图。

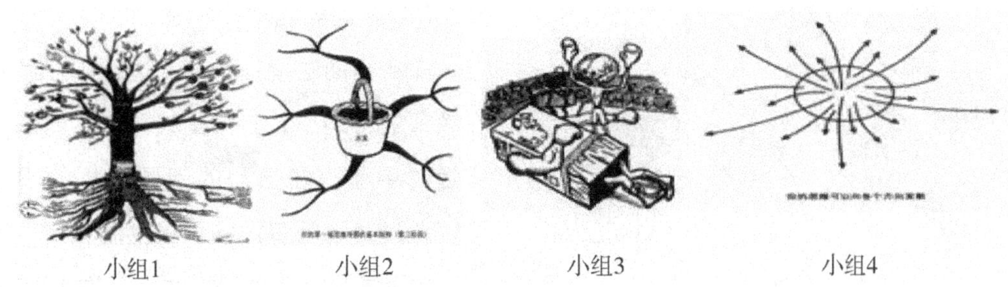

图 4　学生预习作业

流程图是小组讨论构思出来，没有特定框架。教师应暂缓做出评价与总结，以利于学生踊跃参与，从而引出大量的、多种多样的解决方案，达到培养学生“创造力”的效果。上课时，老师让代表小组根据流程图阐述对新课的最初理解，其他小组互相对比和学习，教师可打作品初次分。学完相关内容后学生再回到流程图进行互相评价，再修改流程图，教师再打进步分。这样达到自觉预习的目的和提高学生的自我学习能力，培养小组合作及开发学生思维创新的学习能力。注意的是，课堂上采用头脑风暴有一定的规则：①创意人具备相关知识；②提倡不受拘束自由发言；③不能批评他人主观见解；④先求量变，后以量生质；⑤提倡圆桌式的轮流发言；⑥鼓励总结改良他人成果。

2. 思维导图在复习中运用

学生在复习时，独立对整章知识总结，理清概念、公式、规律及区别，区分重点难点，找出相联系连接点，画出思维导图，如图5所示。教师在复习时，也可以对某些章节以思维导图形式展示给学生，如图6所示。

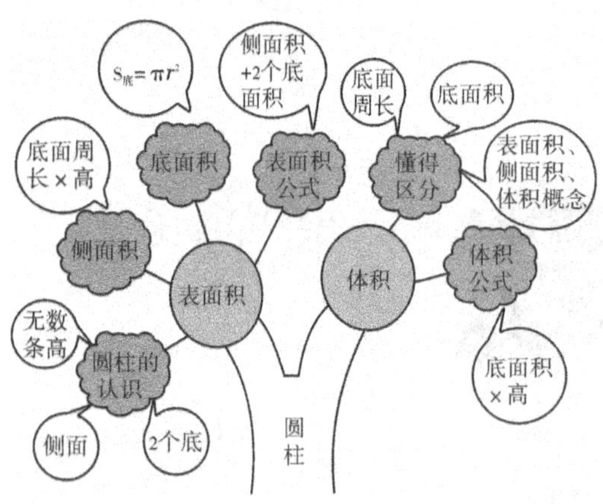

图5 圆柱表面积和体积思维导向图（学生制作）

教师将章节知识与已有知识进行联系，将新知识融入已有的知识体系中，形成知识网络，便于提取。让学生自己找出联系，把所有的思维导图编织成自己的知

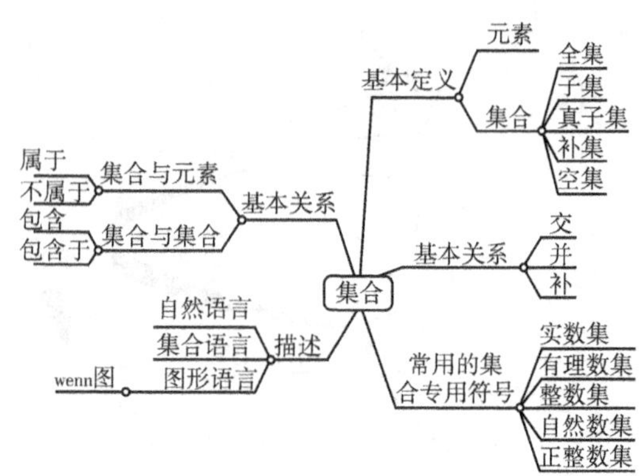

图6 集合的思维导向图（教师制作）

识网，整个过程是其乐无穷，同时也加强对课程内容的整体认识，形成一个清晰的知识框架。

在思维导图的帮助下，通过教师引导、学生独立思考，逐渐培养学生运用知识解决问题和懂得学会学习目标的能力，同时又分工合作，小组讨论，是一种能改善教师的教，学生的学的新方法。

（二）任务驱动教学法

任务驱动法指在学习的过程中，学生在教师的帮助下，紧紧围绕一个共同的任务活动中心，在强烈的问题动机的驱动下，通过对学习资源的积极主动应用，进行自主探索和互动协作的学习，并在完成既定任务的同时，引导学生产生一种学习实践活动。基本环节为：①创设情境；②教师确定问题（任务）；③学生自主学习、协作学习；④师生效果评价。

例如，在“函数的奇偶性”讲解时，对于掌握偶函数这项内容，教师先 PPT

设计播放，创设情境后，设计布置了三个任务。

1. 任务1：偶函数图像及定义理解

（以小组为单位）：让学生对折一张A4彩纸，构思不同图案并剪出一个对折图形。打开对称图，用直尺沿着对称线画一条直线，作为 y 轴，在 y 轴上任取一点（最好中心）作为原点。然后经过原点作一条垂直于 y 轴的直线，作为 x 轴。请按以下步骤完成相关问题。

步骤1：你能发现此时图是关于什么轴对称吗？若某函数 $f(x)$ 的图像对称性也与之相同，则称 $f(x)$ 为什么函数？

步骤2：画出以下函数图像并判断图像对称性和奇偶性，填入表1中。

表1　任务一填写要求

函数	图像	对称性	奇偶性
$y=x^2$			

2. 任务2：偶函数的数值特征（钻一钻）（量一量）

让学生将本组手剪好的对称图形再次沿 y 轴对折，并在图形边上钻一个小孔作为 A 点，然后打开对称图后另一点为 A' 点……同样，再钻三个孔为 B、C、D（按要求完成后将作品贴在黑板上展示）。

步骤1：把图贴在牛皮纸上后，用直尺量一量，A 与 A' 点的坐标有什么关系？同样 B 与 B'，C 与 C'，D 与 D' 关系？

步骤2：观察以上测量结果，你能得出什么结论吗？

3. 任务3：对称性的定义及判断偶函数的方法（想一想）

动手把黑板上对称图垂直部分剪掉小部分，那么此图形是否关于 y 轴对称？x 的取值范围是否关于原点对称？判定偶函数的方法是怎样的？最后，师生合作互评。

总之，任务驱动法就是“以任务为主线、教师为主导、学生为主体”，改变了以往“教师讲，学生听”，创造了学生主动参与、自主协作、探索创新的新型学习模式。通过实践发现“任务驱动法”有利于激发学生的学习兴趣，培养学生的分析、解决问题的能力，提高学生自主学习及与他人协作的能力。

（三）项目教学法

项目教学法是师生通过共同实施一个完整的“项目”工作而进行的教学活动。是指将一个相对独立的项目，由学生自己完成信息的收集、方案的设计、项目的实施及最终的评价。实质上是真正以学生为主体的一种教学法，其目的是培养学生独立解决问题的能力。实施过程可以分为几个阶段，如图7所示。

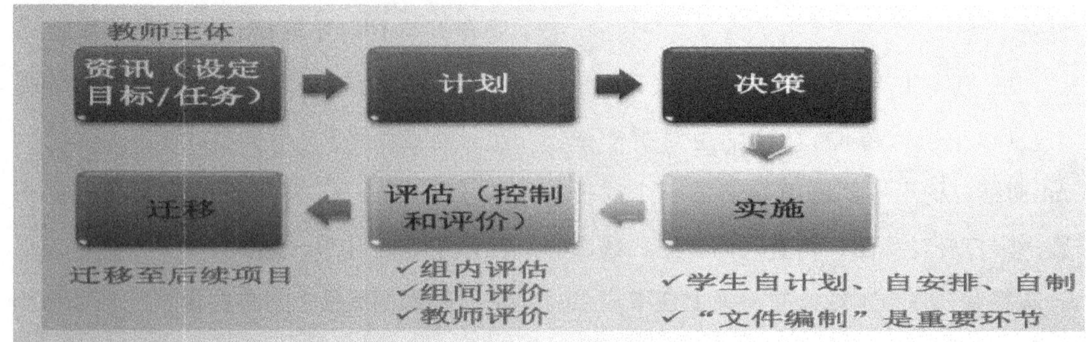

图7　项目教学法实施过程

例如，在讲“圆柱的表面积和体积”时，教师事前对教学内容的准备，学习材料的准备，动手训练所需设备、材料、场所的准备，学习小组的划分等做了工作。

第一，由教师提出本两节课要完成的两个项目（项目1：圆柱的表面积；项目2：圆柱的体积），教师提供电脑、课外资料供学生查询和参考，然后学生一起讨论，最终确定项目的目标和任务。小组分工合作，当然有些小组也可以只做只选其中之一项目。

第二，由学生制定项目工作计划，确定工作步骤和程序，并最终得到教师的认可。对于不好的设计环节，教师给予及时的指导提示以便学生纠正。

第三，这时就可以实施计划，学生各自小组分工合作。有些小组成员会计划先动手制作一个圆柱体，然后分工合作量出所需的量，通过拆开作品或往里面装水或再放物体进去观察变化的水位等实验来证明和计算出圆柱的表面积和体积。有些同学通过上网查到演示图，启发后动手把圆柱的模型（木质）切割拼合成学过的立方体来计算体积，再推导出也等于圆柱体的体积。

第四，学生对自己工作结果进行自我评估，再由教师检查评分。

第五，由老师总结知识，再引导学生把项目工作结果迁移或应用到企业、学校的生产教学实践中。

还有一种形式，每学期布置几个项目任务，小组分配后，分工合做完成。按计划每月完成一个项目任务，初期，小组成员在教师指导下进行任务分配，然后将各成员所得到的结果有机综合在一起，并完成任务报告书，小组成绩以报告书为依据来展开评价。对好的报告书上墙展示，以供大家学习参考。

总之，这种“以项目为主线、教师为引导、学生为主体”的新型教学模式锻炼了学生主动参与、自主协作、探索创新、独立学习和工作的能力，同时也意味着教师投入得更多，要对学生的每一个答案进行指导和评价，师生共同完成项目，共同取得进步。

三、结束语

教学有法，但无定法。因材施教是选择教学方法的唯一出发点，我们应根据实际情况吸取合理的思想和有效的成分，创立一套符合实际的创新教学方法，这样才能培养学生独立运用数学知识为专业技能服务，为祖国培养更多有用的技能人才。同时，教师也要继续探究更合适的教学方法，为技校生的教育贡献自己的力量。

【参考文献】

[1]刘邦祥,吴全全.德国职业教育行动导向的教学组织研究[J].中国职业技术教育(海外职教版),2007-02(261).

[2]李猛.思维导图大全集[M].北京:中国华侨出版社,2012.

浅谈技工院校校园文化建设

——新加坡南洋理工学院校园文化建设启示

阳江技师学院　朱逢喜

摘　要：本文阐述校园文化建设的内涵，借鉴了新加坡南洋理工学院（简称“NYP”）校园文化建设经验，分析技工院校校园文化建设现状，对技工院校校园文化建设提出几点建议。

关键词：南洋理工学院　技工院校　校园文化建设　内涵

一、“校园文化”的内涵

校园文化是包括校园文化活动和有文化气息的校园物质环境，也包括在长期的办学过程和教育管理活动中逐步形成，并为全体成员所认同的以价值观念为核心的群体意识和群体行为规范，是学校历史传统、工作作风、道德规范和行为方式等因素的总和。

“校园文化”的表现形态有三层。

一是表层的实体文化，即物质文化，如学校的整体布局、建筑样式、文化设施等CI包装文化。CI包装文化指对学校的一切可视事物进行统筹设计、管理和传播，使学校的形象要素个性化、统一化，达到强化学校整体视觉形象。

二是中层的制度文化。学校建立健全的规章制度，对建立学校的秩序，实现管理目标会起很大的作用，一方面是激励作用，通过管理使师生员工奋发上进；另一方面是约束，通过管理，规范、约束师生的行为。遵循客观、平等、民主等原则，使各种规章制度在学校管理中真正起作用。

三是内层的观念文化，即精神文化。学校精神是一种非实体性的精神文化，是学校在长期的教育管理与教育教学活动中逐渐积累下来的、被全体师生员工所认同的一种群体意识和学校气氛。是经过学校成员共同的实践活动，并经过历史的积淀、选择、凝聚发展而成的，一般经过意识、作风、精神三个阶段，才定型为一种文化。

校园文化最核心的是精神文化，学校的精神文化决定表层的实体物质文化和中

层的制度文化发展，制度文化和物质文化反映精神文化。

二、新加坡南洋理工学院的校园文化建设

现在就从校园文化的物质文化、制度文化和精神文化三个层面分析一下南洋理工学院校园文化建设。

（一）NYP 校园文化建设之物质文化

NYP 校园物质文化特点非常鲜明，很好地反映了学院的精神和理念。

1. “NYP” 独特的个性标志设计

“NYP” 南洋理工学院的缩写设计成学院的标志。无论是环境装饰还是宣传制品、办公用品都艺术地加以展示，使学院形象鲜明易认，具有很好的宣传、标识和凝聚人心的效果。

2. 校园建筑 “无界化”

NYP 的教学楼群设计成科教园，成为 “无界化” 整体，形成一个多元化科技教学和项目开发的教学园区，两条平行的走廊把各个学系和学院功能区串起来，既方便学系资源共享，也能有效地配合企业及科技发展的需要。标志指示清晰、简洁明了，无论你身在何处都能顺利到达目的地。

3. 智能型管理系统

NYP 建立了一套高效、快捷、人性化的管理系统，包括以学术与学生事务资讯系统为中心的人事部服务系统、账务服务资讯系统、校园管理服务系统、通用管理系统和知识管理系统等六大系统组成。其中知识管理系统建立了关于项目开发的经验积累分享系统、数据库，将项目开发所积累的知识与经验，系统化收集整理后供大家分享，为以后的项目开发提供了十分宝贵的数据。校园管理系统非常人性化，管理系统会根据使用部门的意见，定时地开关电源、空调；门禁系统根据授权允许使用对象通过校园卡进出申请使用的场所。

（二）NYP 校园文化建设之制度文化

制度文化是精神文化的具体化，精神文化转化为具有可操作性的正式制度与规

范，才能被接受。NYP 有一整套完整的管理制度系统，并获得了 ISO 9001 认证，体系完善，主要有市场导向的课程设计与开发制度、健全的企业及国际合作制度、持续不断的专业能力开发制度、有效的教学与学习制度、全面的师资管理制度、严格的质量管理制度等。

（三）NYP 校园文化建设之精神文化

设备可以购买、做法可以效仿、制度可以制定，但学院全体师生追求的价值趋向等精神层面的却是很难模仿的。在 NYP 无处不在的组织无界化、处处创新、超前意识、先驱精神、终身学习（无货架寿命）、精益求精……的学院文化，已经成了全体教职工的共识。

1．“无界化”的整体概念

NYP 十分重视团队协作精神培养，提出“无界化”的教育思想，通过连接七个学系的“科技园”这个平台，将各系的优质资源整合起来，通力合作，共同研究，联合攻关，形成最佳合力，打造学院品牌。

2．“教学工厂”的创新理念

NYP 创造性提出了“教学工厂”的理念，即在学院的教学环境中营造实际的企业环境，通过企业项目和研发项目使学生能将所学到的知识和技能应用于实践，并在实践中加以创新，是一种以学院为本位的学校教学、企业实习与企业项目的有机结合。学生将所学的知识应用于多元化、多层次的实际环境中去。直接面对市场研究问题和解决问题，始终把握市场的脉搏，促使知识和技能不断得到充实和更新。“教学工厂”理念能全面地把学院潜在的知识、科技等资源有效地发挥出来，推动教学技能的提高，对教师和学生的学习态度和工作态度产生积极的影响。

3．“超前”的发展意识

NYP 特别注重教育的超前性，明确提出：以明天的科技，培训今天的学员，为未来服务。为了应对日新月异、瞬息万变，以创新为主导的知识型时代的挑战，NYP 提出教师能力转型这个具有“超前”意识的重要策略。学院的领导时刻都在筹划着学院“下一步”和未来的发展。

4．“以师为本”的生存理念

NYP 认为教师是办学的第一资源，其用人遵循“以人为本”、“以身作则积极参与”、“超前应变”、“无界化的团队”、“无货架寿命”、“精益求精”等原则。始终把师资队伍建设放在优先地位，注重教师的自身发展，建设具有超前意识的“国际化”背景的师资队伍。高度重视教师专能开发，提出了“无货架寿命”，不论年龄大小，只要具备学习能力就可获得学习机会，提倡员工终身学习，要求每个人要有危机意识，注重学习，不断进取“保鲜”。

5. “双赢”的校企合作

NYP建立有远见、战略性和双赢的校企合作机制。发扬“源于企业，用于企业”的办学理念，与新加坡300多家大中型企业有密切联系，企业为学校提供先进设备、研发奖金和实习岗位，供学校教学、研发和培养人才；学校为企业提供专业人才、解决技术难题或设计开发项目和产品，实现“双赢”。

三、技工院校校园文化建设的现状

（一）重视物质文化建设，忽视精神文化建设

职业教育迅速发展，技工院校借着风势规模越办越大，校园面积也越来越大，把校园文化的建设的重点放在校园物质文化建设上，如小校搬大校，重金投入校园绿化、教学设备购置、后勤保障设施等；在校园精神文化如办学理念、校风、学风等方面却严重忽视，没有很好地发挥精神文化的核心作用。

（二）效仿“名校”，缺少“特色”

“改革”已经是技工院校的一个热门话题。一些资源丰富，资本雄厚的老牌技工院校抓住机遇成功改革成有自己特色的院校，成为全省、全国的“名校”。一些规模小的技工院校却对自己的实力没有足够认识，争相“东施效颦”，结果改革因为资源不足而无法进行下去，还把自己的特色丢弃了。

四、技工院校校园文化建设几点建议

（一）更新办学理念，办出自己的特色

校园文化建设要建立在明确、长足可行的先进办学理念之上，学校围绕此理念运作，形成自己特色的校园氛围和文化，让人自然感受它的存在。没有适合自身的办学理念，纯粹追求别人的、外在、肤浅的东西，这不是真正的校园文化。若把南洋理工学院的“教学工厂”搬到我省的技工学校，是不切实际的，但我们可以结合技工教育的实际情况，合理地配置好、利用好现有的资源，着眼于办出自己的特色，结合本地区、本学校，谋求出一条适合技工教育的发展之路。

技工教育要进一步确立以服务为宗旨、以贴近就业市场为导向的办学指导思想，面向企业、面向市场办学，解放思想，更新观念，大胆进行办学模式和办学机制的改革和创新。加大校企合作力度，推行“校企双制”办学模式，根据经济结构调整和就业市场需要，调整专业结构，加快发展新兴产业和现代服务业的相关专业，开发新的课程和教材；转变办学机制，按照市场经济的要求，促进技工教育的开放性和多样化。

（二）校园精神文化和物质文化两手抓

精神文化是目的，物质文化是实现精神文化的载体，二者相辅相成，有机统一，所以在进行校园文化建设过程中，必须“两手抓”。校园精神文化是对学校传统的继承和发展，体现师生共同的价值取向、行为方式和工作学习目标，突出表现在校风、教风和学风上。技工院校要认真总结发扬优良传统，结合时代精神，努力营造团结和谐、开拓进取、求实创新的校园精神文化。通过校徽、校报校刊、校园广播、宣传栏等物质载体表现出来，让师生耳濡目染，时时处处受到校园精神文化的熏陶和激励。建立校史陈列室、荣誉室，举办校史展览、校庆活动等，增强师生对校园精神文化的认同感和自豪感，从而增强凝聚力和向心力。建设校园人文景观，如励志的雕塑、醒目标语、优美的园艺造型以及一些草坪花木等，营造良好的氛围，调动学生的美好情愫，激励师生的上进心和求知欲，起到怡情励志的作用。

（三）学校管理人格化，制度建设合理化

“人格管理是一种以情感为中介、注重成员精神追求的领导方式。”教师是校园文化建设的主体，美育，从教师的仪容开始；德育，从教师的言行开始。现在提倡的人本管理、人文教育就体现出对师生基本人性的宽容，体现出教育对每一个生命个体的尊重、善待、支持、鼓励和赞赏；学校管理的人格化，更需要从校领导开始做起。

首先，有追求卓越的行为期望。卓越的行为期望，对学校的教职员工具有深刻的激励作用，领导对教职员工期望越高，工作表现也愈佳。因此，学校领导，应对师生寄以厚望，提升全体师生员工齐心协力共同奋斗的精神动力。

其次，采用民主管理的决定方式。采用民主管理的决定方式，不仅能够促进校内民主化，而且可收到集思广益的效果，让学校成员充分了解学校目标计划，使其致力于教育目标的达成。

再次，亲近、关怀教职员工。“感人心者，莫先乎情”，以真诚的微笑、欣赏的目光、和蔼的态度对待每个员工，大家必以积极工作回报，人际关系和谐融洽，互相尊重促进，凝聚力就会越来越高。

学校制度建设是学校管理的重要手段，制定合理化、人性化的制度，可建立学校成员所共享的价值观，营造人格管理的心理环境，提升学校管理效能。制度建立后，应以引导为主，以约束为辅，寓理于情，不以制度压人，让“情”成为“理”的润滑剂，使外在的制度在执行过程中逐步产生教育、认同的作用，最后，习惯成自然，内化为人的自觉观念及良好品德和个性。

（四）加强校风建设，构建和谐幸福校园

校风建设需要加强校园秩序、校园师生形象等方面的建设，校园秩序包括教学秩序、人际关系、行为方式等。教学秩序井然有序，健康和谐的人际关系，教师之间相敬如宾、和谐融洽，师生变得亦师亦友。校园形象是指一间学校从人到物体现出来的整体形象，主要表现在师生形象上，如言行举止、仪容仪表、精神状态等。

和谐校园包括校园安全、校园卫生和校园文明等，一个和谐校园必须是一个安全的校园、卫生的校园、文明的校园。另外要加强与校外联系，校外文化好的东西吸收，不良的东西坚决抵制。

精心组织丰富多彩的校园文化活动，如教师开展教师论坛、教研沙龙、职工之家等活动，学生组织技能竞赛活动、庆典活动、体育活动、文化娱乐活动等。特别注重开学仪式、毕业典礼、入党入团、成人仪式等活动，让所有人从活动中得到启迪、感受幸福、受到激励。

校园文化建设是一项系统工程，既要优化有形环境，又要优化无形环境，有重点、分阶段地推进校园文化建设。一旦形成了良好的校园文化，就能营造一种生机勃勃而不断奋发向上的动力，推动学校不断向前发展。

【参考文献】

[1] 王毅. 新加坡南洋理工学院的校园文化建设及其启示[J]. 南通纺织职业技术学院学报,2008.

[2] 王勇. 技工学校校园文化建设的思考[EB/OL]. 中国论文下载中心.

[3] 蔡陆定. “校园文化”的内涵及其建设[EB/OL]. 诸暨教育网.

浅谈技工院校
开展订单培养的有效途径

阳江技师学院　李卓君、林跃飞

摘　要：校企合作是国外职业学校培养人才成功的经验。校企合作中的“订单培养”模式是一种以就业为导向，以满足市场多样化需求为根本目的的新型人才培养模式。本文以笔者所在技工院校与北汽福田汽车制造厂南海分厂开展“订单培养”模式为案例，从校方的角度出发，认真分析了校企合作中开展“订单培养”的途径，以实现校企合作互利共赢的目的。

关键词：订单培养　校企合作　企业　学校

一、“订单培养”模式的概念及意义

“订单培养”模式是近年来出现的一种校企联合办学的新形式。所谓“订单培养”，是指学校依照用人单位人力资源计划，在与用人单位充分协商的基础上，结合用人单位提出的人才培养规格与标准，与用人单位签订“订单”，即“人才培养与用人协议”，并以此制定相应的教学培养方案与计划；学生毕业时，经用人单位和学校考核合格后，用人单位依照用人协议，吸收毕业生到其单位就业并签订就业协议，即企业按其发展规模，预测人才需求量，向学校提出培养规格或标准后再下“订单”的一种产学合作教育形式。

由于“订单培养”可以最大程度地实现学校教学与企业技术要求之间的“无缝对接”，有效地解决了企业一线对对口人才的需求和高职院校毕业生就业问题，得到了学校、学生、企业的认同，较好地实现了技工教育“以就业为导向”的宗旨。

二、“订单培养”的现状

目前，各技工院校都开展了不同层次的“订单培养”合作模式，取得了一些经验，但是也遇到了不少问题，普遍学校在“订单培养”方面收获甚微，在合作过程中因遇到了一些障碍而使得合作被扼杀在摇篮里。主要表现在以下几个方面。

（1）企业对校企合作培养人才在企业发展中的战略作用和远期经济效益的认识模糊，不敢轻意涉足“订单培养”，因此“订单培养”缺乏众多企业的积极参与，“订单培养”成了学校的“单相思”。

(2)企业是一个追求经济效益的主体，众多企业为了解决劳动力问题，追求经济效益。在提供“订单培养”岗位方面，多属于技术含量低的“劳力型”岗位，而技术含量较高的“技术型”岗位则很少提供，甚至出现学生的生产实践与专业完全不对口的情况，在生产实践中难以达到锻炼专业技能的目标。

(3)在“订单培养”的合作过程中，学校与企业的利益发生冲突，在人才培养目标、计划，和课程安排方面无法协调等。

(4)企业界普遍认为，“订单培养”会挤占企业的资源，甚至会干扰企业的正常工作，再加上许多学校缺乏具有吸引力的品牌专业，使企业对校企合作的积极性大打折扣。

笔者所在技工院校在与北汽福田汽车制造厂南海分厂开展的“订单培养”办学中取得了极大的成功。双方共同培养2007级学生共156人，其中汽车维修与检测专业100人，数控、模具专业38人，机电一体化专业25人。在共同培养的学生当中，毕业留企业工作率达100%，其中60%的学生成了企业的重点培养对象，30%的学生成了企业技术骨干。

本文以笔者所在技工院校的校企合作“订单培养”模式为例对“订单培养”取得成功的原因及对策进行分析。

三、开展订单培养的有效途径

(一)制定严谨的管理制度，配备专门的思想政治辅导员

由于学生在学校里的角色是学生，但是到了企业进行培养的角色是工人，是学徒。因此，学校要制定严谨的管理制度和安排专职辅导教师，使学生的角色转变过来，肩负起学习和生产实践的担子。

笔者所在学校从学生与北汽福田汽车制造厂南海分厂签订了订单培养协议之日起，就对学生进行了一系列的思想教育。通过制定详细的规章制度，对学员的衣、食、住、行、学等都做出了严格的规定。另外，还配备一名专门的实习带队老师，对学生进行思想辅导，防止学生在实习实训过程中由于经受不起磨练而出现倦怠，打退堂鼓等现象。

正是通过这一管理方法，有力地规范了学生的行为，强化了责任感和执行力，实现了与企业运转对接的自然过渡。

（二）选择对口企业

作为校方，应该寻找哪种类型的企业合作呢？一个企业具备什么样的条件，才能深入开展校企合作项目，并能达到互利共赢呢？笔者在多年的开展“订单培养”合作模式探索之路上，发现若要有效地深入开展“订单培养”，必须是对口企业，而且岗位必须是具有一定的技术含量。

学校选择合作的企业，必须与开展“订单培养”的专业相对口，也即是学生的专业和生产实践技能培训岗位一致或接近。只有选择专业对口的企业，只有到对口的企业进行培养，才能达到学以致用，达到锻炼提高的目的。只有具有一定技术含量的岗位，才能将在校的书本理论与生产实践相结合，使学生在岗位上磨练出专业水平。

学校安排到北汽福田汽车制造厂南海分厂的学生，其中100名汽车维修与检测专业的学生分别安排到汽车总装岗位、汽车焊装岗位，数控，38名模具专业的学生安排到汽车钣金岗位，25名机电一体化专业的学生安排到汽车电路岗位。

（三）开展对口教学

笔者在实践中体会到，要做好“订单培养”，学校必须要根据企业生产需要和生产技术的变化，灵活调整教学计划，针对企业要求，开设针对企业岗位需求的对口课程，同时企业也应针对学生的专业方向，配备专门的技术师傅对学生的生产实践进行指导。即人才培养目标与企业人才需求相符合，课程教学内容与企业岗位技能相符合，课程教学内容与企业岗位技能相符合，专业实践活动与企业生产实际相符合。

如在专业教学中，如果企业提出要求，学校就要提前开设企业需要的课程，企业也必须根据学校的人才培养计划，针对学生的专业技能及岗位需求进行技术指导。学校必须明确实施“订单”教学，必须以满足企业需要为前提，应注重培养学生将来所要从事的职业岗位所需要的基本理论知识。如可以把理论教育的深度与广度定位在技术运用与创新最需要的范围内，实现适度的理论和相对完整的实践技能有机结合，根据实践能力培养的需要，理论教学以必需、够用、实用为度，将实践训练贯穿于教学全过程。

学校根据北汽福田汽车制造厂南海分厂的要求，增加了《如何彻底排除现场七大浪费（上）》、《福田皮卡订单管理模式》、《福田皮卡产品工艺知识介绍》等培训的课程。企业安排技术师傅给学生上《TPS基础知识细述》、《TPS基础知识细述、福田皮卡订单管理模式培训》等课程，并在理论学习与参与生产实践两者中，采用轮岗调班制，从而做到两不误。

（四）合理确定订单数量

由于在“订单培养”合作办学过程中，涉及开班上课、生产实践技术指导、生活管理等安排和开支。首先，学校在实施“订单培养”时，结合学校师资和厂方的技术指导师的数量，根据北汽福田汽车制造厂南海分厂1000人的规模，确定接受订单的数量为150～160人次；其次，根据厂方的汽车维修专业是主要的技术岗位，确定培养汽车维修与检测专业100人，数控、模具专业38人，机电一体化专业25人。

根据经验，订单数量过大，不便于管理和培养；订单数量过少，培养成本过高，不利于校企双方经济效益的提高。

因此，学校要实施“订单培养”，应该根据所选择的企业的规模、专业及培养能力，以及学校自身的师资、经济实力等去确定订单数量。

根据笔者经验，一般来讲，同一个企业单个订单的人才培养数量不应高于200人，也不应少于30人。

（五）立足长远发展，制定校企合作双方的激励措施

学校要有长远的发展眼光，为了激励企业积极主动地参与到“订单培养”中来，学校必须针对合作企业而采取一系列的激励措施。要最大限度地激发企业参与校企合作的积极性。一是降低或补偿企业进行校企合作的成本，使企业在校企合作中获得短期或长期的效益。企业接收学生实习，实质上是承担了三年制学生其中一年（或半年）的教学任务，在没有出台减免企业税收等相关鼓励和补偿政策的前提下，与之合作的学校可适当考虑划拨一定的教育经费。实习学生的实习报酬可以根据实习学生实际的工作质量及企业的经济状况按最低工资待遇、学徒工待遇或计件方式支付，以低薪抵扣企业在学生管理、废品率（不合格品率）上升方面的支出。二是激发企业参与人才培养的主动性。加强教师与企业技术人员的互动，真正发挥专业指导委员会（由校企双方成立）的作用，并在教学计划的制订、教学内容的确定及教学方式方法的改革等方面为企业提供充分的参与机会，使企业主动地参与“订单培养”的全过程。

【参考文献】

[1]刘守义.我国高职教育产学合作教育模式分析[J].教育与职业,2006(11).

[2]周文锦.高职教育产学结合人才培养模式的比较研究[J].教育发展研究,2004(10).

[3]刘晓欢.“订单式”人才培养模式的特征及其构建[J].职业技术教育,2004(25).

任务驱动教学法在汽车营销与服务课程的应用

阳江技师学院　阮颜妹

摘　要：本文通过阐述任务驱动教学法的本质以及其与传统教学法的区别，分析任务驱动教学法在《汽车营销与服务》课程的应用，并以学习任务“访问客户”为例，介绍任务驱动教学的实施过程，继而提出任务驱动教学法在汽车营销课堂教学的优势及需改进的地方。

关键词：任务驱动教学法　汽车营销与服务　实施过程

一、引言

随着经济的发展，市场结构、劳动组织方式以及对人才的要求都发生了巨大的变革，在人才培养的现实方面，传统的教学方法已明显不能满足现代职业能力培养的要求。因此，近20年来，许多国家根据社会发展的形势，创造开发了一些适应社会、技术和生产发展要求的新职业教学方法和教学模式，其中以培养关键能力为核心的“行动导向型”教学模式最受广泛推广，它使职业教育进入一种新的概念与模式下运作，对世界职业教育与培训事业的发展产生了极为深刻而广泛的影响。而任务驱动教学法属于行动导向教学模式的一种教学方法，笔者将这一方法运用于实际的课堂教学中，取得了明显的教学效果，提高了学生的学习积极性，使课堂内容趋于实用化。

二、任务驱动教学法的本质

任务驱动教学法是在学习的过程中，学生在教师的帮助下，紧紧围绕一个共同的任务，在强烈的问题动机的驱动下，通过对学习资源的积极主动应用，进行自主探索和互动协作的学习，并在完成既定任务的同时，引导学生产生一种学习实践活动。在这个过程中，学生会不断地获得成就感，可以更大地激发他们的求知欲望，逐步形成一个感知心智活动的良性循环，从而培养出独立探索、勇于开拓进取的自学能力，此外还有利于激发学生的学习兴趣，培养学生的分析问题、解决问题的能力，提高学生自主学习及与他人协作的能力。

任务驱动教学法的整个教学过程可分为任务资讯（收集信息）阶段、独立制定计划阶段、决策阶段、实施阶段、检查阶段和评估阶段。在整个教学中学生始终占据主体地位，教学质量的高低最终通过学生的综合素质得到反映和体现。

三、任务驱动教学法与传统教学法的区别（见表1）

表1　任务驱动教学法与传统教学法对比表

比较项	任务驱动教学法	传统教学法
教学形式	以任务为主线、教师为主导、学生为主体	教师讲，学生听
学习内容	以间接经验和直接经验并举，在验证间接经验的同时，某种程度上能更多地获得直接经验	以传授间接经验为主，学生通过某类活动获取直接经验，目的是为了验证或加深对间接经验的理解
教学目标	兼顾知识目标、能力目标、情感目标的共同实现	注重知识目标的实现
教师作用	教师不仅仅是知识的传授者，更是学生行为的指导者和咨询者	知识的传授者

续表

比较项	任务驱动教学法	传统教学法
传递方式	双向的，教师可直接根据学生活动的成功与否获悉其接受教师信息的多少和深浅，便于指导和交流	单向的，教师演示，学生模仿
参与程度	学生参与程度很强，其结果往往表现为学生要学	学生参与程度较弱，其结果往往表现为要学生学
激励手段	激励是内在的，是从不会到会，在完成一项任务后通过获得喜悦满意的心理感受来实现的	以分数为主要激励手段，是外在的激励
质量控制	质量控制是综合的	质量控制是单一的

四、任务驱动教学法在汽车营销与服务课程的应用

下面以《汽车营销与服务》中的一个学习任务“访问客户”展开阐述，并主要结合模拟情景教学法及角色扮演法等方法来分析其实施过程。

（一）导入新课

教师利用多媒体播放一段关于“一位汽车销售人员上门拜访客户时，进入客户家中交谈不久就灰头灰脸地走出门来”的视频，继而教师提出本节的新课内容，包括新课的知识目标和能力目标及情感目标，以及知识的重难点，并提供参考的学习方法。

（二）提出任务

教师通过让学生观看视频，提出问题“作为一名汽车销售人员，访问客户时应注意哪些事项，应做好哪些准备工作?”，从而教师提出学习任务“如何拜访客户”，并提出任务的要求。

（三）任务资讯（收集信息）

学生根据任务的要求，以小组讨论等形式，分工合作，通过多媒体或借助互联网等手段查阅资料，收集相关信息。如拜访前的准备工作、仪容仪表的注意事项、拜访的方法与步骤等。

（四）制定计划

各小组根据收集的信息及资料，独立完成计划的制定，教师巡回指导。

（五）任务决策

各小组根据已制定好的计划，讨论计划的可行性，并分析计划如何实施，提出需要改进的地方，进一步完善计划。教师巡回指导，参与学生的讨论，并适时提出自己的

建议，供学生参考，更好地修订计划。

（六）任务实施及检查

根据修订的计划，运用模拟情景法、角色扮演法实施计划。教师巡回指导，记录各组学生表现的情况，并适时提出建议。例如A组的实施计划如下。

（1）第一步：计划准备。

计划目的：推销自己和企业文化。

计划任务：把自己“陌生之客”的立场短时间转化成“好友立场”。

计划路线：做好路线规划，统一安排好工作，合理利用时间，提高拜访效率。

计划开场白：好的开始是成功的一半，同时可以掌握75%的先机。

（2）第二步：外部准备。

仪容仪表准备：穿公司统一服装，让顾客觉得公司很正规，企业文化良好。

资料准备：收集到顾客资料（教育背景、生活水准、兴趣爱好、社交范围、习惯嗜好等），掌握活动资料、公司资料、同行业资料。

工具准备：包括产品说明书、企业宣传资料名片、计算器、笔记本、钢笔、价格表、宣传品等。

时间准备：提前5~7分钟到达，做好进门前准备。

（3）第三步：内部准备（包括信心准备、知识准备、拒绝准备及微笑准备）。

（4）第四步：拜访方法（重点在开始10分钟、重点10分钟和离开10分钟）。

开门见山，直述来意→突出自我，赢得注目→察言观色，投其所好→明辨身份，找准对象→宣传优势，诱之以利→以点带面，各个击破→端正心态，永不言败。

（5）第五步：拜访步骤。要点有以下几个：

确定进门（敲门、话术、态度、注意）；

赞美观察（赞美、话术、层次、观察四要素）；

有效提问（仪表、服装、家庭、子女、兴趣爱好、住宅摆设、饮食习惯等）；

倾听推介（耐心听取客户的建议，适时提出合理看法）；

克服异议（化异议为动力、转换话题、适当运用肢体语言等）；

确定达成（把握时机，签订购车合同或定金）；

致谢告辞（时间、观察、简明、真诚）。

（6）第六步：运用模拟情景法和角色扮演法实施拜访流程。

（七）评估阶段（评分标准见表2）

1. 小组自评

学生通过自我评价，及时发现存在的问题，正确面对问题并找出解决问题的方法。

2. 小组互评

肯定对方的优点，提出有待改进的地方。在学生之间建立竞争，激励学生，提高学习效果。

3. 教师点评

根据各组实施计划的表现情况，给予肯定的评价，并提出各组存在的问题，要求学生加以改进，在错误中认识正确的拜访技巧。

表2 评分标准

考核项目	考核环节	评分标准	所占分数	考核情况			
				第一组	第二组	第三组	第四组
如何拜访客户	准备工作的完善性	（1）仪容仪表没准备，扣5分 （2）资料或工具准备不充分的，扣10分 （3）其他没准备环节，扣5分	25				
	相关流程实施的规范性	（1）实施流程不规范，扣10分 （2）语言表达不清晰、错误，扣10分 （3）没有进行有效提问，扣10分	40				
	对突发事件的应变能力	（1）不能应对，扣10分 （2）处理效果一般，扣5分	15				
	服务礼仪	礼仪不规范，扣5分	10				
	团队合作能力	（1）分工不合作，扣5分 （2）小组里没协调，扣5分	10				
总　分							

五、任务驱动教学法取得的成效及需改进的问题

（一）任务驱动教学法取得的成效

1. 采用一体化课室，以工学结合的“大课堂”代替固定的教室

所谓“大课堂”，即将教室、实训室、实习基地有机结合。围绕现代汽车人才培养需要，突出职业核心能力训练，采取以工学交替为特色的教学组织形式，采用分段式教学完成工作任务中“实践——理论——再实践”过程。学生除了在课堂学习专业基础知识及汽车销售流程等基本销售技能之外，还安排到实习基地进行以强化职业能力为目的的顶岗实习，以实习基地为课堂，在教师和企业专家的双重指导下，通过产学结合，最大程度地为学生个性发展提供空间，有利于学生综合素质的养成。

2. 打破讲课的概念

课堂教学过程中努力贯彻启发教学原则，充分发挥以任务为主线、以学生为主体、以教师为主导的作用。

3. 打破考试观念，以多元化和多样化的教学评价形式代替单一的卷面考试

充分发挥考核手段在学生学习过程中的鉴定、引导和激励功能，实现考试方式的多元化和多样化，以便更全面、准确地

评价学生已掌握知识的应用能力，提高学生学习的主动性，有利于学生解决实际问题能力、综合素质的培养和创新精神的形成。鼓励学生在学习中提出独特见解，“标新立异”，允许学生的多种答案并存，保持学生思维的活跃性，对培养学生的创新能力大有好处。

（二）任务驱动教学法需改进的问题

1. 教学进度不易把握

任务驱动教学法的课堂更为开放，但这一“放”就不好“收”，每一组的探究程度和进度教师很难把握，实训结束时，有的组提前完成，可有的组只能草草“收兵”，影响效果。以后需采取一些措施，要既能保证探究效果，又不影响进度。

2. 课堂管理待改进

探究性学习法的课堂更为“活”了，这也导致个别学生干扰他人。对此还要想些办法，采取措施在行动上约束学生，最好能使学生都“忙”起来。

3. 评价上有困难

传统教学强调“单打独斗”，学生表现很容易掌控。采取任务驱动教学法，可能有个别学生滥竽充数、混水摸鱼，给教师造成形势一片大好的错觉，影响到教学效果。

六、小结

任务驱动教学法在《汽车营销与服务》教学中的应用，极大地提高了学生的学习兴趣，调动起学生学习的主动性，培养了学生的创新意识和实践技能，提高了学生的整体素质，效果显著。虽然在今后的教学过程中会遇到很多不同的问题需要不断地实践和改进，但我们有信心将任务驱动教学法更好地融入到课堂教学中。

【参考文献】

[1]赵志群.职业教育工学结合一体化课程开发指南[M].北京:清华大学出版社,2009.

[2]刘红娟.工学结合一体化教学模式的探索[J].职业技术教育,2011(7).

[3]王丽丽.技工学校电子商务物流与配送一体化课程的任务引领教学[J].广东技工教育研究,2012(04).

生产实习教学 存在的问题及解决方法探讨

阳江技师学院　林茂华

摘　要：本文介绍了当前职业学校的生产实习的主要模式，分析了各种生产实习模式的优缺点。指出了创新的“企校双制”型生产实习是当前职业教育学校生产实习的理想模式。文章探讨了生产实习教学设计的要点，认为要关注职业定位和能力定位，生产实习项目要通过调查分析和企业实践专家的意见来决定，并从生产实习教学组织、教师工作安排、学生管理、实习教学评价等方面提出了生产实习教学的四点实施建议。

关键词：生产实习　企校双制　教学设计

生产实习是职业学校的重要教学环节，是学生将理论知识同生产实践相结合的重要途径，是增强学生的集体观念、劳动观点和工程观点的过程。通过生产实习，能培养学生树立理论联系实际的工作作风，以及在生产现场中将科学的理论知识加以验证、深化、巩固和充实。通过生产实习，能培养学生的职业意识及产生职业认同，能培养学生的企业认同及建立企业忠诚度；能培养学生的综合职业能力。这里所指的生产实习不是单指工业生产，还包括生产、经营、服务等各行各业的职业行为[1]。

生产实习是职业学校教学区分于普通学校教学的一个显著特征。它是学生与今后的职业生活最直接的联系。学生在生产实习过程中将完成学习到就业的过渡，因此生产实习是培养技能型人才，实现培养目标的主要途径。职业学校要提高教学质量，在重视理论知识学习的前提下，首先要提高生产实习的质量。可以说生产实习教学的成功与否，关系到职业学校的兴衰及学生的就业前途。因此，如何科学合理地实施生产实习教学是我们职业教育工作者共同探讨的重要课题。

一、生产实习教学的分类和优缺点

当前职业学校所实施的生产实习的模式主要有校内生产实习、“顶岗”实习、创新的“企校双制”型生产实习三种。

（一）校内生产实习

该类生产实习的优点是生产项目由学校来安排，能够纳入教学计划和课程体系中运行，实习排课有序，师资培养方便，对学生的基础知识与基本能力培养较理想。但不足之处是能结合教学内容的生产实习项目难以确定，学校生产能力有限，校内生产实习往往会与企业实际生产脱节。很多实习项目多年不变，缺少综合性、设计性、研究创新性，缺乏和生产实际的结合。这种模式使学生的技能操作能力与企业实际生产有一定程度的脱节，对学生创新能力的培养更是欠缺。

（二）“顶岗”实习

该类生产实习是许多学校采取的、毕业前的学生实习方式，优点是企业能较大批量地接收学生实习，学校的生产实习教学投入成本较低，还可以顺便解决一部分学生的未来就业问题。但由于生产项目教学不能由学校来安排，学校很难实施既定的教学计划和质量监控，学生实际以参与企业生产为主。通过调研发现学生在“顶岗”实习后，其职业能力并没有得到很好的提升。

生产实习是一次训练学生实际动手能力、加强对本专业的认识，同时亲身经历企业的生产、管理与销售各个环节，紧密接触社会的教学过程。但“顶岗”实习实际上往往得不到这些机会，学生在实习中达不到教学要求，生产实习变成学生的“打工”，而实习指导教师又要把许多精力放在如何找关系让企业接收学生，如何保证学生纪律和安全等问题上。在企业“顶岗”实习，教师和学生都处于被动地位，教师难以调动学生自身主观能动性，实习质量难以保证，实习教学目的很难达到。

（三）创新的“企校双制”型生产实习

该类生产性实习的优点是以企业为主导，学校辅助，共同研究用生产项目结合课程体系建设，实现真正的工学一体的实习。采取“双师”进行生产实习教学，学生学习能很好地结合生产实际，学以致用。实习时，学生在真实的企业化生产环境中生产真实的产品，接受企业化管理，采用真正的工厂产品生产工艺，在来自企业一线的技术人员指导的“职场环境”里，学生的综合职业能力才能得到提升。而这样的“职场环境”只有开展深入的校企合作才能产生。例如，可以在校内的校中厂或校外的厂中校开展。学生通过“企校双制”型生产性实习，能感受真实的生产环境、真实的生产任务、真实的企业管理和真实的企业化奖罚，不管是技能水平还是职业意识都能得到提升，教学目标得以实现。但不足之处是企校双方需要投入资源和精力较多。总体来说这是比较理想的技能人才的培养方式。

综上所述，校内生产实习适用于校内基础性生产实习教学训练，重点培养学生到企业前“准入型”的能力。“顶岗”实习则是校外实习的最初级阶段，一般只能解决学生就业前的较低“门坎”。创新的“企校双制”型生产实习比较受学生和用人单位的欢迎，对高素质的技能人才培养有明显的效果。

二、生产实习的教学设计要点

（一）生产实习教学设计要关注职业定位

学校的专业建设与生产实际的“职业”概念有一定的差距，如教学大纲与课程体系侧重于专业理论知识与技术技能培养，较多关注学生的是通用性知识与技能培养；而“职业”是指从业人员为获取主要生活来源所从事的社会工作类别，是相关实践活动的综合能力体现。因而离开具体的职业活动是没办法培养学生的综合职业能力。

（二）生产实习教学设计要关注能力定位

在国家职业资格等级中，有“初级”、“中级”、“高级”、“技师”、“高级技师”等五个等级，每个级别在企业中都有相应的岗位与能力对应。如初级工为“小工”、中级工为“大工”、高级工为“班组长”、技师为“骨干”、高级技师为“大师”等。生产实习的教学设计要针对学生的能力定位，制定相应的教学内容。

（三）生产实习项目的教学开发

不是所有的生产项目都适合教学目标，也不是所有教学计划在生产实习教学中都是一成不变的。关键是要确定好“人才规格”和“人才成长规律”两大要素。学校应当从企业聘请专业指导委员，召开实践专家研讨会；通过调查分析后综合实践专家的意见，建立“典型工作任务”，从而开发相应的工学一体课程体系。如此确定的实习项目既与生产实际相结合，又适合教学。

三、生产实习教学的实施建议

（一）生产实习教学总体组织

学校校企合作办公室负责宏观层面的工作，做好规划、与企业建立合作、协助修订生产实习教学大纲，定期指导工作等。学校教学管理部门负责中观层面的工作，根据教学计划分配任务、配置资源、参与生产实习教学日常管理、定期检查与督导。教学基层部门，负责微观层面的工作，做好工作计划与实施、安排教师带班与培养师资、协助企业开展生产项目教学等。

（二）生产实习的教师工作安排

带班教师负责学生的教学安排工作，与企业协调做好实习岗位分配、建立学生管理机制，关注与做好学生思想工作等。企业培训师由企业工程技术人员和生产骨干人员担任，经过教学法和心理学培训，负责学生的生产实习指导工作，根据生产教学计划分配任务、配置相关资源、参与生产实习教学日常管理等。

（三）生产实习的学生管理

在校内进行的生产实习可以采取传统的课堂教学模式，即由实习指导老师安排由浅入深的训练，循序渐进地掌握生产要领和熟练的技能，逐步地过渡到独立操作生产。但对于质量与工期要求比较高的生产，建议尝试组建“精英班”来完成，如以项目管理的方式进行，让老师承包生产项目或课题，“招聘”若干学生参与。校外的生产实习可以以“师带徒”的形式进行，在学习技能的同时，会更多地接触与了解企业（综合职业能力）。学生要每天完成工作日志，带着问题学习。

（四）生产实习教学评价

生产实习教学评价是一项十分重要的工作，它关乎教学受控、质量保证和人才培养达标等[2]。生产实习的评价内容有方法能力、社会能力方面和专业能力方面。如果是传统的校内生产实习，教师相对较好操作学生的评价。但如果在校外的企业实习，学生学习的空间分散，分布在各车间，甚至是不同的企业。而且学习内容广泛（有管理知识、操作知识、技术理论知识），同时会向企业的工程师与工人师傅学习，这些都不同于校内生产实习，更不同于课堂教学，难以进行考核评价。许多学校的生产实习的评价，均依据学生所写的实习报告而得。但实习报告相似者甚多，还有雷同的。认真学习的学生与不认真实习的学生，难以区分，结果老师很难评出实习成绩的高低，分不出学生的良莠。长此下去，生产实习会越来越难管理。

笔者通过长期实践，总结出了一套评价方法。在专业能力方面的评价，主要以实习日志和实习报告来体现。学校可发给学生每人一本实习日志，相当于听课的笔记本，要求将实习期间所学的以笔记的形式认真记下来。带队老师随时普查和抽查，以记实习日记的认真程度作为评价实习的标准之一。另一方面看实习报告，标准是一看报告内容是否充实合理，二看报告的文学语言是否规范与流畅。方法能力和社会能力方面的评价，主要以实习纪律和社会公德这两项来体现。为了保证实习安全顺利进行，把遵守实习纪律当成评价实习的重要标准来抓。为了强调纪律的重要性，可让学生的实习纪律情况，占实习成绩较大比例。考评的内容主要是听课纪律，上班考勤状况，在岗位上是否履行岗位职责及公共服务能力等。如此评价既较好实施，也具有较合理的评价结果。

四、结束语

当前职业学校的生产实习还存在诸多尚未能解决的问题。职业学校应努力开展创新的“企校双制”型生产实习，加大企业参与度，消除校企“冲突”，创造双赢的局面，通过企校双方合作制订实习教学计划，齐抓共管，检查落实，科学统筹。本文提出的一些观点只是我校在实习教学中的一些探索。如何提高生产实习质量，这是职业教育改革的一个重要课题。生产实习教学质量的提高不是短时间能做到的，需要长期探索。

【参考文献】

[1]朱兆文,祁学甫.论生产实习教学的特征与管理[J].成才之路,2010(08).

[2]祁存谦,杨洋溢,等.生产实习的量化考核[J].中山大学学报论丛,2001(01).

TVET世界银行贷款职业教育发展（广东）项目
优秀论文集（2009—2014）

Distinguished Papers on World Bank Loan Guangdong Technical and Vocational Education and Training Project (2009—2014)

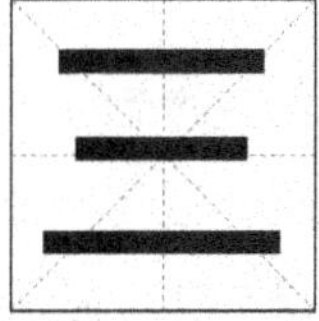

三等奖

“行动导向教学法”在技校应用文写作教学中的探索与实践

广东省轻工业技师学院　石俊华

摘　要：随着学校“品德技能合一”教学改革不断深入，基于当前技校应用文写作教学中存在的问题，应用文写作课的教学改革势在必行。本文根据自己的教育实践作了一些浅显的尝试，将“行动导向教学法”运用到应用文写作教学中，突出强调“做中学、学中做”教学理念，以期应用文写作课程取得令人满意的教学效果。

关键词：教学改革　行为导向教学法　做中学　应用文写作

随着社会发展、信息交流的日益频繁，作为一种具有实用性强、应用范围广和使用频率高等特点的实用文体，应用文写作已渗透到现代社会的各个层面，成为现代职业人文素养构成的重要组成部分。作为一种最基本职业能力，应用文写作能力对技校生至关重要。然而现实中，应用文写作的教学状况和教学效果很不理想。教师教得辛苦，学生学得烦恼。

为此，研究和探讨改革应用文写作的教学方法显得尤为重要。恰逢世界银行贷款职业教育发展项目在广东试点，学校因此大刀阔斧地进行了“品德技能合一”教学改革。在这个利好的教学改革大环境下，本人经过三年教学实践，从应用文写作教学方法改革与创新的角度做了一些研究与思考，得出一些浅显的观点与看法。为找到应用文写作理论与实际工作的最佳结合点，更好地推进应用文教学改革，本文主要探讨了技校应用文写作教学中“行动导向教学法”的尝试运用，以期抛砖引玉。

一、“行动导向教学法”在技校应用文写作教学改革中的必要性

所谓“行动导向”（也译“活动导向”），是指学习是个体的行动，学生是学习的行动者，教师是学习行动的组织者、引导者、咨询者，为了真实情境中的“行动”来学习，并通过学习情境中的“行动”来学习，从而达到“手脑统一”[1]。“行动导向教学法”源于20世纪80年代的德国，其核心是“以市场为需求，以就业为导向，以能力培养为本位”。它是指教师不再按照传统的学科体系来传授教学内容，而是按照职业工作过程来确定学习领域，设置学习情境，组织教学[2]。这不仅是一种具体的教学方法，也是一种创新

的职业教学理念。它不强调知识的系统性，而是以工作任务过程为导向，以能力培养为本位，通过行动的引导使学生在活动中提高学习兴趣、培养创新思维、形成关键能力。

“行动导向教学法”对于培养人的全面素质和综合能力起着非常重要的作用。随着我国职业教育教学改革的深入，这种教学法在职业教育许多学科教学中被广泛应用，并取得了较好的效果。但在应用文写作教学上却少有提及。事实上，应用文写作实践性强，教学任务明确，更适用基于工作过程的教学理念，加上技校生动手实践操作能力强，“行动导向教学法”正好可利用这一好动习性，让学生在“学中做，做中学”，从而获得职业能力——专业能力、方法能力和社会关键能力。

二、“行动导向教学法”在应用文写作教学改革中的探索与实践

传统的应用文教学多为教师讲授知识，学生被动接受。由于概念众多、内容枯燥，加之教师教学形式单一，学生注意力不易集中，实际教、学效果都不理想。为改变这种低效、无效的状态，在“品德技能合一”教学改革实践中，本人改变了以往教师讲概念、特点、种类、结构、写作方法、例文分析、学生模仿作文的教学程序，而引进了“行动导向教学法”，尝试以活动项目为导向，以运用性为原则，以能力为本位来编排教学内容，强调在“做中学，学中做”的教学理念，将应用文知识的学习过程与职业行动结合起来，围绕职业岗位、学校活动或结合学生生活实际，将写作课程的教学内容转化为若干写作项目，设计一个个明晰、准确的工作任务，从学生比较感兴趣且具有一定现实意义的事件入手，布置任务，让学生动脑思考，小组合作完成任务。这样，既增强了学生的学习兴趣，也提高了教学效果。以下是我在教学改革实践中的一些粗浅探索。

（一）项目教学法、任务驱动法的运用

以“校园之星”演讲比赛活动为切入点展开项目教学。具体做法如下。

（1）设置任务情境，让学生在亲自完成任务的过程中学习知识，掌握技能。要求学生以小组合作形式完成相关应用文写作任务：活动之前，由本班学生撰写“策

划方案”，经讨论、筛选后，整合为最终版本的活动策划方案；发布举行“校园之星”演讲比赛活动的“通知”；代表本班向学校领导、老师发出“邀请信”；同时，要求每个同学都参加演讲比赛，撰写“演讲稿”；在活动进行过程中，及时选取素材制作一份“简报”；在演讲比赛会场上有人丢了背包，给他写一份“寻物启事”；有人捡到钱包，给他写一份“招领启事”；比赛圆满结束后，写一份“总结”。

（2）小组内制订写作计划，并实施写作。要求每位成员都要有明确的任务分工。教师以答疑的形式从旁指点。

（3）展示、评价。作品完成后，先在小组内互相交流，提出修改意见，然后每组选出优秀作品在全班进行成果展示，先由其他组的同学点评，再由教师小结，最后由学生修改和补充自己作品中存在的不足和对应的知识缺陷。

（二）角色扮演法的运用

采用组建模拟公司的做法，把整学期的教学内容用模拟企业的发展之路联系起来。通过设定任务项目，分发项目任务单，让学生担任企业中的不同角色。具体做法如下。

（1）将全班50多名学生，组成10个模拟公司，每个公司设经理1人，秘书1人，办事员3～4人，岗位实行轮换制。经理负责组织讨论、修改和审核项目成果，即各项应用文；秘书负责记录讨论过程和草拟文件；办事员参与项目讨论，并提出写作和修改意见。为确保项目任务的开展，并形成学生间稳定的合作关系，应将不同性别、不同性格、不同能力、不同优势的学生划分到一个公司，能力高低不一，取长补短，便于相互学习、相互合作。

（2）任务项目的安排有几种。第一，公司成立之初要进行挂牌及庆典仪式，需撰写主持稿、经理致辞稿、公司代表发言稿，同时邀请相关领导同行等出席时，需制作并派发请柬或邀请函。第二公司成长发展过程中的各项应用文的使用，例如，开会之前要写发言稿，开会时要做好会议记录，会议结束要整理成会议纪要。又如，上级领导安排一项工作任务，采用公文通知的形式布置下去，基层单位按照通知要求实施工作了一段时间之后，用报告的形式向上级汇报工作，上级领导根据报告的内容将成功的经验用通报的形式加以推广宣传。再如，公司研制开发新产品并打算上市前后，可以要求学生按小组完成三种应用文的写作：为了解市场需求，展开市场调查活动，需先向上级部门“请示”；上级“批复”同意请示事项；调查人员设计调查问卷，写“调查报告”。

（三）模拟教学法、案例分析法的运用

以求职应聘为切入点进行教学设计。具体做法如下。

1. 由学生模拟招聘单位撰写招聘启事

动笔前，需要学生收集相关用人单位的职位情况。学生在认真研读这些资料的过程中，通过换位思考，能初步解开企业的招聘“密码”，了解企业对员工岗位能力的具体要求等方面，可为以后真正面试增加成功的把握。

2. 撰写求职信、简历

由学生根据自身情况，撰写出具有特色的求职信和简历。与此同时，教师可提供几份含有多方面错误的求职信和简历，然后各小组模拟雇主进行找错并纠错。通过典型案例分析后，学生对未来雇主真正需要什么信息会有更加清晰的认识。

3. 模拟招聘面试

一般主要有三个环节：一是3分钟左右自我介绍；二是结构化面试，即从雇主准备好的问题中随机抽取一个问题进行回答；三是情景面试，即接受评委根据其自身特点现场提出的问题并进行作答，意在考验选手的反应能力。在整个模拟活动中，由5～8名学生担任评委，也可邀请学校的领导、老师到场侧评。选取评委时，要求着装干净整洁，普通话流畅，有一定应变能力，可为应聘者的表现做出客观合理的评价与建议。最后教师进行点评、补充与总结。

三、技校应用文写作中运用“行为导向教学法”的几点体悟

（一）学会因材施教

应用文写作课要想实现为专业服务，就必须打破原有的传统教材体系，形成以培养职业能力为目标的新课程结构。根据不同专业特点、班级因素等设计课题内容，且课题的难度也要符合学生的知识结构和行为能力，否则会出现适得其反的结果。

（二）充分做好课前教学准备

“行动导向教学法”模式下，学生是学习过程的中心，而教师处于辅助地位，是学习过程的组织者与协调者。要取得好的教学效果，教师需做好充分的课前教学准备，并随时准备使用不同的教学方法，对整个学期的教学内容有完整的教学计划，以工作任务为内容，设置任务情境，安排好教学程序，确保任务教学有条不紊。

（三）制订一套切实可行的评价方案

在“品德技能合一”教学改革中，应用文写作教学评价模式也应改革。评价学生时，既重结果，更重过程，应把学生参与整个应用文学习过程的状况纳入评价体系之中，以促进学生全面发展。为此，制订评价方案应包括个人自评、学生互评和教师点评。同时，加大平时成绩的比例，且每完成一个任务、一篇作品都做一次评价，评价的内容既要关注作品的完成情况，还需关注任务完成过程中学生的参与度、分析解决问题能力、口语表达能力、团队协作精神等。

【参考文献】

[1]陈启琛.行动导向教学法的催化作用[J].中国职业技术教育,2005(15).

[2]冷晶.德国职业教育行动导向教学法探讨[J].合作经济与科技,2011(18).

[3]姜大源.职业教育研究新论[M].北京:教育科学出版社,2007.

[4]赵轶.探析德国职业教育教学改革中的行动导向教学法[J].山西财政税务专科学校学报,2007(2).

[5]赵东明.以项目为导向的行动导向应用文写作教学[J].文教资料,2010(5).

德国职业教育的经验与启示

广东省轻工业技师学院　陈公凡

摘　要：本文从德国职业教育经验出发，阐明了德国职业教育体系的特点，结合我国职业教育特征，阐述了德国职业教育经验对技工教育的启示。

关键词：德国职业教育　经验　技工教育　启示

2011年9月4日至9月21日，笔者赴德国马格德堡参加了职业教育培训和考察，时间虽然不长，但收获颇丰，在职业教育理念和职业教育模式等方面有了新的认识和提高。

一、德国职业教育概况

德国的职业教育在整个教育体系中，占有重要地位，是学生升学就业的主要渠道。马格德堡的职业教育专家告诉我们，他们的学制一般是孩子3岁进幼儿园，6岁入小学，小学学制是四年，小学后实行第一次分流，多数学生一开始升入初中，就初步确定了今后就业升学的基本方向，目的性比较明确，初中（五年或六年制）毕业后的第二次分流，是根据不同职业的要求和学生及家长的意愿而定。较高层次的职业教育，必须以接受过较低层次的职前教育为基础，并应有一定的职业实践经验；经过职业教育的人员，既可利用已经学到的知识和技能，长期从事相应的职业，也可接受更高层次的职业教育，再从事新的工作。职业教育是每个职工的终身教育，即培训—就业—再培训—再就业。劳动就业部门既管理就业、救助失业，又管理培训工作；各行业协会、各同业公会、各州政府、各企业为实施《职业教育法》各司其职，政府实行宏观管理和协调组织工作。

德国高中学生需要学习2～3门外语，完成学业方可进入大学，高中生上大学所占比率仅占30%～35%，其余学生选择高等职业学校，比率65%～70%。德国人特别喜欢职业学习，高中考上大学的学生，有的也先到港口学习三年再读大学。德国的教育体系，既使绝大部分学龄儿童及青少年能接受到至少一项职业教育训练，直接掌握一门技术，被企业雇用，同时又能提供有志于继续深造的青年接受高等教育的机会。

二、德国职业教育的几个特点

（一）“双元制”是德国职业教育成功的关键

在德国，约有70%的职校属于“双元制”。所谓双元制职业教育，是指学生在企业接受实践技能培训和在学校接受理论培养相结合的职业教育形式。接受双元制培训的学生，一般必须具备主体中学或实科中学（相当于我国的初中）毕业证书，之后，自己或通过劳动局的职业介绍中心选择一家企业，按照有关法律的规定同企业签订培训合同，得到一个培训位置，然后再到相关的职业学校登记取得理论学习资格。这样他就成为一个双元制职业教育模式下的学生。他具备双重身份：在学校是学生，在企业是学徒工，他有两个学习受训地点：培训企业和职业学校。学员或定期或分期在企业里接受实践教育、在职校里接受理论教育。职校大约60%是专业课程，40%是普通教育课程。

企业的技能培训是“双元制”的主体。企业的培训按照联邦教科部和有关专业部共同颁布的培训条例进行。德国经济部公布的国家承认的培训职业有93个大类、371个职业。各专业部分别制定相关职业类别的培训条例，包括教育内容、时间安排以及考核办法等，并会同联邦教科部共同颁布实施。各企业根据培训条例和本企业的特点制定具体的培训计划并付诸实施。作为学徒工，企业发给学生每月500～600欧元的生活费用。

职业学校的教育是服务于企业培训的，职校的教学任务主要是以专业理论来辅导和提高学员在企业中的实践培训成果，并加深和补充普通教育的任务。职业学校的教学内容由各州文教部制定。双元制职业教育的考核、成绩认定及证书发放由各行业协会负责。考核内容分为书面考试和实际操作技能考核两种。通过考核的学徒工可以得到国家承认的岗位资格证书，成为该岗位上的合格技工。按照德国联邦政府职业教育法及有关法律的规定，企业内的职业教育经费完全由企业自己负担。职业教育学校的教育经费由国家、州政府、地方政府承担，通常是州政府负担教职工的工资和养老金等人事费用，地方政府负担校舍及设备的建筑与维修费用和管理人员的工资等人事费用。

（二）职业学校招生和企业用工渠道并轨合一

德国职业教育法律、法规完备。相关法律法规有《职业教育法》、《企业基本法》、《青年劳动保护法》《培训员资格条例》等。企业根据产业需要招收员工，对新招收的员工，企业必须依法送至国立职校学习培训。相对于学校制职业教育，双元制职业教育更注重实践技能的培养并使之得到了确切保证。双元制职业教育形式下的学生大部分时间在企业进行实践操作技能培训，而且所接受的是企业目前使用的设备和技术，培训在很大程度上是以生产性劳动的方式进行，从而减少了费用并提高了学习的目的性，这样有利于学生在培训结束后随即投入工作，这使得以培养生产第一线实际操作人员的职业教育真正成为受企业欢迎的教育。在双元制职业教育体制下，由于学生在特定的工作环境中学习，使得学生和企业有了更多的交流机会，大大降低了培训后失业的风险。

（三）职业教育的标准权威性高，规范统一

德国是16个州联邦制国家，每州有自己的教育体系，为使职校培养的人才国家通用，职校教育培训项目由国家订立。学校都培养国家认可的职业，而不能另立专业和教育培训项目。职业教育，都是针对整个经济政策而言，作为国家宏观的经济范畴。考察中我们了解到，德国的职业教育在学校名称、培养目标、专业设置、学制长短、办学条件、经费来源、教师资格、教师进修、考试办法、管理制度等等方面，都有政府提出的明确而具体的要求。同时还设立了一套包括立法监督、司法监督、行政监督、社会监督在内的职业教育实施监督系统，使职业教育真正做到了有法可依，法律法规完善了职业教育的管理和运行。

（四）各社会力量广泛参与

大企业多数拥有自己的培训基地和人员。没有能力单独按照培训章程提供全面和多样化的职业培训的中小企业，也能通过跨企业的培训和学校工厂的补充训练或者委托其他企业代为培训等方法参与职业教育。除学校与企业密切结合外，还发动社会力量（包括同业公会、行业协会、地方政府和相关部门）共同关心和支持办好职业教育，形成一股合力，共同承担义务，推动职业教育的健康、快速发展。

（五）重视职教师资队伍建设

进门难，要求严，待遇高是德国师资队伍建设中的主要特点。通过激烈的竞争，他们的职教师资大都具有良好的品质、广博的知识、精湛的技能、快捷的效率。

三、德国职业教育的几点启示

（一）创新技工教育政企主导办学机制

技工教育要坚定不移地走为企业服务、校企双赢的办学路子，依托企业，能充分发挥教学、技能开发和生产实践紧密结合的优势，培养适应岗位技能和实践能力的实用型技能人才队伍，教育培训、鉴定和就业才能一体化，体现技工教育鲜明的职业性；依托政府，有强大的政策和财政支持，才能面向全社会把握技工教育办学的服务方向，及时按照市场需求设置专业，引导技能人才合理分流。因此，技工教育的大发展、质量大提升必须建立各级政企“二元”的引导机制，发挥政府和企业的优势，优化教育资源，通过政企机制指导技工院校开展校企合作，才能做强、做大、做优技工教育。

（二）建立新型的与国际接轨的师资培养体系

师资队伍建设是培养新型技能人才的关键，教师综合素质的高低直接决定着教学质量，是技工教育质量和规模发展的基石，借鉴国外先进理念，结合广东技工教育的实际，安排省级专项经费，各地配套专项经费，建设全省技工教育师资培训基地，建立和完善国外、国家、省、市、学校五个层面的技工教育师资培训网络。选择一批代表行业发展方向的知名品牌企业，建立青年教师见习基地，探索并推行4+1和$x+0.5$的师资培养模式，即4年制本科毕业加1年的企业实践、企业工程技术人员取得工程师或相当工程师的资格后参加0.5年的教学实践。通过名师评比活动建设一支高素质的教师队伍。

（三）创新多元化投入技工教育机制

以财政投入为主体，以资本为纽带加快形成以民营投入为引导，以金融信贷为支撑，以社会投入为辅助，多渠道、全方位的技工教育投入机制。“民办公助”办学，政府在政策上扶持，放宽准入条件，将民办教育纳入各级政府城乡建设规划，支持民营孵化技工教育基地建设；“公办民助”办学，建立公办融民资的合法渠道，允许企业、个人、团体注资扩容公办技校；“股份制”办学，出台可操作的政策和实施办法；制定相关信贷融资政策，确保金融机构贷款省重点以上技工院校。增加高技能人才培养的财政支出比重，完善企业投入职教的配套政策措施，建立创业技能培训的政府补贴制度，建立技能培训援助等扶持政策，为支柱产业、边远山区和贫困地区的技工教育提供支持。从财政体制机制上保证技工教育适应广东统筹区域发展、主体功能区规划和优化产业结构的发展需要。

（四）大力打造技工教育国际平台

随着科技发展和社会的全面进步，传统的“技能为本”技工教育模式已不再是企业需求的全部，以能力为本的学习领域课程模式和行为引导型教学是当前技工教育和职业培训的改革方向，技工教育要加强与国外、境外职教学院和培训机构合作办学，特别要加强与德国、澳大利亚、新加坡、香港等职教职培发达地区和国家的合作，抓紧制订国外、境外机构、团体、学院、企业、个人投资办技工教育的政策，促成示范院校与境外、国外职教机构联合办学，引入先进理念，培养国际化技能型人才。

关于“大课堂”教育模式实践的思考

广东省轻工业技师学院　邓健儿

摘　要：当前的技工院校基础课程教学大部分都是在课室内完成的，对学生的评价也是基于其课堂表现，这种课堂模式不利于对学生人文素质的综合培养。为了探索“做中学”模式下的教学效果，拓展课堂教学的范围，本文将对具体案例进行分析研究，探讨“大课堂”教育模式下，如何促使学生学以致用，真正将课堂的知识与生活联系起来，在实践中掌握知识，运用知识，拓展知识。

关键词：技工教育　大课堂　做中学　案例

从狭义上来说，课堂是指在课室内进行教学。在当前的技工教育中，大多数教师将所有的精力都放在课堂45分钟的讲学上，很少关注学生课外的实践活动。同时，对学生的评价都是基于学生的课堂表现及考试成绩而进行的，这种只注重课室教学的教育模式，不利于技校生的自信心建立，也不利于学生知识的灵活运用，更不利于学生综合实践能力的培养。而“大课堂”教育模式则要求教师们拓展教育空间、丰富教育的内容，将“课室”这第一课堂与“校园活动”这一第二课堂有机结合，全方位培养学生的综合素质。

著名教育学家陶行知曾指出“没有生活做中心的教育是死教育”，教学是离不开生活实践的。如果能引导学生将课堂知识应用到生活实践中，不仅能使学生学得牢固、学以致用，还能有效地启发学生的思维，使学生获得学习其他知识的内驱力，从而培养和提高学生分析和解决实际问题的能力。

在我校进行的“品德技能合一”教学改革实践中，强调的就是“做中学”“大课堂”的理念，教学不应局限于课室教学，而应延伸到校园的各个角落，延伸到学生的日常生活中。为此，我们进行了多种尝试。如我校组织的“世界读书日”系列活动，包括主题讲座、读书交流、知识竞赛、演讲比赛等活动，将文化基础课程综合起来，引导学生走出课室，走向更广阔的“大课堂”，集中体现了以“做中学”为核心理念的教学改革的精髓。本文将就其中一项主题活动——“我是书神”知识问答竞赛的组织情况来阐述对于教学改革“大课堂”实践的思考。

一、活动开展情况及反馈

“我是书神”知识问答竞赛的构思取材于当下流行的一档电视节目，活动从策划、答题方式到题库选择等方面都模仿江苏卫视益智节目“一站到底”，并在此基础上进行创新改造，旨在让学生在比赛中巩固知识、运用知识，在挑战中挖掘个性、开拓思维、提高临场应变能力。

本次活动由关键能力课程教师指导、学生（教改班级）负责组织实施、全校学生自由报名参与。每周从报名学生中选拔出10名优胜者参与现场PK。比赛题目紧密结合关键能力课程知识。如《语言应用》课程类的问题，孟子曰：故天将降大任于斯人也，下一句是什么？《礼仪》课程类的题目：称呼中的令堂是指对方的什么人？《法律常识》课程类的知识：《劳动法》规定，国家法定休假日加班费不低于平时工资的几倍？还有《体育》课程类的提问：奥运会篮球比赛规则中，正常犯规几次就要被罚出场？此外，还涉及到地理、物理、数学、生活、娱乐等方面的知识。

活动结束后，老师就活动策划及实施的整个过程，与组织学生进行了座谈，包括参与的学生、围观的学生以及组织活动的学生。同学们纷纷表示：比赛题目涉及的知识面广，内容新颖有趣；能使学生多接触生活，在娱乐和轻松的环境中积累知识。其中，优胜的同学分享：这样的活动不仅考查了自己的知识储备，同时也考验临场心态，挑战性很强，很有意义。被淘汰的学生则遗憾地说：其实题目很简单，但自己太紧张了，所以才会说错，真的是很可惜。而观众学生则直言：参加活动需要极大的勇气，自己也想报名，但是看到“书神”这两个字就被吓到了，如果一道题都答不出来就太没面子了，只好做观众。负责组织活动的学生则提出一些建议：首先，“书神”口号让众多学生望而却步，建议用生活化的主题代替；其次，宣传不够广泛，希望能采取多种措施，吸引更多的学生来参与；第三，主持人调控气氛的能力欠缺，不能很好地帮助选手舒缓紧张情绪或调动现场气氛；第四，露天场地的选择虽说可以得到更广泛的关注，但受天气影响大，对赛事的按计划进行不利；第五，道具不完善，等等。

二、对“大课堂”实践的思考

通过该活动的组织实施与反馈，我们不仅仅对此次活动的开展情况有了全面的认知和掌握，更是认识到通过活动，我们的学生勇于尝试，学会了思考，学会了学以致用，真正将课堂的知识与生活联系起来，在实践中掌握知识，运用知识，拓展知识。

对此，在大课堂实施的过程中，我们要理清一种关系："大课堂"是由第一课堂和第二课堂相互渗透、相互融合而成的。学生知识的形成离不开第一课堂的教学活动，而第二课堂是第一课堂的有效补充、自然延伸和拓展。第二课堂与第一课堂相比，在学习方式上更加灵活。又是开发学生综合素质的平台，可以不受时空的限制，采用多种学习方式，激发学生对理论学习的兴趣，开展形式新颖、内涵深刻的比赛或活动吸引和塑造学生。

教育教学活动离不开教师与学生的参与，在大课堂的实施过程中，必须要有教师的精心设计、工作人员的有效组织、学生的积极参与。结合本次实践，笔者提出了以下理念及建议。第一，万事开头难，但是只要勇于尝试并为之坚持，总能取得成效。在“我是书神”活动策划之初，考虑到技工学生的知识水平和能力，老师们一直忐忑不安，担心无法按计划组织实施活动，一度希望能把这项活动取消。幸运的是，我们踏出了第一步，并坚持做了下来，所以才有了当下的收获。第二，学生需要鼓励与肯定。如在组织学生报名时，有一名女学生，一副跃跃欲试的神情，但是却不敢上前报名。经过工作人员的介绍后，她还是犹豫不决。负责的老师现场随机问了几道题目，她都能快速而准确地回答。于是，老师对她的知识储备表示肯定，鼓励她积极参与锻炼。最后，她报名了，并在比赛中获得了优异的成绩。有人说技校生是在高考的桥上被挤下来的一类人，他们或许不够聪明，或许不够乖巧，或许不够灵敏，更多的是不够自信。我们不能用应试教育的标准去衡量他们的价值，我们要给予学生的，应该是更多的鼓励与肯定，肯定他们坚持学习与进步的信念。第三，不要低估学生的活动组织能力。当第一场比赛开始前，老师们总担心学生不能很好地完成分配给他们的任务、不能很好地互相配合、不能灵活变通。然而，结果是让人欣喜的，学生们圆满地完成了任务，无论是主持、计时、计分，还是维持秩序，他们都一一做到了。当我们能够真正放手让学生去做，适当地给予一些指导，学生也可以出色地完成任务。第四，坚持“做中学”理念，实践大课堂教育模式，通过活动去考查学生，将课程与活动紧密结合。一门课程的成绩不再是期末的一张考卷或作业本上的一个分数，而应该是在课程实施的过程中，运用不同的考核方式来对学生进行考查，学生真正地将学到的知识与活动的实施结合起来，并有所收获，这才是我们希望看到的结果，这才是真正的“大课堂”教学。

大课堂使得课堂讲授与课外实践“你

中有我，我中有你"，成就了一个理论学习与知识实践相辅相成的独特模式。大课堂是对以往课堂观念和教学思想的升华，它打破了传统的课堂教学与课外活动的界限，拓展了传统课堂的教育空间，是培养学生综合素质的一个重要途径。

【参考文献】

[1] 胡章鸿. 高职院校学生职业价值观的"大课堂"教育模式[J]. 琼州学院学报，2009,16(1).

[2] 刘小红. 论职业教育中软能力的内涵与培养[J]. 重庆电力高等专科学校学报，2011,16(4).

世行项目促技工人才高质就业

广东省轻工业技师学院　吕维克

摘　要： 自2009年始，世界银行贷款职业教育发展（广东）项目在我校启动，学校设立世行项目办公室致力于扶持学校培养优秀技工人才，并配合学校就业指导与校企合作中心为技工人才与企业之间建立起绿色通道，让就业指导工作质量得到更大的提高。让学生得到实实在在的利益，让我们的工作经得起历史的检验。

关键词： 世行项目　就业服务　心态调整　职业发展

自改革开放以来，国家在传统教育方面一直大规模投入，在这过程中忽视技工人才教育发展，所以技工教育给人一种底气不足的感觉。另一方面是自身估计不足，没有很好地挖掘自身优势，因此限制了技工教育的发展。随着市场经济改革进程的加快，社会对技能型人才的需求日益增加，国家为技工院校及时引入世行贷款项目，大力打造技术型人才的“兵工厂”。自2009年世行贷款项目在我校启动以来，学校组织就业指导与校企合作中心“放下包袱，开动脑筋”顺势而为，构建起企业与人才之间沟通的桥梁。

一、就业一站式的服务

就业指导与校企合作中心集中了供岗就业、职业指导等相关工作内容，秉承“学生为本，优质就业”的宗旨，在世行项目推行前，没有足够的条件将就业指导工作面铺开，更没能在完善工作机制上给予更多的思考，也很少将企业的精英引入校园为学生传经送宝。然而在世行项目的“春风”吹来之后，一切发生了翻天覆地的变化，先进的技工教育思路、大刀阔斧的教学改革让我们得到了新颖的创新教学方式，使我们鼓起了勇气在就业指导的工作上走上了新台阶。从此，部门开始加大服务力度、创新工作机制，精心实施好每一项学生就业工作。

（一）完善保障机制

曾几何时，我校的供岗范围仅仅是按照学生的意愿在本市范围内的数十家大型企业里选择，就业质量多年存在瓶颈。然而在世行项目开展之后，我校得到了许多先进的就业理念，坚持多让学生“走出去”，更通过在珠三角地区、全省产业转移园等近500家大中型企业实地走访、考察，掌握企业用工需求，积极为学生实现就业提供服务，不断提高学生的满意度和幸福感。这些扎实的工作、便利的服务给学生工作指明了努力的方向。

（二）完善指导机制

就业指导与校企合作中心建立了一系列完善的就业指导课程和规章制度，为了使学生实习就业工作健康、稳步推进，无论是组织建设，还是具体的培训实施，都有详细的课件档案。以课件、文件的形式把指导思想、目标任务、申请宣讲程序、指导对象、内容和时间、工作机制、补贴办法、资金来源和补贴标准、保障措施、督查管理等固定下来。各种指导宣讲活动以此为参照，全面实行分级责任负责制，确保了就业指导工作的长效发展，无论是部门内部教师或者是外聘行业专家的课酬资金使用得阳光透明。

（三）完善上岗跟踪服务

学生被企业录取之后，部门会立即启动指导学生上岗就业工作流程，办理报到证、办理入职手续、送学生进厂上岗以及上岗之后的工作报告等一系列工作都会由就业中心业务员全程跟踪，每年在上岗就业的学生中挑选优秀毕业生材料用于就业指导课程以此勉励一、二年级的学生，将学子们努力奋斗的精神一届一届地传承下去。

二、学生与企业间的沟通桥梁

（一）学生与企业的现状

在世行贷款项目的扶持下，学校有了更大的空间去引导学生，让他们及早地融入职场社会。技校生们即将从校园走向未知的社会，去为了自己、父母和社会的期望而奋斗，这使学生面临很大的心理压力，这种压力随着年级的增高而日益显现，如果处理不当，就会使学生在择业过程中无所适从。从社会上一系列事件，例如富士康跳楼事件、武汉银行爆炸案等等可以看出，负面的择业心态、沉重的成长负担使即将走向社会的实习生背负了太多的压力，面对企业，待遇、知识技术、团队、就业地域等等因素，学生们知道鱼与熊掌不可兼得而又不知道自己该如何选择。另一方面用人单位招人难又是一大问题，技术人才匮乏导致想招聘工作理念相吻合、技术扎实、薪资待遇符合行业标准的职工非常困难。由此可见，学生就业过程就是学生处理个人与社会之间关系的社会化过程，是迈向社会的第一步。观念就是就业力，态度决定结果，性格决定命运。

（二）教改对心态的改变

就业指导与校企合作中心就是要扮演好学生与企业之间“牵线人”的角色，特别是在近年欧债危机、钓鱼岛事件、“史上最难就业季”的背景下，就业部门及时发现问题、迅速开展指导工作：第一，面对择业中的各种矛盾和问题，首先要让学生正确认识和评价自我，明确自己今后的职业发展方向，从职业发展的角度分析最适合自己的岗位特征和地域范围。第二，指引学生深刻反思自己所接受的学校和家庭教育。长期以来，我国的应试教育使得在过去的生活里学校的目标锁定在升学率，学生的目标被家长们锁定在成绩上。为了提高升学率，忽视对学生意志品质和心理素质的培养。然而，我国家庭传统教育思想是对孩子统包统管，对困难、挫折教育引导不够。使很多学生从小没有独立性。择业时往往着眼于轻松高薪的工作环境和虚荣心的满足，一旦不能如愿便怨天尤人，畏惧不前。因此，指导学生客观认识自己，认识自己所接受教育的局限性，是进行就业心理自我调适的有效途径之一。

因此，学生能否顺利就业，取决于学生的就业观念能否随着社会的不断发展变化，主动做出适应性调整。这就是学校推行的教学改革非常重要的环节：能力本位、品德技能合一。技能固然要扎实，但更要注重品德、心态、人生观、价值观的培养。这直接影响到能否树立正确的就业观，学会处理好个人与社会的关系，每个技校学生都应自觉遵循服从社会需要的原则。首先要明确现实岗位的重要性和工作的目的意义；其次在选择职业岗位时要把个人的兴趣、爱好、专长与社会实际需要有机统一起来，努力寻求到企业需要与个人追求的交汇点。

三、职业生涯发展的规划

职业生涯规划和职业发展观念可以帮助实习生确定自己的人生轨迹。职业生涯是指个体职业发展的历程，一般是指终生经历的所有职业发展的历程。科学地将其划分为不同的阶段，明确每个阶段的特征和任务，做好规划，对更好地从事自己的职业，实现人生目标，非常重要。因此，就业指导与校企合作中心教师结合世界五百强企业专家，如日本电装 DESO（中国）有限公司人力资源经理、卡夫食品人力资源经理、保利地产运营总监等，以实际工作结合知识体系架构来共同为实习生们做好职业生涯发展规划。

结合以往世界银行贷款职业教育发展项目的经验，构建合理的知识结构，就是根据职业和社会发展的具体要求，将已有知识科学地重组，建构合理的知识结构，最大限度地发挥知识的整体效能。合理的知识结构是满足现代社会职业岗位的必要条件，是人才成长的基础，也是求职择业的基本保证。作为新时代的技术型人才，不仅要熟练掌握专业技术，同时还应该掌握用于创造更多、更新知识的本领，掌握学习专业知识与提高技能有机结合的方法。

据就业与校企合作中心以及11个专业系的统计来看，这样的就业指导工作效果非常突出。2009年伊始，学校毕业人数为4881人，就业人数为3982人，就业率为81.6%。自世界银行贷款职业教育发展（广东）项目实施后，从2010至2012年三年的总毕业人数为12753人，总就业人数为12634人，平均就业率为99.07%，就业率上升了近18%。

近年来我部门多次举办大型校园招聘会，今年更是史无前例地引入290家企业，企业提供岗位5000多个，求职与岗位比例达到1∶5，在号称“最难就业季”的时代背景下为学子们带来了职业发展的希望。

（1）实习期待遇：起薪：2008年月均1600元；2013年月均2000元；大部分企业包住宿、提供伙食补贴，毕业转正后购买五险一金。

（2）就业范围：2008年，广州为主，珠三角地区部分就业；2013年，珠三角为主，延伸长三角、环渤海，如上海、江苏、浙江、北京、天津等地。

（3）就业企业：今年，在三强企业（世界500强、中国500强、广东现代500强）就业的人数约占学校推荐人数的33%。比如，丰田、东风日产、本田零部件、长安标致雪铁龙、比亚迪、东江模具、华润雪花、蒙牛、卡夫、广纸集团、广州飞机维修、新科宇航、大地保险、白云国际、广之旅、鸣泉居等。

（4）专业对口率：2008年实习岗位和大专业对口约70%；2013年实习岗位和大专业对口约85%。

由此可见，世行项目推行的数年使我们能根据现代社会的发展需要，用更有针对性的教学方法努力塑造学生，发展学生，不断适应现代社会就业的要求，使学生能够顺应科学的进步，时代的发展，择业的需要，努力提高就业能力。

在项目推进的四年里，就业与校企合作中心很好地借鉴和推行了世界银行贷款职业教育发展（广东）项目的科学管理方法，在资金管理上坚持“报帐支付、专项使用”，在就业指导管理当中潜移默化地使学生们增强了学习意识、责任观念和正确的就业观念，很好地遵循和实践了技工教育教学改革思想，是技工教育管理水平提高的重要体现，保证了项目建设的成效。为学生实实在在谋福利、为企业扎扎实实推人才、为社会勤勤恳恳做奉献，为建设幸福广东加砖添瓦、为“中国梦”的伟大复兴铸就根基。

【参考文献】

[1]技工教育管理处.广东倾力打造技工教育的清华、北大[N].南方日报,2013－5－31.

[2]汤耀平.大学生就业指导教程[M].广州:华南理工大学出版社,2004.

[3]罗小苑.技工学校学生就业存在的问题及对策[R].广东省轻工业高级技工学校,2007.

试论如何通过“做中学”培养技校生的职业关键能力

广东省轻工业技师学院　黄　演　李雪芬

摘　要：为适应当前瞬息万变的社会，职业教育除了要教给学生专业能力以外，还应当努力培养他们的关键能力。本文主要根据当前社会培养需求，从关键能力的概念，“做中学”的内涵和有效举措以及我们在教改教学过程中的实践去探究“做中学”的活动教学法如何促进技校生职业关键能力的有效培养。

关键词：做中学　活动教学法　关键能力

当今社会瞬息万变，科学技术的进步和人自身的发展都对职业教育提出了新的要求。笔者这几年利用业余时间深入企业调研，与用人单位有许多直接面对面的交流机会，许多企业在谈到对技校生的最大要求时，都表示最大的需求并不是专业技能的水平，而是学生的职业态度、学习方法、解决实际问题的能力和与人沟通的能力等等。目前职业工作岗位的技术更新快、智能化程度高，工作的完成更多地依靠劳动者的善于学习，并具有改革创新精神；加上信息社会工作流动性加快，人们在职业生涯中不断变换职业，无论你现在掌握了何种技能，都不能保证你能够成功地应对明天的工作，社会最需要的是具备不断适应新的工作岗位的能力。因此，21 世纪的技工教育应立足职业人才的全面发展，加强职业关键能力的培养，这已是当今社会发展的必然需求，是现代职业教育的发展趋势。

一、何谓“关键能力”

在西方社会学和职业教育学领域，关键能力（Key competencies）也被称为核心能力（Core competencies），是指对那些与具体工作任务和专门技能或知识无关的，但是对现代生产和社会顺利运转起着关键作用的能力的总称。它是由德国社会学家梅腾斯先生于1974 年首先提出来的。虽然各国学者对关键能力内涵的解释不完全相同，但基本精神是一致的。那就是关键能力应该具有相通性和可转换性，如解决实际问题的能力、与他人交流合作的能力、应用技术的能力、计算的能力、方法能力、心理承受能力、自我完善与发展能力都是各国学者一致强调的能力。

在我国现阶段对于“关键能力”的理解，主要包括三个方面：一是专业能力，指系统、综合地学习和掌握专业知识的技能；二是方法能力，指具有自我学习、处理和解决问题的能力，能适应未来不断变化的需求；三是社会能力，指具有与人交往、合作的能力，以及责任意识和组织纪律性。概括地讲，“关键能力”是一种在职业过程中起关键作用的综合能力。

二、“做中学”是培养技校生关键能力的有效方法与途径

(一) 什么是“做中学”

“做中学”（Learning by Doing）最早是由美国著名教育学家杜威提出的一种学习理念，杜威认为通过“做”能获得经验，有了经验，也就有了知识，学到了东西。通过这种形式学到的知识印象更加深刻，记忆更加牢固。他认为，“做中学”也就是“从活动中学”、“从经验中学”，“从做中学是比从听中学更好的学习方法”。他主张，在教学中学生必须成为积极主动的参与者，而教师则是学生活动的协助者。“做中学”是以“做项目”为主线来组织课程，以“用”导“学”，在做项目的过程中学习必要的知识，知识以必需、够用为度，强调自学能力的培养。

(二) 我校推行“做中学”活动课程培养学生关键能力的方案

1. 活动目的

在实践活动课中我们践行“学生主体、能力本位”的职教思想，探索培养学生实用操作、自主学习、交流合作、能动创新等关键能力的有效途径，为学生成功

就业及终身可持续发展提供切实的帮助。

2. 活动原则

在每项活动任务的设计中，都强调注重任务内容的针对性与开放性、任务目标的综合性与操作性、任务实施过程的参与性与自主性、任务成果的创造性与生成性等原则。

3. 活动途径

主要采用项目教学法，由学生自主探究、合作实践在“做”中去学，让学生在一个个具体项目任务的驱动下目标动机强烈地去学习，快乐而有效地锻炼出“关键能力”。

4. 活动类型

除了在课堂教学中推行“做中学”课程改革之外，我们还精心为学生搭建各类活动平台、培养学生关键能力，主要的活动类型分为社会调查、诵读交流、电影展播、知识竞赛、人文讲座和情境模拟等等。

三、“做中学”培养技校生关键能力的有益探索

我校是世界银行贷款职业教育发展（广东）项目试点之一，在“能力本位”课程改革的指导下，我校关键能力教研组大刀阔斧，深入推进关键能力教学改革，不断地探究“做中学”的活动式课堂教学，对学生职业关键能力的培养也作了大量的尝试，并取得了显著成效。

（一）社会调查类

根据课程设置的要求，让学生选定调查主题与对象，设计调查问卷，并整理收集相关资料，最终形成调查报告。该活动的设计在内容的针对性与开放性方面：既满足了我国目前“学生主体就业导向能力本位”的职教要求，又拓展了课堂的学习模式，延伸了学生的活动平台。学生要完成任务就必须走出教室、走向社会，到学校内外、相关部门进行调查访谈。该项活动在教师的引导下用教材文本作参照、做“引子”，由小组成员分工合作以及准备调查前期需要的调查提纲等文案，加之它需与相关部门或人员进行沟通力求争取得到相关部门的配合，学生需想法设法完成任务。在这个过程中，不仅培养了学生的动口、动手、动脑等综合能力和口头、书面表达能力，以及在学习和调查访谈中提取信息、筛选信息、提取有效信息去分析问题、解决问题的能力，还培养了运用课本的相关知识完成调查报告的语用能力。不仅如此，在执行任务的每一个环节，都构成学生共同参与、自主探究的平台。这样学生自行设计行动方案、自主进行实地调研、人人头上有任务、个个手头有安排，而最终成果的获取却必须是“集大成”的结果。从这项任务的实施中学生可以学到

团队的分工与合作，体验资料的交流与分享，也提高了互助协作的能力，从而培养了学生的团队意识。活动结果表明，学生不仅按要求完成了调查的全过程，并以小组为单位写出了质量较高的调查报告，完成了该项实践活动对学生自我的评价（书面）、小组成员间的互评以及小组间的互评。学生在书面总结中说：“通过这次实践活动课，我们的综合素质得到了提高。”“我们学会了资源共享、互助合作。”“口头表达能力及应用写作能力，特别是获取信息、选择材料、动手操作、创造加工的能力有很大提高。”

综上所述，该项目活动不管是在内容的针对性与开放性、目标的综合性与操作性，以及在任务实施过程中的参与性与自主性方面，都对学生关键能力的培养有利。更重要的是，在活动成果的创造性与生成性方面，也都满足了对学生关键能力培养的需要。

（二）诵读交流类

例如举办读书沙龙，以书会友、共赏美书。在读书沙龙里，有美文共赏活动，每人推荐一本自己最喜欢的书籍，交流自己阅读该书籍的心得和收获。也有经典诵读活动，由负责教师挑选一至两篇古典名诗词作品，与参与沙龙的同学共同朗诵，感受传统文化的魅力，锻炼口才。或者举行专题交流（专题1 如何去挑选一本好书；专题2 如何利用有限的时间去读更多的书），通过活动，学生提高了分析鉴赏能力、与人沟通交流的能力、口头表达能力，又拓展了学生的知识面，开阔了视野。

（三）电影展播类

播放一些名著电影，触发学生内心的情感，从而启迪学生，促使学生有感而发，并进行交流分享。如以“读书·成长”为主题的名著电影展播活动，此活动通过对有关经典电影《老人与海》、《红高粱》、《风雨哈佛路》以及《杜拉拉升职记》的观赏及影评，促进学生了解文艺作品，并养成阅读经典文学著作的习惯，同时引发学生进一步的思考。在分享过程当中，锻炼交流表达能力与信息处理能力，同时了解在职场中所需要的各种能力。比如革新创新能力、自我提高能力、与人合作能力和解决问题能力。

（四）知识竞赛类

例如有“拥抱春天，追逐梦想”世界读书日大型演讲比赛活动，选手先了解评分标准和演讲主题，再根据演讲主题和要求写作演讲稿，并进行演讲训练，注意演讲技巧，比如形象风度、演讲内容、语言表达等；最后当众演讲。通过这一系列的过程，增强了学生的交流表达能力、改革创新能力、自我提高能力、与人合作能力、解决问题能力和信息处理能力，这些能力是实现个人职业目标所必备的最基本的技能。又如“我是书神”知识竞答活动，从活动策划、答题方式到题库选择等方面都模仿江苏卫视益智节目“一站到底”，并在此基础上进行创新改造。旨在让学生在比赛中获得知识，在挑战中挖掘个性，开拓思维，提高临场应变能力。

（五）人文讲座类

我校每周四19:00－21:00“轻工大讲堂”系列讲座活动，邀请了校外嘉宾以及校内优秀教师开展系列讲座活动。每期内容不同，期期精彩纷呈。如益策大学姚林利女士主讲的职业生涯规划讲座，讲座上姚女士带领大家俯瞰职业生涯全景，把握职业生涯全局，学习职业品牌建设的金字塔模型，鼓励大家养成学习力，提醒学生行动比心动更重要！从而提高了学生自我认知能力，培养健康的择业心理，树立良好的就业心态。

（六）情境模拟类

例如模拟面试，由学生分别扮演企业招聘人员和毕业应聘学生，进行现场招聘应聘模拟练习，训练学生口头表达及社会适应能力。又如角色扮演，选择像《向中国人脱帽致敬》、《项链》等这类涉及情景的课文，由学生模拟情景进行分角色扮演，既加深对人物思想情感的理解，又培养了合作交流，共同创造等能力。通过实践，我们发现以发展关键能力为培养目标的活动课，学生学习主动、兴趣强烈、效果理想。以项目任务驱动途径构建的实践空间广阔，操作平台层次丰富；学生从信息的收集、计划的制订、方案的选择、目标的实施到信息的反馈、成果的评价，每一个环节都有机会深度参与和动手操作；它以活动的完成过程为学习的过程，以展示成果的方式呈现教学成果；学生既能在“做中学”愉快地完成知识意义的建构，又能在自主学习、交流合作、解决问题的过程中获得能力的增长；它完全实现了教师角色的根本转变和“学生主体”、“能力本位”的职教方针，从而培养了技校生的职业关键能力。

实践证明，“做中学”的教学模式能充分调动学生的学习积极性，体现以学生为主体的思想。学生既学到了理论知识，也掌握了实践技能。

践行“做中学”、“以学生为中心”的教学理念，对教师、管理者和学生都提出了更高的要求。对于学生而言，教师既是一个知识的传授者，更是学习的促进者、引导者和合作者。学生是发现者、认知的参与者和生产者，他们通过完成不同的任务，在真实世界中一次又一次地探索，锻炼思维，提升应变能力，增强解决问题的能力，练就技能并能迁移到其他环境中去，最终形成关键能力。

【参考文献】

[1]张玉玲,陈静.精心构建活动平台 强化职业关键能力——关于职校语文实践活动课的研究与实践[J].成都大学学报(教育科学版),2008(11).
[2]谷雨娥.项目教学法对中职学生关键能力培养的实践与思考[J].江苏科技信息课程改革,2011(11).
[3]唐瓷.高职学生关键能力培养的实践与思考[J].四川教育学院学报,2011(5).

数控专业“品德技能合一”一体化课程体系的开发与特色

广东省轻工业技师学院　唐雄汉

摘　要：随着社会经济的高速发展，迫切需要先进制造业、机械加工领域的高技能型人才。因此，全面提升教育质量已成为职业学校迫在眉睫的问题，要求职业教育教学改革必须不断深入，而职业教育课程承担着培养学生综合职业能力的重任。为此我校提出了“品德技能合一”的教学改革理念，我们的课程体系的构建、教学内容和教学模式也随之更新，以适应于广东转型升级的需要，本文主要对数控专业“品德技能合一”课程体系的开发提出一些心得体会。

关键词：品德技能合一　数控　一体化课程

一、一体化课程的解读

开发一体化课程，是一项系统性的工程，属于比较复杂的事务，在进行一体化课程开发前，需要弄清楚什么是一体化课程。

2012年3月，国家人力资源和社会保障部制定并下发了《一体化课程开发技术规程》（以下简称为《规程》），该《规程》界定了一体化课程概念：一体化课程是按照经济社会发展的需要和技能人才培养规律，根据国家职业标准，以综合职业能力为培养目标，通过典型工作任务分析，构建课程体系，并以具体工作任务为学习载体，按照工作过程和学习者自主学习要求设计和安排教学活动的课程，体现理论教学和实践教学融通合一、专业学习和工作实践学做合一、能力培养和工作岗位对接合一的特征，开发一体化课程应遵循科学性、梯次性、可操作性、规范性思想四项原则。其包含着丰富的内涵。

（一）涉及的领域和开发的依据

《规程》中提到“按照经济社会发展需要”涉及到经济领域和社会领域，开发任何专业的一体化课程都应以产业发展及其对技能人才的需求为依据，否则，人才培养目标与课程内容就可能出现与企业所需脱轨。

《规程》中提到“根据国家职业标准”涉及职业领域，在开发过程中必须以“国家职业标准”为依据。开发任何专业的一体化课程，都应以国家职业标准为依据，才可能实现技能人才培养标准与就业市场标准的对接。

《规程》中提到“培养目标”、“课程体系”、“学习载体”、“设计和安排教学活动”涉及教育领域。一体化课程开发既要满足培养出市场所需的技能人才，又要保证在职业教育规律的积极影响下进行，整个开发过程既是对传统课程模式的重大改革，也是在新的经济社会环境下对职业教育规律的自觉实践。开发任何专业的一体化课程，都不能违背职业教育的规律，否则，必然受到规律的惩罚。

（二）科学理解综合职业能力的内涵，明确培养目标

《规程》中提出：一体化课程“以综合职业能力为培养目标”。“综合职业能力”是指从事某种职业必须具备的，并在该职业活动中表现出来的多种能力的综合，是从业者将所学的知识、技能和态度在特定的职业活动或情境中进行类化迁移与整合所形成的能完成一定职业任务的能力。它不是单一的一种能力，也不是一个个毫不相干的孤立能力的机械相加，而是相互联系、相互影响的有机结合，是各种能力的“综合”，是从业者职业素质的外化。明确了课程培养目标是专业能力、方法能力、社会能力，为课程开发和实施明确了方向。

（三）明确课程体系构建的路径

《规程》中提出：“通过典型工作任务分析，构建课程体系”，明确了构建一体化课程体系的必经路径是分析典型工作任务。典型工作任务是指：一个职业的具体工作领域。它是工作过程结构完整的综合性任务，反映该职业典型的工作内容和工作方式。一个职业的典型工作任务来源于企业实践，完成典型工作任务的过程能促进从业者的职业能力发展，对人的职业成长能起到关键作用。简而言之，典型工作任务是某一职业工作领域中包含综合职业能力的综合性工作任务。能够完成典型工作任务的人，也是拥有某种综合职业能力的人。

（四）明确了学生学习的载体是具体的工作任务

《规程》中提出：“以具体的工作任务为载体”，就是指专业教学活动围绕完成一项项职业领域真实存在的工作任务展开；工作任务是教师教学的主要内容，更是学生上课学习的主要内容。

（五）明确了一体化课程的教学活动方式

《规程》中提出：“按照工作过程和学习者自主学习要求设计和安排教学活动”明确了一体化课程教学设计和教学活动均要充分体现“学习的内容是工作，通过工作实现学习”，把职业领域的工作过程与教育领域的学习过程结合起来开展，把有效促进学生自主学习和指导学生自我管理相结合起来教育教学。

以上五方面构成了一体化课程的基本内涵，深刻领会基本内涵，是开发一体化课程体系的基本前提。

二、数控专业“品德技能合一”一体化课程体系开发过程

经深刻领会《一体化课程开发技术规程》的基本内涵，结合学校“品德技能合一”教学改革理念，我系数控专业开展了“品德技能合一”模式下的一体化课程改革工作。从行业需求调研、典型工作任务分析、人才培养方案制定、课程体系构建、教学资料开发、教学环境设计、教学活动模式构建、评价模式构建、教学质量保证措施九大方面开展了教学改革工作。本文重点叙述前五方面。

（一）进行行业需求调研

《一体化课程开发技术规程》中提到“按照经济社会发展需要”涉及到经济领域和社会领域，在开发过程中必须考虑产业发展的市场需求这一依据。必须要了解清楚产业发展在结构、内容、规模、质量等方面因素，开发任何专业的一体化课程都应以产业发展及其对技能人才的需求为依据，否则，人才培养目标与课程内容就可能出现与企业所需脱轨。因此，在进行课程改革之前我们明确了调研的范围、内容、方法和对象，并以此为据进行了行业需求的调研。

（二）典型工作任务分析

《一体化课程开发技术规程》中提出：“通过典型工作任务分析，构建课程体系”，明确了构建一体化课程体系的必经路径是分析典型工作任务。我们结合数控行业需求调研报告、行业专家指导和建议、国家职业技能标准三个方面内容提炼了数控专业若干典型工作任务。

（三）形成人才培养方案

人才培养方案包括专业名称、代码、入学对象、学习年限、学习形式、指导思想、培养模式、培养目标、毕业及证书、职业范围和人才培养规格等十一个方面。

（四）课程体系建设

数控专业“品德技能合一”一体化课程体系主要包含品德能力、职业能力和关键能力三大方面的课程内容。

1. 品德能力课程

品德能力课程主要培养从业者从事职业活动所需要的职业态度、职业素养、职业道德、社会公德等方面的能力。课程包括团队与适应、信念与感恩、情感与责任、坚持与包容、耐心与标准等课程。

2. 职业能力课程

职业能力课程主要培养从业者从事职业活动所需要的专业知识、专业技能的运用能力、工作过程的协作能力。课程包括车削加工技术、铣磨及装配技术、计算机绘图与建模技术、数控机床原理与维护、数控车削加工技术、特种加工技术、数控铣削加工技术、多轴数控机床操作技术等课程。

3. 关键能力课程

关键能力课程主要培养从业者从事职业活动所需要的工作方法、学习方法、身体素质、人际关系的处理的运用能力。课程包括人际沟通与礼仪、语言应用、时间与绩效管理、法律常识、创造性思维和创造力开发、体育、计算机基础、职场人生等课程。

（五）教学资料开发

数控专业“品德技能合一”课程教学资料的开发主要包含学材、教师指导用书、教学视频、教学课件、电子模型和试题库6方面内容。

三、数控专业“品德技能合一”一体化课程体系开发方法与工具

开发一体化课程，无疑是一项系统性的工程，属于比较复杂的事务，进行一体化课程开发，不能以教师个体进行开发，否则，整个课程体系中的课程将延续原学科体系中的知识生硬叠加，失去“一体化”的意义。应以一个教师团队为主体，结合企业专家共同探讨与论证进行开发，才能保证《一体化课程开发技术规程》所提的三个“合一”，即体现理论教学和实践教学融通合一、专业学习和工作实践学做合一、能力培养和工作岗位对接合一。课程体系开发期间，我们借助 Mindjet MindManager 思维导图软件进行辅助工作，很好地理清和理顺开发的思路，如图1，图2所示。

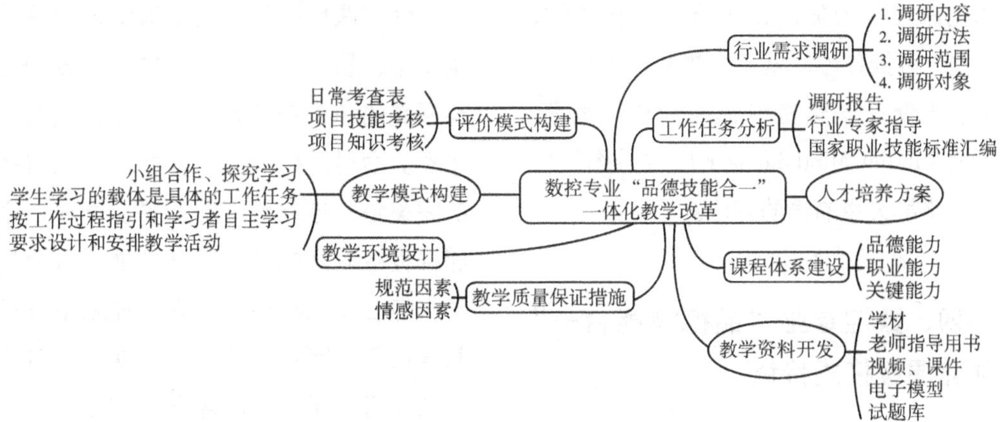

图1　数控专业“品德技能合一”一体化课程体系开发思维导图

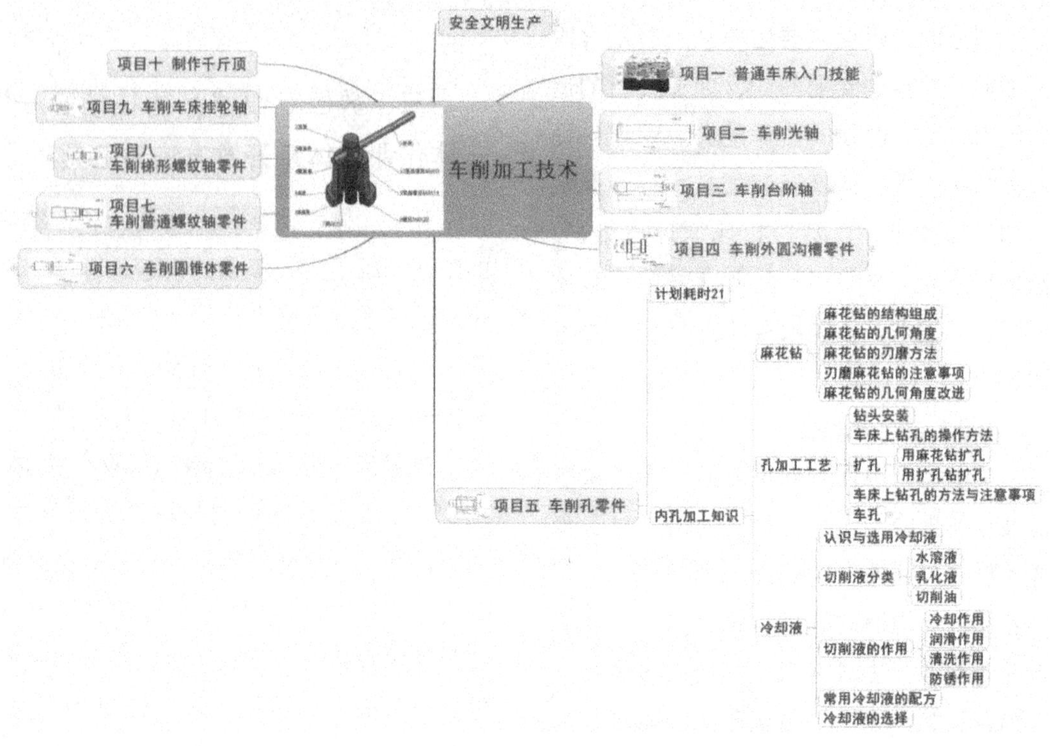

图 2　数控专业《车削加工技术》学材开发思维导图

借助 Mindjet MindManager 思维导图软件的辅助管理，一是能方便教师团队内部、教师团队与企业专家之间的探讨与论证；二是能保证数控专业“品德技能合一”，一体化课程应遵循的四项原则：科学性、梯次性、可操作性、规范性思想四项原则；三是能方便教学实施中各种活动的策划。所以说 Mindjet MindManager 思维导图软件是一种非常实用的辅助方法。

四、数控专业“品德技能合一”一体化课程模式特色

比较，是判断事务优劣的重要方式。现将数控专业“品德技能合一”一体化课程体系与两种常见的学科模式、“三段式”课程模式进行比较。

（一）学科课程模式与“品德技能合一”一体化课程模式比较（见表 1）

1. 学科课程模式的优点

学科课程中是每门学科知识体系的科学安排，易于使各级学校的相同或相近学科领域的知识连接起来，使它们成为一个体系。学科课程易于保证所授知识与技能的完整性、连续性和严密性。同时，学科课程也给教师的教学带来方便，教师具备学科专业知识和借助课本往往就不难完成教学任务。因此，学科课程模式在古今中外的教育发展中一直居于显要地位。

2. 学科课程的弊端

第一，科目繁多的学科课程导致总体

课程体系臃肿不堪，同时也会加重学生的课业负担。

第二，学科课程以分门别类的方式组织和编排，而学生的现实生活却是完整的，这种课程上的人为的割裂，造成学生认知结构的支离破碎，不利于学生综合能力的培养和发展。

第三，由于学科划分过细，造成知识面过窄，内容偏深偏难。

第四，各学科相互分离，彼此孤立，造成学习内容相互分离甚至脱节。

第五，具体的某门学科课程对于该学科的一位未来专家或专业工作者来说是必备的，但对于其他学生来说也许是多余的，因为它们与职业活动、日常生活和学生的经验缺乏联系。

表1　学科课程模式与“品德技能合一”一体化课程模式的比较

比较项	学科课程模式	“品德技能合一”一体化课程模式
目标定位	掌握知识	培养人格健全，具备综合职业能力的人
品德课程	纯理论基础课	以事实为载体、情感体验、悟得道理
培养过程	以传授知识为主	以能力为本位
教学主体	一个教师	教师团队
学习主体	单个学生	学生团队
课程内容	知识体系	工作任务
载体	教材	工作页（学材）、教材、工具书
与工作关系	无	有
师生交流	较少	较多，关系融洽
上课时间	按节安排	按次安排
教学环境	理论课室、实验室	与工作环境相似的教学场所
评价模式	考试	工作过程考核

（二）“三段式”课程模式与“品德技能合一”一体化模式的比较（见表2）

“三段式”课程模式即把技工院校的课程分为文化课、专业基础课和生产实习课三种。文化课注重学生科学文化基本知识的学习；技术理论课注重提高学生的专业基本理论水平；生产实习课强化学生的专业技能。生产实习教学时间与文化、专业基础课教学实践原则上各占一半。

“三段式”课程模式的主要特点：一是强调“三基一能”，即基本知识、基本理论、基本技能和解决工作实际问题的能力；二是设置三类课程，即文化课、专业基础课、生产实习（实验、实训）课；三是注重理论与实践的结合；四是以培养岗位技能为主。

这种模式克服了学科课程模式重知识传授、轻能力培养的弊端，既重视技能训练，又重视知识传授而显示出其明显的先进性，但与“品德技能合一”一体化课程模式相比，仍有明显不足。

表2 “三段式”课程模式与“品德技能合一”一体化模式的比较

比较项	“三段式”课程模式	“品德技能合一”一体化课程模式
目标定位	培养岗位工作能力	培养人格健全，具备综合职业能力的人
方法定位	模仿—机械复制	思考—自主学习，以能力为本位
口径定位	纵深—精细专能	宽厚—基础积累，注重思维培养
品德课程	纯理论基础课	以事实为载体、情感体验、悟得道理
课程特点	理论与实践教学相结合	工作实践与专业学习相结合
课程内容	学科知识与岗位技能相结合的模块	职业素养、职业知识、职业能力合一的任务
教学主体	一个教师	教师团队
学习主体	单个学生	学生团队
载体	教材	工作页（学材）、教材、工具书
与工作关系	与岗位工作关系密切	与职业工作关系密切
师生交流	较少	较多，关系融洽
上课时间	按节、按次安排都有	按次安排
理论教学与实操教学	分开	不分开
理论实操教师分类	分类	不分类
教学环境	理论课室、实训场地	与工作环境相似的教学场所
评价模式	考试	工作过程考核

经过比较得出，数控专业“品德技能合一”一体化课程模式在课程理念、课程目标、课程特点、课程内容、教学方法、培养效果等多方面具有先进性，与其他课程模式相比，更能适应社会主义市场经济体制的要求，适应珠三角地区经济发展和转型升级的需要。

【参考文献】

[1]黄景容.一体化课程理念的认识[J].广东省技工教育研究,2012(03).

校企合作的新发展、新机遇

——浅谈世界银行项目对我院校企合作带来的积极作用

广东省轻工业技师学院　黄　宇

摘　要： 校企合作是职业教育改革的重要方向，也是职业教育的必然要求，本文结合我院校企合作的现状，我院在世界银行贷款职业教育发展（广东）项目的支持下，通过健全机构、规范管理，以校企双制为主线，广泛开展多元化的合作模式，为我院校企合作工作带来新发展，新机遇。

关键词： 世界银行贷款项目　校企合作　校企双制

职业教育的培养目标和职业导向决定了技工学校必需和企业合作，校企合作是职业教育改革的重要方向，也是职业教育发展的必然要求。世界银行贷款职业教育发展（广东）项目自 2009 年正式启动以来，实施至今已历时 4 年。通过世行项目的支持，我院校企合作以校企双制为主线，合作模式从单一走向多元，合作机制从松散走向了规范，合作形式也由点到面、由浅入深、由终端到过程参与，合作范围由校企拓宽到校政园企。近 3 年来，一共与东江集团、广州双桥股份有限公司等 35 家企业签订冠名班订单培养协议，提供奖学金 250 多万，共培养学生 3011 人；与 70 家企业进行紧密型合作，并签署了校企合作协议，覆盖在校生比例达 100%，现有专业校企合作的比例达 100%，现有专业具有稳定的校企合作企业的比例达 100%。近三年，学校新开发的校企合作企业达 75 家，其中与政府签约 1 家、世界 500 强企业 11 家、中国 500 强 8 家、广东现代产业 500 强 16 家、广东自主创新 100 强 2 家、行业知名企业 45 家、中小型企业 20 家。校企合作项目共计 97 个，其中订单培养 17 家，工学结合 9 家，奖助学金 6 家，实习基地 55 家，校中厂 5 家，厂中校 3 家，设备捐赠 2 家。

一、学校校企合作的创新与成效

（一）模式从单一走向多元

从 2002 年起，学院利用就业平台，从顶岗实习（就业实践基地）、订单培养两种合作模式，慢慢发展为“奖助学金冠名”、“校企双制”、“校中厂”、“厂中校”、“项目合作”、“校企文化交流”、“在岗员工培训”等多元合作模式。合作专业也由造纸、机电、模具等部分专业到今天几乎覆盖学院所有开设专业。

1．“校中厂”“厂中校”模式

在世行项目的支持下，我院对校企合作充分调研，大力开展“校企双制”办学，在现有的“校中厂”、“厂中校”模式中，学校引进企业生产设备、技术人员、技术标准和生产项目，紧密围绕“八个共同”开展教育教学，即与企业共同制定招生招工计划、共同制定培养计划、共同参与专业建设、共同开发课程体系、共同组建教师队伍、共同实施教育教学、共同搭建管理队伍及共同开展考核评价。为学生提供真实的职业环境的实习，围绕“校企双制”，学校与企业共同进行教育教学及管理，实施“工学一体”的学习模式，使教学与实践无缝对接，令许多学生毕业前就成为了企业的骨干或者管理人员。如酒店专业与碧桂园假日半岛酒店的“碧桂园班”、SMT电子专业与江门得实计算机外部设备有限公司的“得实班”，家商城电子商务有限公司在我院东校区投资设备建立电子商务实训室，广州壹嘉贰广告有限公司、南方电视台少儿频道、广州啦比豆豆动画制作有限公司在我院西校区共建实训中心，在校企双制的实践下，传统的单一办学改变为多元办学。

2．“订单式”或获奖学金冠名模式

学院与企业共同制定人才培养方案，联合招生，实施“双师培养”。学生入校即成为企业员工，根据企业岗位需求，开设与岗位对接的技能课程，企业派出技术人员组织专项技能训练，适时安排学生到企业见习，毕业后，企业优先录用。企业在“冠名班”设立奖助学金，每年对品学兼优的学生奖励。如多年来，学院与东江模具、香雪制药、雄兵汽车电器、阳普医疗、广物汽贸、招商局集团等30家企业签订冠名班订单培养协议，企业每年为订单班或冠名班的学生提供奖学金，激励学生，其中东江模具和我们合作整整10年，还在友好合作。这种模式，一方面为学生提供了就业机会，另一方面，校企双方共同培育学生，培养的学生更能接近企业的要求。

3．其他合作模式

在世行项目的支持下，专业系也积极参与企业进行项目合作，学校出技术，企业出项目，由老师带领学生参与到企业的项目制作，利用企业的真实案例来学习，如工业制造系与东莞亚美铝业、广州海格机械的项目合作，企业提供原料或半成品，交由学校由老师带领学生进行加工，再以成品的方式返还企业；又如工业设计系与东霖广告开展设计大赛，动漫工程系与企业合作制作动画片等，在学生的技能得到提升的同时，也锻炼了其综合能力。

4．建立“职业道德实践基地”模式

学生参与企业的实践活动，在岗位实践中提高技能、接受职业道德、劳动纪律和法制教育，提升综合岗位能力和责任意识。学院先后与广州白云国际会议中心、晶石展览、益武国际展览、中国对外贸易中心、广东省食品研究所、广州保利世贸、香雪制药、卡夫食品、蒙牛等10多家企业共建职业道德教育基地。通过这种模式，为学生提供了体验工作的机会，帮助学生转变就业观。

5. 校企文化交流

通过校企文化交流，促进校企交流，增进了解。校园开展丰富多样的文娱活动，均与企业文化结合起来，利用企业资源提供物资，以企业冠名形式来赞助学生之间的文体文娱活动，例如“燕京杯”、“东江杯”、“恒量杯”、“招商地产”篮球比赛；与保利共同举办了“校企合作工程技工技能竞赛”，举办“茶艺大赛”、文艺交流表演等。通过这种形式来提前对学生进行企业文化的灌输，有助于企业降低员工流失率，也让学生更好更快地适应企业。

6. 在岗员工培训

我校为东莞金霸王、广州烟厂、佛山华丰纸业、金鑫纸业、蒙牛乳业等企业开展在职培训，采用送教上门，为企业培训在职员工300多人，为企业解决招工难的困境，与此同时也为学校创收，提高学校知名度。

（二）合作由点到面、由浅入深、由终端到过程参与

在世行贷款项目的支持下，合作形式从初期借助就业平台，由就业部门引进合作企业，专业系被动参与变为现在的主动参与，主体作用已体现。如汽车系、现代服务系、动漫系、机械系、现代制造系、工业设计等专业系，均非常主动地引进合作项目，参与校企合作全过程。合作由最初浅层次的就业合作，变为今天的较深层次的多元合作，从终端的就业合作，变为校企双方共同参与教学过程和评价过程，如校企共同制定教学计划、课程设置、课程标准、校本教材审核、顶岗实习的共同管理等。“引进来、走出去”，引进行业、企业人力资源专家、工程技术专家为我校的教学改革献言献计，提供许多宝贵意见，同时为学校的专业老师、学生进行专业指导，为学生开设职业指导、心态指导、专业指导。专业教师走进企业参加学习，了解专业技术的发展、企业要求等。

（三）合作由校企拓宽为校政园企

2011年，在学院领导的牵头引进下，学院和南雄市人民政府签订了校政合作的框架协议，也和南雄产业园的企业开展了“奖学金冠名”合作，作为成果，学院已经为产业园区送去一批机电、精细化工专业的学生，学生稳定率高。2012年，在省人社厅开展“校园对接产业园”工程的部署下，学院和清远、清新、大旺高新技术开发区等5个产业转移园区管委会签订了校企合作框架协议，以及和以上园区的企业签订了实践基地、奖学金冠名、在岗员工培训等合作协议。也为园区企业输送了一批汽车、模具、食品、机电等专业的学生。

二、校企合作的机遇与未来

在校企合作中，学院取得了一定的成绩，但任务还很艰巨，学院校企合作工作在世界银行项目支持下开拓了广阔的开放平台。在目前企业越来越重视校企双边紧密合作的大背景下，要抓住机遇，继续用校企合作的理念引领学院的改革和发展，进一步完善校企合作机制、拓宽校企合作渠道、创新校企合作模式、深化校企合作内涵，这样才能大力推动学校的内涵、高端发展！

职业教育品德培养搭载体

广东省轻工业技师学院　陈　琳

摘　要：职业人的品德素养被越来越多企业重视，中国的品德教育可以说在任何一个教育阶段中都存在着，但面对职业教育中的受教育者的品德素养，我们不得不用上惊叹号，可以对既往存在于教育体系中的德育用上“名存实亡”来形容，当然当今的职业教育中的品德课成果也不容乐观，从企业对从业学生的抱怨中我们可见一斑，到底如何在职业教育中开展好品德课程以提高他们的品德素养呢？我校的“品德技能合一”的教学改革就先来“抛砖引玉”阐述一二。

关键词：品德技能合一　载体　品德课程　低碳环保　社会责任

中国的品德教育一直以来都是在课堂上进行理论教学，学生以听课为主。虽然中国的品德教育从小学，甚至是幼儿园就开始开展。但是我们发现影响孩子一生，对他们人生有启发和引导作用的往往是一些发生在他们身上的故事。目前品德教育在社会的发展中也突显其重要性，一个没有好的品德修养的人，是不会成为一个对社会、对国家有用的人。如何去开展品德教育？如何让职业教育中的品德教育渗透到专业技能学习中，这个是我们探讨的方向。

一、中国职业教育德育现状

目前全国各中职、高职院校都开设有德育课，但在技能培养大潮中，德育课的权重可谓“轻于鸿毛”。先从课时分配上来看，40～80节的学习时间，除去校外实习，实际只占总学时的4%～7%，如此少的时间加之一成不变的授课内容、授课形式，与之前的德育相比能有什么“奇功异效”呢？反过来从就读职业教育的学生来说，内容重复、形式老套的理论课又谈何学习兴趣和学习效果呢？当今社会发展如此迅猛，信息传播又快又广泛，与德育观念相对立的社会现象，让我们职业教育的德育工作者们情何以堪呢？是放弃？阵亡？抑或是打破“一潭死水”变中求活呢？

二、“品德技能合一”的品德课程

我校开展的“品德技能合一”教改工

作，虽然没有独树一帜的观念，但是改革的跨度和力度却与众不同。首先是从课时分配上就提到原来的4~8倍，从时间上实现真正意义的“品德技能合一”；在内容上，教师们先进行了历时半年的企业、社会、市场、学生要求等方面的调查，获得了最新的第一手信息资源，另外还查阅了中国古代道家文化发展史，结合了国家和地方政府的教育指导文件，同时也吸取了不同教育阶段的德育教材精髓，自主开发了一套以学生体验、感悟形式为主，参照企业用人标准的要求，以学生成长规划的目标为纲的“品德技能合一”的品德课程校本教材，让学生在生活实践、生产实践、社会实践等领域实现“做中学”和“感中悟”的有机结合，使学生不仅在学习中品德素养逐渐提高，同时也提高情商，使他们更能适应社会的发展、企业的需要和个人的成长。

三、品德课程搭载不同形式

如何让原本课堂上老师讲授的德育内容改变成学生在生活中、生产中、社会中的实践体会呢？针对不同的品德主题元素，老师设计课程，让品德能力元素融入其中，让学生在不知不觉中体验到具有品德能力元素的重要性。

比如组织学生修理课桌椅、粉刷宿舍、粉刷课室墙壁（如图1所示），当他们辛勤劳动后看到自己的劳动成果才能体会到爱护公物、热爱集体、热爱班级、热爱学校的重要性，也就实现了我们对学生的文化认同的教育。

当他们在实习车间里实行安全紧急撤离的演练时，当有学生在规定时间没有出来“阵亡”时，他们才体会到团队执行力的重要性，只有严格地遵守纪律，服从管理，关键的时候才能够挽救同伴的生命。

当他们身穿志愿者的衣服去社区为孤寡老人服务时，看着那些风烛残年的老人在他们的帮助下露出感激的笑容时，他们那种社会责任感加强了。

学校“品德技能合一”的教学改革也让学校的校园文化氛围得到改善，学校的学习讲座越来越多，包括学生心理方面的、品德培养方面的、专业方面的、就业方面的等，不同的学习讲座让学校的课余时间的学习氛围加强了；同时校团委、系团委都分别组织不同类型的学生比赛、社团活动、体育比赛，学生在校园的不同角落，因为个人的兴趣不同而奔忙着，这种和谐、积极的校园文化氛围无疑是学校“品德技能合一”课改之花的呈现。

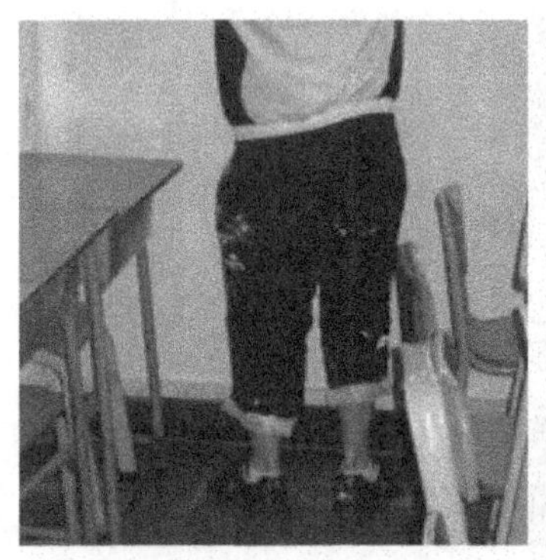

图1　学生粉刷课室情境

四、低碳环保主题与专业结合

所谓低碳环保是一种公民意识，体现一个公民的社会责任感，这个内容不用讲学生都能理解，但是否能贯彻到行动中呢？

（一）环保调研活动

教师给学生分配各种社会小调查任务，例如去调研学校每个月的用水量和用电量；去调研一下学校的饭堂和周边小食店一天所用的一次性餐盒和筷子用量；去调研学校小卖部和周边冷饮店饮料瓶的用量（具体数据见表1）。当调研数据出来后，学生特别有感触，有的学生说：“以后我再也不用一次性餐具了。”“以后我自带水杯喝水”，更有学生提议：“老师，以后我们来抓那些把水开着冲衣服人就跑掉的吧。”

表1　小调查数据表

序号	项目	用量	单位	折合实体参数数据（相当于）
1	用水量（学校每月）	35000	吨	一栋9层99间装满水的课室
2	用电量（学校每月）	200000	度	电费12万
3	快餐盒（每天）	800	个	铺开每天一个足球场
4	一次性筷子（每天）	800	双	10年树龄的树2棵
5	饮料瓶（每天）	3000	瓶	每个0.1元，可卖300元

（二）低碳环保手工艺品，废工件制作展

让学生利用废旧生活用品，如衣服、袜子、旧餐盒、旧筷子等生活废旧品进行手工创意制作，用钳工、车工、电工实习的废工件制作工艺品，为期一周的时间制作并展出义卖，而义卖所得则捐给受灾地区，学生们热情似火，有要求延长实习时间的现象，有创意制作小工件被争相抢购的，原本变废为宝是那么有意义而快乐的低碳环保行动。

（三）成立“低碳环保水循环利用”业余课题小组

这个课题项目是由5个老师12个学生利用业余时间去改造学生宿舍用水，把洗澡水和洗衣服的水储存起来冲厕所，达到水循环的二次利用。

首先，由12个学生分成3组进行宿舍用水监测，记录一个月的用量。

然后，由教师教学生进行储水池可行性预算，以及水流液压测算。这个过程中学生不仅提高了沟通交流能力，还学会了《液气压》的管流压力测算、《工程力学》的强度校核的专业知识，在这个阶段进行可行性的理论验证。

接着，让学生去跑材料市场，从材料市场了解不同的性能的材料价格，找出性价比最高的材料。这个环节他们对《材料学》有了一个实质性的认识。同时教师给学生补充了市场材料性价比对和成本核算的知识，教会学生选材、定价及成本核算的理论与实践结合的知识。

当一个月的监测工作完成后，学生又利用所学的CAD和SolidWorks的软件及用《机械制图》的知识绘制了模拟水流管道安装图的工作，落实方案的可行效果的演示，如图2所示。

最后就是购买材料进行安装、调试以及数据采集和跟踪记录，如图3所示。根据记录，一个月下来该装置可节省1/3～1/2的用水量。

当课题项目结题时，学生除了对专业知识有了更多更深的认识，而且对低碳环保有了更专业的认识。他们理解了如何利用所学知识实现专业化节水的工作过程，他们理解了低碳环保的实际意义有多大，同时我们也相信这个课题项目的开展对他们今后的工作、生活都会有很大帮助。

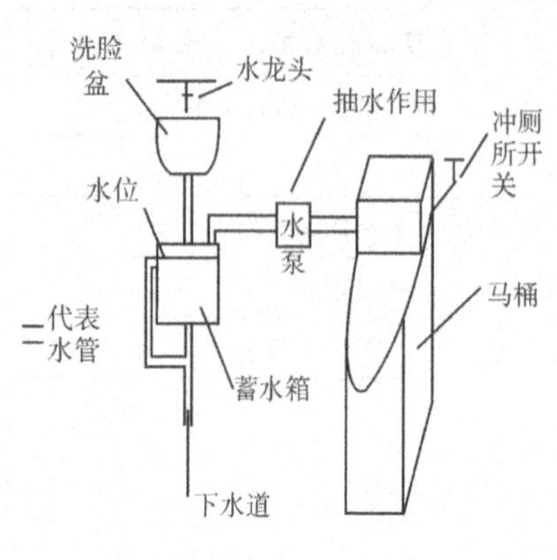

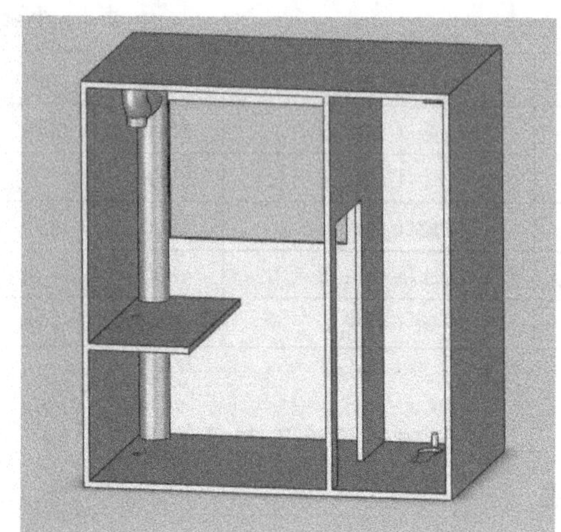

图 2　循环用水装置设计图

施工前

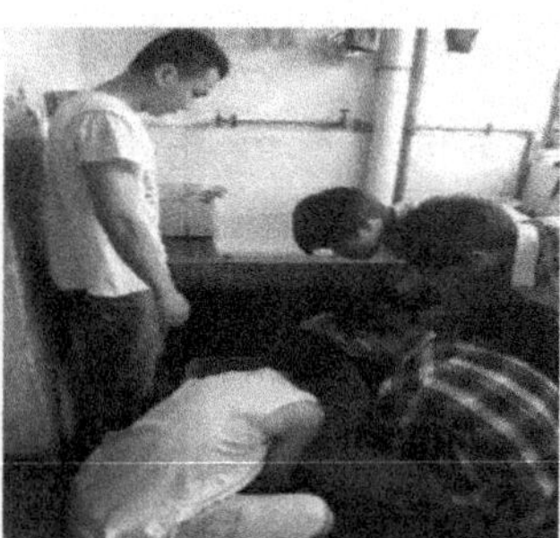

施工中

施工后

图 3　施工前后图

（四）品德主题课的延伸效果

品德课的学习和培养是一个持续的过程，通过我们的培养，品德素养提高的效果已经在慢慢地显现了。班里有个学生一直以来对于玩具的设计和改造很有兴趣，当低碳环保的课题成立时，他也把他的一个节电小发明拿给教师指导。在学校和教师的帮助下，他的节电“发光球”小发明也成功申请到国家的专利。学校和系部领导正在积极地为他这个小发明与企业协商，力争他的这个节电小发明能运用到工业中去，创造更大的社会价值，如图 4 所示。同时也让这位同学这种品德理念“学与用”的结合能影响更多的人，让他的自信力得到真正的提高。

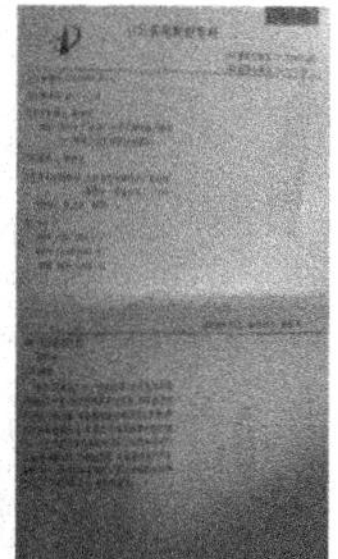

图 4　节电发光球专利文件

五、结束语

“品德技能合一”的课改工作仍在可持续的发展中，学校参与课改的老师本着教书育人，力争为企业、为社会多输送德才兼备的人才目标而努力。立足于企业需要，以学生的成长为根本，针对品德课程的不同主题搭载不同的载体集思广益，主题的设计推陈出新。职业教育的品德培养是一个长足的发展课题，希望有更多同行步入我们的行列，为国家、为社会培养优秀的“品德技能合一”型的高技能人才。品德培养是技能人才培养的重要组成部分，甚至从国家发展来看，是一个全民素质提高的工作，职业教育只是国家素质教育的一角，我们希望全民都有这种不断学习、不断提高素质的意识，国家也更大力度地营造全民素质提高的氛围，为共同打造一个高素质的文明国家而努力奋斗。

【参考文献】

[1]劳动和社会保障部培训就业司,中国就业培训技术指导中心.创新职业指导——新理念[M].北京:中国劳动社会保障出版社,2005.
[2]劳动和社会保障部培训就业司,中国就业培训技术指导中心.创新职业指导——新实践[M].北京:中国劳动社会保障出版社,2005.

数控专业“品德技能合一”教改教学评价模式的重构

广东省轻工业技师学院　杨国强

摘　要：教学评价的目的在于对教学进行诊断、反馈、评定和激励，它是教学过程的重要环节和有机组成部分，是改进和提高教学效果的重要手段。就目前教育管理体制和评价机制而言，“功利主义、应试教育”的教学思想仍在相当程度上影响着教学工作者的教学活动过程，考试的“指挥棒”效应仍然相当明显，“一卷定结论”的教学评价不能从“德智体美劳”等全方位准确地评价学生。为此，建立合理的教学考核评价机制，对教师确定课程教学目标，制定教学计划，选择教学策略，设计教学方法，优化教学过程，切实提高数控专业“品德技能合一”一体化教学的教学质量具有非常重要的意义。

关键词：教学评价、品德技能合一、一体化教学

在职业教育中，目前广泛运用的教学评价模式是“一卷定结论”的传统模式，通过最终一次的考试成绩 + 该生的平时成绩（该生在任课老师心中的印象分）来最终评价学生的学优。但是现在就读职业学校的生源，一般情况下都是有特点的学生（有的学生本来很聪明，但是不喜欢读书；有的学生勤奋刻苦，但是天分有限；有的学生具有某方面的特长，等等）。在这种情况下，还用“一卷定结论”的模式来评价学生在职业教育中的某门课程或某种实习岗位成绩，可行吗？

很明显“一卷定结论”的教学评价模式已经不再适应现代职业教育的评价了，因此我们要找一种全新的教学评价模式——这就是我校的教学教改模式。

我校摒弃了“一卷定结论”的传统模式，引进并参照企业对员工的考评方法，用“依照职场的要求做人做事”为原则来测评学生的综合能力。我校所确定的考评要素有以下几点：①以完整的工作任务或相对成体系的任务局部（如子任务）为平台，围绕学生应形成的能力目标而展开，即关注职场所需的职业能力（专业能力、方法能力、社会能力）；②对学科式教育采用去其糟粕留其精华，与教学教改融合形成以实操为主，理论为辅；③所提出的学习或工作任务的要求，即是需要学生完成的考评内容；④注重对学生的“德、能、勤、绩、规”作全方位的考评；⑤考评的方法侧重于现场操作、工件制作、提交案例分析报告、成果演示等过程性评价，

评价方式具有多样性，可以用观察、交流、测验、实际操作、作品展示、自评与互评等多种方式；⑥建立以学生为中心、能力为本位、评价主体和方式多元化的课程评价模式。

表 1 是学科式教学评价与教学教改式新教学评价的比较。

表 1　学科式教学评价与教学教改式新教学评价比较表

比较项目	学科式	教学教改式
主体	老师群为主体	学生个人或小团队为主体
教育模式	在课室学习为主	以实操为主，理论为辅
学习内容	专业知识	专业能力、方法能力、社会能力
学习过程	老师布置作业	学生自主根据工作任务学习
课堂考勤	任课老师点名考勤	学生小团队内部自行考勤，教师督导
考评方法	任课教师主观测评	现场操作、工件制作、提交案例分析报告、成果演示等，结合笔试、口试、面谈、观测、学习方法记录等形式
课程评价	一卷定结论	建立以学生为中心、能力为本位、评价主体和方式多元化的课程评价模式

下面以我校数控专业系的教学教改为例，与大家共同探讨教学教改新教学评价模式的执行现况。

一、以完整的工作任务或相对成体系的任务局部（如子任务）为平台，围绕学生应形成的能力目标而展开，即关注职场所需的职业能力（专业能力、方法能力、社会能力）

学科式教育的课程书本都是根据教育专家介绍推荐，与企业没有很深入的知识链接，甚至在学校所学的知识到很多企业不一定能用上。而对于教学教改的学生用书和教师指导书，学校组织庞大的团队深入企业调查，全面取证企业的各个岗位对该专业的不同见解，归纳总结及提炼能力目标；访团队还与本专业的多位资深专家共同探讨，从中了解总结及提炼能力目标；最后根据理论专业知识融入企业提炼能力目标，与专家组提炼能力目标再次提炼，形成以学生为中心的能力目标。在实施过程中也很好地体现了，学生能够学到相应职场所需的职业能力。

例如，本学期数控专业12级学生实习铣磨钳加工技术项目，项目任务为打孔机加工，此项目又根据零件图纸的加工技术要求不同分为铣床加工、磨床加工、钳工加工、普车加工及线切割加工等多个加工工作岗位。在此项目的学习过程中，以小组队长根据队员的实际能力自主分配工作岗位或小组队员自己提出想要的工作岗位，是由小组队长调控的企业生产管理模式。此项目中的齿轮和齿条的加工提供方案1采购——去广州大德路五金店直接购买；方案2加工——用本阶段掌握的线切割加工技术自行加工完成。从多方面多维度培养学生的工作方法能力。

二、对学科式教育去其糟粕留其精华，与教学教改融合，形成以实操为主，理论为辅

学科式教育是在课室里按节上课，当所有理论知识学完了再去实操现场实习，这时有部分知识可能都不记得了。而在教学教改中，我校没有在课堂正规按节次的形式上课，所有的专业理论知识都是在实操过程让学生自主融入学习，并且结合了企业的生产管理等知识，让学生更容易将理论与实践结合学习并运用。

例如，数控12级学生在铣磨钳加工技术实训过程中，指导教师完全充当一位引路人或同行者。在整个过程中，每次上课指导教师的发言解惑引导时间不超过课堂时间的15%，采用的方法有别于传统的教学方法，通常有谈论法、课堂讨论法、实验法、实习法和启示法等等。比如在此项目实习时，由于学生没有经过机械制图的系统学习，上学期在实习普通车床时，融入的是机械制图——轴类零件的知识，但是这学期是涉及板类零件的机械制图知识，因此学生在初读板类零件图时在脑海中还不能直观反应出其三维图，此时指导教师就会采用自己所掌握的一些三维造型软件（UG、CAXA等）绘制出实体图，学生看到零件的三维实体图时往往会恍然大悟，深刻了解到工艺的合理性，从而制定出比较合理的零件加工工艺。

三、注重对学生的“德、能、勤、绩、规”作全方位的考评

学科式教育下评价学生的优劣是主要看成绩而定。教学教改下评价学生的优劣是“德、能、勤、绩、规”全方位评价的。德——尊师重教，个人平时的品德修养，还有个人所在小团队和班集体中的其他同学对其的品德评价；能——能力，个人的学习能力、团队协作能力等评价；勤——学习积极性，学习体现个人的刻苦程

度；绩——成绩，主要体现个人的独立完成成绩和对团队的贡献成绩；规——纪律，学习现场中个人遵守职业操守的纪律性，及团队协作中的协调性。

新课程要求建立促进学生教师全面发展的课程评价体系。其中，促进学生全面发展的评价又是整个评价体系中最核心的内容。过程性评价方式改变了以往的测试评价，具有很强的针对性：教学模式从关注教师的教转变为关注学生的学，从传统的以教师为中心转变为以学生为中心，学生可以按照自己的认知结构、学习方式，选自己需要的知识，制定自己的学习目标。所以评价方法也多以个人的自我评价为主；评价的内容，也不是学生掌握的理论知识数量的多少，而是评价学生自主学习理论知识的能力、合作学习的精神等。

四、建立以学生为中心、能力为本位、评价主体和方式多元化的课程学习模式

学科式教育的课程学习模式主要体现的是教师“教”的过程，学生群体是被“教”会的对象；教学教改式项目学习模式主要体现的是学生自主“学”的过程，而教师只是给学生答疑咨询的对象。

例如，数控 12 级学生在“打孔机”制作项目的实训过程中，他们的学习态度是积极向上的，热情而勤奋地学习。学习的途径是多元化的：①学材上的工作页引导；②指导教师或自己上网找到的网络视频在线教学；③指导教师在巡回指导过程拍摄的学生在完成零件项目任务过程中可供其他同学学习的相片和视频；④指导教师做的针对项目任务的理论知识课件；⑤每项零件项目任务完成时还要进行相应的理论测试；⑥下课后师生零距离学习模式——利用现在信息时代的 QQ 进行课后的网络教育学习等等。

五、教学教改新教学评价模式的效果

教学教改新教学评价模式的最终成效还得看教学质量，而我们数控专业教改组推翻学科式教学评价以期末考试来一次性定结论地评价学生学习成绩的方式，采用企业生产经营管理制度融入学校教学中的新教学评价模式，取得“德智体美劳”全方位的效果，主要是从以下 8 点措施来保障教改教学的质量的。

第一，周记。要求每位学生每周都要写一篇周记，周记的内容不限，可以记录个人的在校学习情况、在校园内看到的有趣事件、校外的一些有意义事件等。对于学生们的每一篇周记，指导教师都会认真对待，主要是要及时了解学生当前的心态，如果发现哪位学生出现不良心态时，要集专业组指导教师的力量帮助该生纠正。

第二，理论配套考核。在每个零件项目任务完成时，都要进行相对应的理论测评，以便及时掌握学生在完成该项目时其理论有没有跟上。

第三，零件项目图纸。每个零件在加工前，学生都要手工绘制图纸。在绘制图

纸时指导教师会引导学生思考：该零件应该怎么制定其加工工艺，在加工过程中应该要注意哪些技术难点。从而减少在零件制作过程中的出错率，提高生产率降低加工成本。

第四，日常考查表（见图1）。此表附有详细的填表说明，而此表的完成模式采用企业管理模式：每个小组组长根据此表来考核自己组内组员的日常行为规范，指导教师或组内成员负责监控，日常考查表的成绩作为平常成绩记录入每位学生的总评中，占总评30%，如图1所示。

日常考查表

班级：高数控1201		组名：伍				项目名称：项目一						责任人：黄永东		
日期 \ 内容	执行人	1出勤	2工作服	3工作台	4工具箱	5工量具	6废料	7机床	8区域卫生	9资料保管	10工作态度	跟进	督查	备注
3.5	黄永东	✓	✓	✓	✓	✓	✓	✓	✓	✓	✓	✓	✓	
3.7	黄永东	✓	✓	✓	✓	✓	✓	✓	✓	✓	✓	✓	✓	
3.12	吴仲明	✓	✓	✓	✓	✓	✓	✓	✓	✓	✓	吴仲明	黄永东	
3.14	吴仲明	✓	✓	✓	✓	✓	✓	✓	✓	✓	✓	黄永东	黄永东	
3.19	[illegible]	✓	✓	✓	✓	✓	✓	✓	✓	✓	✓	[illegible]	[illegible]	
3.21	[illegible]	✓	✓	✓	✓	✓	✓	✓	✓	✓	✓	[illegible]	[illegible]	
3.26	[illegible]	D?X	✓	✓	✓	✓	✓	✓	✓	✓	✓	[illegible]	[illegible]	
3.28	[illegible]	✓	✓	✓	✓	✓	✓	✓	✓	✓	✓	✓	✓	
4.2	黄永东	✓	✓	✓	✓	✓	✓	✓	✓	✓	✓	黄永东	黄永东	
4.9	黄永东	✓	✓	✓	✓	✓	✓	✓	✓	✓	✓	黄永东	黄永东	
4.11	黄旭坤	✓	✓	✓	✓	✓	✓	✓	✓	✓	✓	黄旭坤	黄旭坤	
4.16	黄永东	✓	✓	✓	✓	✓	✓	✓	✓	✓	✓	黄永东	黄永东	
4.18	黄旭坤	✓	✓	✓	✓	✓	✓	✓	✓	✓	✓	黄旭坤	黄旭坤	
4.23	黄永东	✓	✓	✓	✓	✓	✓	✓	✓	✓	✓	黄永东	黄永东	
4.25	黄永东	✓	✓									黄永东	黄永东	

图1　日常考查表实际使用状况

第五，企业岗位制。由于本学期项目教学的特性，涉及的工作岗较多，因此高数1202班采用了企业岗位制的管理制度，每天上课时各小组成员自行在自己今天所在的工作岗位上打上标识，而指导教师在课堂上巡回指导时就根据此表对每小组的每位小组成员进行考核，从而避免了因工作岗位较多出现混乱的情况。

第六，企业工作计划表。对于工作岗位较多的情况，高数控1201班的指导教师采用的是企业工作计划表，工作计划表里头有一整套完整计划，确定每天每小组的每位成员要到什么岗位按照什么工艺要求完成哪个零件的哪部分工作内容。每组的组长在当天课程结束时，要在电脑上准确记录自己组成员的实际完成情况，指导教师在巡回指导过程根据此表核对每位小组成员工作状况。

第七，项目成绩表。图2是记录每位学生在本学期项目实施中的得分记录表。总评成绩得分比例是3:3:4，即平常成绩占30%，理论考核成绩占30%，技能考核成绩占40%。此表是指导教师根据学生在项目完成的过程中的以上各项记录给分，对学生是完全公开，每一位学生都可以根据此表知道自己每一天的学习进步成果，因此在该项目结束时，每一位同学都知道自己该项目成绩是多少，无需再去咨询指导老师。此表有助于提高每位学生的学习热情，还避免师生间因成绩发生争执。

学		小	工艺卡片						小	周记									小	出勤			小	其他	平时	理论配套试题								终	总	技能			铣磨加工技
号	姓名	计	1	2	3	4	5	6	计	2	3	4	5	6	7	8	9	10	计	迟	早	旷	计	项	成绩	1	2	3	4	5	6	7	8	考	评	完成件数	后十周	得分	术总成绩
1	陈梁	6	1	1	1	1	1	1	6	0	1	0	0	1	0	1	1	1	5	6		1	8	2.5	27.7		47	0	70	48	45	30	84	58	16	3		10.84	
2	尚宝军	3	0	0	0	0	0	0	0	1	1	1	0	0	0	0	0	1	4	4		1	8	0	15.4	41	47	54	50	41	42	49	47	49	14	5		18.07	
3	林志涌	6	1	1	1	1	1	1	6	1	1	1	0	1	1	1	0	1	7				9	0	28	48	71	76	80	75	74	66	55	58	19	6.5		23.49	71
4	郑昭非	6	1	1	1	1	1	1	6	1	1	1	0	1	1	1	1	1	8				9	0	29	63	53	57	70	56	59	62	82	60	18	5.8		20.96	68
5	李旺	6	1	1	1	1	1	1	6	0	1	0	0	1	0	0	0	1	3				9	0	24	44	32	55	44	54	48	38	46	54	15	5		18.07	
7	黎春沐	6	1	1	1	1	1	1	6	1	1	1	0	1	0	1	0	1	6				9	2.2	29.2	64	48	74	73	64	53	60	63	52	17	2.65		9.578	56
8	陈子康	6	1	1	1	1	1	1	6	1	1	1	1	1	1	1	1	1	9				9	4.4	34.4	79	88	87	89	92	79	89	96	97	27	7.8		28.19	90
10	杜超	6	1	1	1	1	1	1	6	1	1	1	0	1	0	1	1	1	7				9	3.4	31.4	89	76	81	86	87	86	87	92	97	27	6.95		25.12	84
11	朱兴超	3	0	0	0	0	0	0	0	1	1	1	0	1	1	1	1	1	8				9	3	33	83	76	80	86	80	77	75	80	76	23	7.7		27.83	74
12	方士华	6	1	1	1	1	1	1	6	1	1	1	0	1	1	1	1	1	8				9	1	30	87	80	79	86	76	77	82	91	89	26	7.45		26.93	83
13	郑华斌	6	1	1	1	1	1	1	6	1	1	1	0	1	1	1	1	1	8				9	0	29	87	75	75	86	73	82	79	82	89	25	7.05		25.48	80
14	胡唐杰	6	1	1	1	1	1	1	6	1	1	1	0	1	1	1	1	1	8				9	2.2	31.2	89	76	83	80	74	89	84	91	74	24	7.5		27.11	82
17	林展鹏	6	1	1	1	1	1	1	6	1	1	1	0	1	1	1	0	1	7				9	0	28	82	67	79	81	64	74	78	86	80	21	5.33		19.27	68
18	李怡铤	3	1	1	1	1	1	1	6	1	1	1	0	0	0	0	0	0	3				9	0	21	61	44	45	53	48	57	46	61	56	16	5.5		19.88	57
19	梁永武	5	1	1	1	1	1	1	6	1	1	1	0	0	0	0	0	0	3				9	0	23	54	41	45	53	68	58	79	80	52	17	4.5		16.27	56
20	黄进豪	6	1	1	1	1	1	1	6	1	1	1	0	1	0	0	0	1	5				9	2.2	28.2	78	63	56	69	67	53	69	79	56	19	2.83		10.23	[illegible]
21	黄世民	4	1	1	1	1	1	1	6	1	1	1	0	1	1	0	1	1	7				9	0	26	81	49	59	76	80	78	76	78	43	17	6.03		21.8	65
22	李儒林	6	1	1	1	1	1	1	6	1	1	1	0	1	1	0	0	1	6				9	0	27	51	41	64	64	54	51	46	90	56	17	4		14.46	[illegible]
24	符民鹏	6	1	1	1	1	1	1	6	1	1	1	0	1	0	1	1	1	7				9	0	28	51	51	46	45	70	62	63	77	47	16	7.05		25.48	69
25	邓超荣	5	0	0	0	0	0	0	0	1	1	1	0	1	1	1	1	0	7				9	0	21	74	71	79	78	78	65	82	56	63	20	4.7		16.99	[illegible]
26	胡奇	4	1	1	1	1	1	1	6	1	1	1	0	1	1	1	0	1	7				9	0	26	59	65	70	82	75	71	69	80	62	20	5.85		21.14	67
27	陈易文	6	1	1	1	1	1	1	6	1	1	1	0	1	1	1	0	1	7				9	2.2	30.2	42	70	80	82	74	72	73	78	81	23	6.7		24.22	77
28	李伯磊	6	1	1	1	1	1	1	6	1	1	1	0	1	1	1	0	1	7				9	3.2	31.2	78	74	79	81	71	71	64	82	70	22	7.05		25.48	78
29	刘桂铭	6	1	1	1	1	1	1	6	1	1	1	0	1	1	1	0	1	7				9	2.2	30.2	55	68	71	78	76	88	58	72	54	18	6.57		23.75	72
30	吴伸明	6	1	1	1	1	1	1	6	1	1	1	0	1	1	1	0	0	6				9	2.2	29.2	66	64	91	86	86	85	79	93	91	26	6.38		23.06	78
32	古伟强	6	1	1	1	1	1	1	6	1	1	1	0	1	1	1	1	0	7	1			9	2.6	30.5	56	54	87	66	78	74	61	92	80	23	6		21.69	76
[illegible]	[illegible]	6	1	1	1	1	1	1	6	1	1	1	0	1	1	1	0	0	6	4	2		9	0	[illegible]	84	52	80	88	77	81	80	90	81	[illegible]	2		[illegible]	

图 2　学生教学教改成绩评价表

第八，工作进度计划表。工作进度计划表的诞生，是我们数控专业组在教学中期讨论总结的结晶，此表是融合了项目图纸、企业岗位制、企业工作计划表的精华。

从指导教师的励精图治地教学到学生团队的激情四射地学习，再到具有比较完整有效的教学质量保障措施——新教学评价体系，数控专业的课改教学取得喜人的成绩。

时代在进步，职业院校的学生生源在与时俱进，因此我们的教学评价体系也应该更新。找出一种更好适应新生代职业院校学生的教学评价体系，这样才能更进一步促进职业院校的发展。

【参考文献】

[1]YK. 职场软实力 人生硬道理[M]. 南京:凤凰出版社,2010.

[2]人力资源和社会保障部职业能力建设司. 国家职业技术标准汇编(第五分册)[M]. 北京:中国劳动社会保障出版社,2011.

新加坡南洋理工学院教育模式对世行职业教育发展（广东）项目的启示

广东省城市建设技师学院　邝俊维

摘　要：中国的“创造梦”离不开改革，技工教育的发展离不开改革，学校的发展离不开改革。本文通过广东技工教育引进世行职业教育项目改革经验，从项目学科骨干在新加坡南洋理工学院（NanYang Polytechnic，简称 NYP）培训的角度，以 NYP 改革为先驱，思考世行职业教育项目今后改革思路，为如何实施世行职业项目提供参考。

关键词：世行项目、师资培训、教学改革

一、引言

随着广东经济步入转型升级阶段，为大力发展现代技工教育，2007 年，我省技工教育开始引入世界银行贷款职业教育发展（广东）项目（下简称世行项目）。随着世行项目的实施，我们发现培训先行是项目能力本位课程改革的前提条件，笔者多年来从事世行项目工作，见证了世行项目点点滴滴，现仅从“广东省技工学校赴新加坡师资培训项目（世行贷款项目）培训团”在新加坡南洋理工学院学习体验的角度，对照世行项目改革之路进行一番思考，以期进一步推进世行项目。

二、背景

NYP 成立于 20 世纪 90 年代初，是新加坡五所国立理工学院之一，建有工程、信息网络技术、设计、化学及生命科学、工商管理、保健护理 6 个系 18 个专业。学院占地 30. 5 公顷（约 450 亩）总建筑面积 24 万平方米，在校生人数超 15000 名，教职员工 1300 名。目前，NYP 已成为全世界知名的职业院校，究其原因在于其遵循职业教育与市场结合的规律，紧紧围绕职业教育的办学定位和人才培养目标，实行开门办学、校企合作，坚持以人为本，不断探索创新，不断为社会培养了大批有用人才，助推新加坡的经济快速发展，值得我们学习。

通过 21 天的听报告、交流讨论、校内外现场观摩等学习，受益匪浅。NYP 介绍内容包括：新加坡教育体系、教与学之有效途径、人力开发经验、学生心智培育与管理、系统化教学设计、学系行政管理、项目教学、学习积极性教学设计、人力资源管理、学术质量管理系统等。参观了制造工程系、精密工程系、工商管理系、设计系、计算机系、化学与生命科学系、新加坡零售管理学院等。由于培训学习的时

间很短，许多也许只是了解到了宏观上的东西，但也映射到我们工作本身，使我想起我省在引入世行项目前期，世行专家专门组织了我省技工教育领导考察新加坡职业院校，以便大家在世行项目的改革理念上达成一致。通过本次学习，不但让笔者了解了NYP“教学工厂”的教育模式，也让笔者学习到了NYP现行职业教育模式下具体运作形式。

三、它山之石借鉴

（一）校企合作经验之借鉴

本人听完NPY教师对新加坡教育体系、教学体系、校企合作的成功经验的全面介绍，总结出企业的“五热”。

1. 新加坡企业家支持教育的文化

扶持教育是义务。新加坡是个多种文化融合的小国家，本地没有足够资源，大部分靠进口维持着整个国家的运行，资源匮乏，只有靠提升人力资源来不断创造更多财富，所以扶持教育才是国家发展的根本，在企业家心中就把扶持教育当成一种义务，认真履行着，企业“热”衷此事。

2. 经济发展局的人脉支持

再好的资源，如果没有恰当的机会也不会达成共赢。因此，新加坡校企合作也离不开政府的前沿牵线，经济发展局在这方面给了学校和企业搭了很好的平台。在学校建立初期，这个平台很重要，让学校有项目进来，企业的项目有人承接，企业也“热”衷此事。

3. 学校本身有强大的师资力量

固有好的环境和平台，但学校本身没有能力接洽企业项目，那长期发展式合作也难延续。因此，NYP非常注重师资能力，一方面把入口关，学校招聘员工企业工作经验平均有5年以上。一方面在职培养，校外学校定期安排教师到企业就职，掌握市场最新技术；校内一定要参与项目，在项目中提升能力，具体师资建设在下面详细描述。有了好的师资人才也让企业“热”衷此事。

4. 先进的设备

学校做项目的设备也是一流的。唯有一流的设备，一流的师资才能发挥更大的效益，才能吸引更多企业和学校一起共同开发项目，前期先进的设备引入，也让企业“热”衷此事。

5. 灵活的学校机制——双轨制

学校为了满足企业的项目不间断的要求，不断调整办学机制，实行双轨制，具体说就是学生从第二年开始分组，一部分在学校做项目一部分在企业做项目，到了第三年小组又开始调换，这样学生可以满足全面学习的需要，企业的项目也会得到延续，不会受到影响，所以企业也“热”衷于此。

（二）师资引进与能力建设之借鉴

充裕的教育经费、全英语的教学、多元文化和谐共存的环境使 NYP 有条件向全世界聘请优秀教师。NYP 招聘教师的条件也有自己的特色，在学历上要求不高，达到本科便可，但非常重视企业工作经验，要求教师既有从事项目开发的能力，又有教学培训的能力，是真正的“一体化”教师。师资培养方面有以下几大特点。

1. 激励机制，促进团队合作

NYP 十分重视团队协作精神的培养，提出“无界化”的校园概念，强化部门与学系的团队精神，促进资源和人才共享，促进不同学系之间的项目合作及教学活动交流，强化师生们的专业能力，强化学院灵活机制与反应能力。

2. 重视师资在职学习能力的培养

NYP 在人才引进方面没有将年龄作为衡量指标，而是将是否能够终生学习、不断更新知识，始终掌握某一领域最新技术作为重要的考察指标。NYP 还创造条件让教师外出培训，为教师提供不断充电、提高的机会。NYP 还针对性地挖掘教师的潜能，对部分有潜力的教师，根据市场新要求，及时让他们向邻近专业发展，通过培训或脱产学习，让他们胜任第二专业的教学和项目开发工作。

3. 和谐与健康的工作环境，有利于自我管理

NYP 管理模式成功之处还在于给员工创造和谐与健康的工作环境，体现在完善的组织、富有意义的工作、合理的工资酬劳、工作与家庭的兼顾。通过和老师的交谈，明显感到有一股领导灵魂人物在鼓舞着整个校园，那就是林靖东院长的领导魄力和远见。在他的领导下学院在短短的十几年，创造出这样的奇迹，影响着每个人。

（三）教师评价和学生评价

NYP 招聘专业教师的基本要求是本科以上学历，5 年以上企业工作经验，如果没有企业工作经验，即使是名牌大学的博士，也很难成为该校的专业教师，这就促成了具备企业经验的评价与市场需求紧密结合。NYP 的理念是师资结构应该符合人才培养目标的要求，专业教师只有非常清楚企业对人才的需求，熟悉企业的运作，掌握企业最新的技术，才能培养出符合企业要求的高技能人才；教师的企业工作经验也可以通过指导学生完成企业真实项目而不断提升；而教师的理论教学能力、学习辅导能力可以通过入职培训达到学校的要求。

四、攻玉之启示

（一）校企合作“五热”是方向，但世行项目需先“预热”

在总结企业的“五热”特点同时，本人也在思考，我省技工教育开展很多活动，包括“校企合作，分享共赢”、“百校千企”等，政府投入不少，但企业还是“热”不起来。即使有世行资金支持的项目学校，校企合作机构的作用仍发挥有限，合作的层次还是停留在比较浅层次的合作。我省世行项目已经在政府搭建的平台下迈出了第一步，现在该考虑步子如何才能迈得更稳，建议试点调整和创新校企合作模式，省级和校级都试着出台校企合作保障制度，学校层面可以先考虑引项目为切入点，把目前的专业推向市场，在市场环境下达到校企合一，让企业尝到甜头，让学校从中摸索出长期有利于人才培养的教育模式。

（二）师资提升是世行项目生命力的

体现

通过学习NYP师资建设发现我们有很大不足。虽然在我省“双百双向”师资培训交流（即选派300名广东技工院校优秀骨干教师和管理人员赴德国、新加坡和香港等国际职业教育发达国家和地区培训学习，同时从上述国家和地区引进100名职业教育专家来粤任教和讲学）项目带动下，培养了一大批师资，开拓了教师视野，提升了教学理念。但在世行项目下，可以改善和提升的有三点建议。一是注重培养教师的团队合作精神，在教师考核时，把多部门合作指标加大权重系数，从开始的引导到今后的紧密合作，教师的能力也会在合作中不断得到提升。二是注重培养教师的再学习能力，学习是促进教师自身素质提高的重要手段，培训远远不能够完全满足每个教师的教学需要以及全面发展，作为世行项目学校的教师，更应该主动学习先进的理论知识以及实践技能，了解时代特征和企业对学生的需求，运用更合理的教学方法传授学生知识与技能，促进自身教学能力和综合素质的提高。三是培养骨干教师培训团队，通过他们进一步培训全体教师，这样在项目结束后，改革将延续。只有全面考虑教师的成长，才能持续世行项目改革的生命力。

（三）评价是世行项目质量的保障

从NYP的教师管理理念出发，思考世行项目的改革，笔者有以下几点建议。

一是重视结合教师参与企业项目的考核方式。NYP不要求教师发表论文、评职称，但要求教师申报和指导学生完成企业实际项目，根据不同国情，我们可以考虑加大项目在教师绩效考核中的比重，鼓励教师带领学生完成企业实际项目，以促进教师参与校企合作。

二是公开、公平的量化考核制度。NYP教师的“无界化”团队建设、部门的职责分工、灵活的工作安排、合理的量化考核、公平的年度考核等配套制度出台，人的潜能就可以激发出来，有利于学校的改革、创新、发展。在世行项目实施中，我们可以考虑调整各阶段量化考核指标，如项目初期要求校企合作中优质企业数量个数、合作项目完成数量等；项目中期要求合作进度、周期和价值，学生参与程度比例、参与比赛次数等；项目终期要求课题奖项、获专利次数等。

三是多方面的学生评价。目前我们部分项目学校也在实施“学分制”改革，建议一方面增加考核面，比如学生住校生活管理、家长反馈、社团表现等。另一方面让企业参与考核，这部分主要是针对学生在企业实习期间的考核，让每一名员工都有责任和义务与企业建立联系，参与学生的企业实习的联系和管理工作。教师必须定期到企业，负责与企业沟通了解学生在企业中实习表现，同时负责把企业对学生的评价带回学校。同时借助现代信息技术建立信息系统，提高评价过程管理效率及透明度。在世行项目实施过程中，由于学校不同专业对学生的考核指标有不同模板，加上学生人数和数据量加倍膨胀，没有充分利用系统是很难快速收集和及时发布数据的，只有及时反馈对学生的评价，才能使得评价成为帮助学生成长的有效工具。

总之，NYP成功的改革经验和我省世行项目的活动框架设计如出一辙，我们须学会借用它山之石，以攻世行项目之玉，结合自身发展实际和客观条件，探索中改革创新，走出一条适合自己的改革发展之路。

项目教学在仪器分析教学中的应用

广东省城市建设技师学院　赵丽冰　陈奕曼　柳益仙　黄春媛

摘　要：本文针对学科式的教材和填鸭式的教法已不适应技工院校仪器分析教学的现象，简要阐述了基于工作过程的课程改革过程中，运用项目教学的优势，对仪器分析课程进行教学改革，对课程改革的过程及取得的效果做了经验性的总结。

关键词：项目教学　仪器分析　教学改革　心得体会

仪器分析课程是技工学校工业分析与质量检验类专业的一门重要的专业课程，它具有很强的理论性和实践性，随着检验技术的发展和检验要求的提高，仪器分析技术在检验行业中的使用越来越广，要求也越来越高。笔者在教学过程中，发现大部分技校学生由于基础知识比较薄弱，缺乏理论学习能力，而仪器分析课程的理论知识涉及化学、物理及数学等知识领域，抽象难懂。学生面对复杂的仪器工作原理和操作方法，易产生害怕和厌学情绪，从而导致教师厌教、学生厌学，最终教学活动的效率低，效果不明显。

为了适应现代企业对毕业生在仪器分析方面的技能要求，提高教学质量，必须改革传统的教学方式。笔者依据仪器分析教学过程中运用项目教学的实际体会，对如何应用项目教学进行仪器分析课程教学改革作了研究和探索，取得了初步成效。

一、项目教学应用过程

（一）选取典型工作任务，开发任务为导向的教材

传统的仪器分析教材是根据仪器分类来编写章节的，内容主要是介绍各种仪器分析法的原理、仪器的结构及使用等，各章节内容独立。项目教学是将传统的学科体系中的内容转化为多个教学项目，教学过程围绕着实际的工作任务展开，让学生主要在实践中完成教学活动，同时渗透基础理论知识，然后再以知识拓展的方式展开相关知识的讲授，从而构建课程完整的教学内容体系。

改革后的课程教材将仪器分析划分为电位分析模块、紫外—可见分光光度模块、原子吸收光谱模块、气相色谱模块、高效液相色谱模块、综合训练等 6 个模块。每个模块分解成若干个典型的工作项目，以

项目为载体，以工作过程为中心，以产品检验任务为驱动。例如，在“电位分析模块”中以水的质量分析为项目，分别以不同的水作为检验分析对象，设置了五个任务，每个任务完成一个水的质量指标检验，分别是工业废水 pH 值的测定、饮用水中氟离子含量的测定、海水氯离子的测定、地下水中碳酸盐含量测定、纯净水的电导率测定。这些任务跟实际工作有密切的联系。“工业废水 pH 值的测定”任务要求学生掌握的知识与技能可以应用到环境监测、化工生产酸度控制、产品质量检验等实际工作中；“海水氯离子的测定”这一任务的知识与技能可以拓展到食品、建筑材料、煤炭等等各类产品的氯含量测定。在这些任务中穿插介绍电位分析法的类型、电极的分类及数据处理等相关理论知识，进行知识归纳总结。学生学习理论知识有了实践的基础，使抽象的概念和理论具体化，能将理论联系到实际，大部分同学不会觉得仪器分析的知识抽象难懂了。

教材的开发还应注重学生能力的提高，将复杂的任务分解为若干简单任务，各章节通过从易到难的任务安排，让学生不断体会到成功完成工作任务的乐趣，增强学习的兴趣和信心。如，“紫外—可见分光光度模块”中“市售保健品中总铁含量的测定”这一任务需要综合应用“校园自来水铁含量测定”任务中标准溶液配制，“牛奶中亚硝酸盐含量测定”任务中样品处理技术，以及“图书馆空气中甲醛含量测定”任务中数据处理技巧等知识和技能。这些任务，检验的工作对象从简单的水类样品，扩展到食品、环境、药品等领域，让学生保持了学习的新鲜感；同时，任务的难度系数和综合要求不断加大，提升了学习的信心。

（二）建设好实训中心，设置职业工作环境

项目教学改变了课室上理论，实操室简单集中练技能的场景。这就要求建设好适合项目教学的实训中心。实训中心要按工作系统化理论构建，在实训室内开展项目课程的学习，倡导以学为主体及小组合作的学习方式，培养学生的综合职业能力。实训室建设上要贴近企业真实的环境，让学生能模拟真实的工作环境。

用于存放原子吸收分光光度计、气相

色谱仪、液相色谱仪等类型大型贵重分析仪器的实验室，可以参照企业的模式，划分出样品处理室、检验室。将仪器的应用技能贯穿于学习中，以实操为主，理论教学为辅，分发仪器使用实训和方法应用实训。对于小型的仪器设备，可以直接按一体化教学要求布局实训室。

用于电位分析模块、紫外—可见分光光度模块教学的实训室可以参照如图1所示的形式来布局。主要设备包括多媒体电脑设备和实物投影、摄像头、可上网电脑设备6台，小型分析仪器6台，样品处理仪器6套，以及用于演示教学其他仪器设备1套等。学生可以在图1所示左边区域分组完成项目教学环节中的获取信息、方案设计、作出决策、评价反馈等环节，在右边区域（摆放实验台区域）完成实施计划、检查控制等环节。

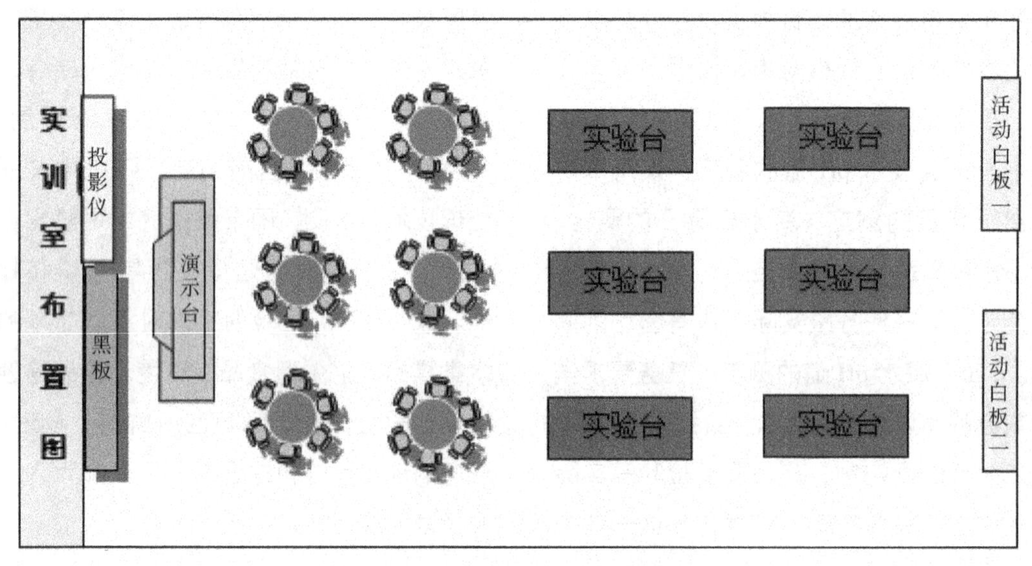

图1　项目教学实训室布置

实训中心除了在管理上要按照现代企业的要求进行药品存放、使用规定、仪器维护与维修管理等。还要非常注重职业环境的营造，场地布置注重标语、标牌、操作规程示范、安全注意事项等各方面的宣传。使学生能身临其境，达到素质训导、养成教育的目的，形成很多有特色的文化，包括“四禁”、“六无”、“7S”、“八防”等等。

（三）改革传统的考试，以项目考核为主

学生考核的方式和对教学质量的评价模式，直接影响教师如何“教”和学生如何“学”。传统的仪器分析教学考试以概念和原理的笔试为重。大部分学生在考前突击背概念、原理，就能在笔试中蒙混过

关。笔试的考试方式影响了学生动手能力的培养，

项目教学考核注重学生能力的评价，这个能力包括学生的动手操作能力和应用能力。以项目考核为主的评价采用理论与实践一体化的相结合的评价模式。在每一模块结束后采用目标评价、每一项目后采用过程评价与结果评价。仪器分析课程设计的评分标准为：

课程总成绩 = 过程考核成绩（40%）+ 任务结果考核成绩（40%）+ 综合项目考核成绩（20%）

其中，过程考核成绩是根据出勤情况（20%）、纪律表现（20%）、积极参与程度（30%）、对任务结果作出的贡献大小（从每个单元内的课堂检查考查）（30%），这部分成绩是由学生小组对组员、教师对小组及组员的评价构成；任务结果考核成绩包括任务完成过程中的操作是否规范（30%），结果准确程度（50%），及数据处理过程及结果表达（20%）；综合项目考核成绩是给学生一个项目让学生从制定工作方案开始，独立完成项目的全部内容进行评分。

新的评价方式，采取定性与定量结合、局部与整体结合、理论与实践结合、教师评价与学生评价结合等多种方法对学生实施综合性评价。评价能反映出学生的学习经验、诊断学生学习的得失、提示学习的重点、激发学习的动力，帮助学生认识自我、建立自信。

二、采用项目教学的效果

（一）培养了学生的学习兴趣，提高了教学满意度

课程改革前，学生一拿到厚厚的课本，一开始上课听教师讲授难懂的能斯特方程等内容就对仪器分析课程充满了陌生感和恐惧感，对接下来的学习失去了信心。

应用项目教学进行改革后，将理论课从教室搬到了实验室，借助于仪器将一些抽象的知识具体化。学生对课程感到枯燥的现象大大减少，较好地体会到学习的目的和价值，在完成项目的过程中增加成就感并逐渐培养起学习兴趣和信心。

（二）提高了学生学习效率

项目教学是开放式的教学。在学习过程中人人参与创造，注重的不仅是最终结果，而是完成项目的过程。学生在完成项目的过程中，理解及把握课程要求的理论知识和操作技能，体验创新的喜悦，培养分析问题、解决问题的思想和方法。在这种教学模式下，学生深刻体会到理论是实践的基础，同时也能感受到理论学习的必要，学习效率显著提高。另一方面，由于学习效率和学习兴趣的提高，学生对理论知识的要求不一定局限于“够用”，可以根据自身的需要，通过其他形式获得更多的知识。

（三）有利于学生职业能力的形成

在项目教学中，教师的职责主要是为学生完成项目活动提供帮助，激发学生的

学习兴趣，指导学生形成良好的工作习惯，为学生创设丰富的教学情境，引导学生如何在实践中发现新的知识，掌握新的内容。课程内容的选取紧紧围绕化工分析检验中的任务来进行，保证了课程内容与职业岗位能力要求的结合；在学习过程中，学生更多地将精力放在工作任务的完成而不是理论知识的学习上，他们会意识到，掌握这些知识仅仅是手段，最终的目的是有效地完成工作任务；项目教学是一种典型的“以学生为中心”的教学，学生在完成任务过程中有很多机会与其他的同学沟通与合作，培养了学生团队协调与合作的良好习惯，这都将有利于学生职业能力的形成。

（四）提升教师教学水平

在项目教学中老师备课实质是教学设计和教学创作过程，需要教师在对教材知识加工的基础上融进自己的思维、理念、个性及创新，备课的过程有利于教师的成长与进步，使教师能在课程中更好地扮演自己的角色，履行自己的职责，在整个教学过程中教师不再是传统教学中的中心人物，而是组织者、帮助者、指导者和促进者。因此，实施项目教学是提高教师业务水平和自身素质的有效途径。

【参考文献】

[1]黄一石，吴朝华，杨小林.仪器分析（第二版）[M].北京：化学工业出版社，2008.

[2]王民权，梅晓妍.高等职业教育中项目化教学的探索与实践[J].职业教育研究，2007(10):88－89.

[3]徐涵.项目教学的理论基础、基本特征及对教师的要求[J].职教论坛，2007(3):9－12.

[4]李春远，丁唯嘉，等.浅谈基础化学实验教学中如何提高学生学习的积极性[J].广东化工，2008，35(2):83－84.

德国行动导向教学法在室内装饰设计专业的实践与研究

广东省城市建设技师学院　殷文清

摘　要： 本文从我校室内装饰设计专业教学着手，研究探索了在专业教学过程中“行动导向教学法”实施的思路、原则以及应用过程中需要注意的具体问题。

关键词： 行动导向教学法　室内装饰设计　职业院校　实践　研究

一、引言

行动导向（Hand Lungsorientierung）教学法是起源于20世纪80年代德国职业技术教育界的一种教学方法，它是指“由师生共同确定的行动产品来引导教学组织过程，学生通过自主全面的理论和实践环节学习，达到能力培养目标”的教学模式，该方法以职业情境为教学的参照系，教师是学习过程的组织者与协调人，学生是学习过程的主体，遵循“资讯、计划、决策、实施、检查、评估”这一完整的“行动”过程序列。在教学中教师与学生互动，让学生通过独立获取信息、独立计划、独立实施、独立检查、独立修正和独立评价。在自己动手实践的过程中，掌握职业技术能力，学得专业理论知识，从而构建属于自己的经验、知识和能力体系，进而实现动作行动与心智行动的整合。

二、室内装饰设计专业现状及存在问题

作为第二批“国家中等职业教育改革发展示范学校”建设单位，我校引入了德国行动导向教学法，此教学法在全校全面铺开，取得了一定的成效。我校通过对“德国行动导向教学法”的学习以及运用，同时依托校企合作引入真实项目案例，通过真实项目案例驱动，进行行动导向教学法教学，注重教学实效，形成了较为系统的教学课程模式，并对此进行了有益的探索和研究。

我校室内装饰设计专业成立于1989年，是学校重点建设专业。该专业现有的课程设置和教学内容，基本体现了以工作任务为引领，以岗位技能培养为中心的职

业教育特色。在课程设置方面，基于现代社会经济和科技发展以及劳动组织方式发生变革对技能人才提出的新要求，基于实现学生高素质就业和奠定学生持久职业生涯发展基础的需要，通过校企合作及在行业协会的指导下，初步构建起以能力为本位的一体化课程体系，着力培养具有综合职业能力的高素质技能人才。

虽然该专业正在进行的课程设置和教学模式改革，取得了一些成效，但仍有不少专业学科以课程教学模式为主，理论教学内容体系还远远没有摆脱“学科型”体系的束缚，相对独立的实践教学内容体系还没有成型，尤其以职业能力培养为核心的实践教学体系还在初步探索之中。同时，部分教师尚未转变教学观念，仍以教学领导者、知识讲授者的身份在教学过程中处于主角地位，未能将学生作为教学活动中的主体，充分发挥学生的主观能动性，使学生融入整个教学活动中，有效提高学生的职业行为能力。教学模式上，采取理论教学加上实践性环节的工学结合模式，由两个部分组成。一是课堂内的专业理论知识传授，即系统的理论学习。这个过程是以教师讲授为主的被动学习过程，学习内容较为抽象枯燥，学生对知识的掌握相对局限而独立。为了使学生掌握更为具体的实践技能，通常在对操作能力有较高要求的专业课程后会设置实践性环节来进行补充，一般为课程设计、具体工程参观或参与。通过让学生动手参与实践设计或施工，强化理论知识，使之形成更感性具体的认知。但在仅靠单一的技术或能力已经无法适应工作需要的当今社会，专业技术人员必须拥有更全面的素质。在技术的多样性发展的大前提下，教育模式还须做出对应的调整。而且，随着近几年来高等教育的快速发展，致使职业院校学生的生源越来越少，而且质量严重下滑。学生普遍基础知识较差，其中大部分学生的厌学情绪强烈，从而导致了理论课程教学开展困难。所以在专业课程的教学上，继续沿用以往传统的理论教学与实践教学分段进行的教学方法，已很难实现技工院校教育教学的能力培养目标。

鉴于以上现状，建议积极进行教学改革，在室内装饰设计专业实施德国行动导向教学法，德国行动导向教学法可以解决以上问题，达到高素质、高技能人才培养目标的要求。

三、德国行动导向教学法在室内装饰设计专业的实施与研究

笔者以该专业《小空间设计》课程作为例子展开叙述，室内装饰设计专业学生毕业后从事的工作岗位主要有绘图员、室内设计师助理、室内设计师等，相应这些岗位需具备相应的能力，根据这些能力目标开设了相应的课程，见表1。

表 1　室内装饰设计专业岗位能力与岗位课程分析

岗　位	能　力	岗位系列课程
CAD 绘图员	1. 能够看懂设计图纸 2. 能够运用 CAD 绘制设计图纸	室内设计制图与识图 施工图绘制（CAD）
效果图制作员	1. 能够看懂设计图纸 2. 能够制作室内效果图	室内设计制图与识图 施工图绘制（CAD） 效果图绘制 PS 后期处理
室内设计师	1. 能够看懂设计图纸 2. 能够运用 CAD 绘制设计图纸 3. 能够制作室内效果图 4. 能够做室内设计方案	室内设计制图与识图 施工图绘制（CAD） 效果图绘制 PS 后期处理 设计初步 小空间设计 大中型空间设计

《小空间设计》是室内装饰设计专业的重点专业课程，同时，也是室内设计师、绘图员必须掌握的职业技术核心能力的专业课程。在这门课程中，根据所要培养的职业岗位要求，本门课程需要培养学生的能力有以下几点。

（1）能够分析室内空间设计的特点，运用设计原理进行命题性设计的分析能力。

（2）能够进行场地测量分析，能够进行合理的平面布局的设计能力。

（3）能够运用室内设计的方法进行命题性的方案设计。

（4）能够根据风格地位、市场分析进行室内空间设计。

（5）能在工作中与客户沟通与协调，参与较大型的室内项目设计。

根据本门课程培养的能力目标，在教学实践中我们安排了“居住空间设计”总项目（校企合作单位提供的实际设计项目）、4 个子项目（分析室内建筑空间、资料收集分析、设计方案初期、设计方案定稿），按照实际工作流程，以德国行动导向教学法展开此项目学习。在室内装饰设计专业运用行动导向教学法过程中，通过校企合作依据典型工作任务确定学习内容，以任务驱动引领教学，按行动导向实施教学，并按照典型工程项目将整个室内装饰设计专业划分为若干个学习领域，在每个领域下设计具有代表性的学习情境。将“六步法”融入学习情境的具体教学过程中，加强职业能力的培养力度。

下面是其中一次以德国行动导向教学法教学设计案例，见表2。

表2　平面布置行动导向教学法教学设计

教学环节	教学过程		
	学习内容	学生活动	教师活动
任务引入	情境描述：碧桂园凤凰城凤天苑单身公寓4栋2011房湛小姐来到集美组设计公司，需要设计公司帮她设计平面布置图，要求一房一厅一厨一卫 原建筑平面图 现公司下达任务给你组，请根据湛小姐要求完成平面布置图设计	1. 学生听讲，充当设计师，与业主交流互动 2. 学生分组，成立设计小组 3. 小组接单 4. 学生解读平面布置图，明确任务	1. 教师播放课件，讲解情景，充当业主与设计师互动 2. 教师组织学生分组 3. 教师向公司人员（学生）派发任务 4. 教师指导学生解读图纸
收集资讯	1. 领取学习资料：现有若干与任务相关的资讯、信息材料（附图），以小组为单位领取学习资料，进行学习讨论 2. 学习任务安排：自学领到的资料 要求：以小组形式讨论，记下学习内容，对于不理解的知识技能点记下来，贴到白板上 3. 答疑解惑：讲授有代表性的知识疑点，技能点 附图：	1. 领取学习资料 2. 自学及相互学习 3. 认真倾听教师讲解，进行针对性学习	1. 安排领取学习资料 2. 安排学习任务 3. 巡回指导，引导学习

续表

教学环节	教学过程		
	学习内容	学生活动	教师活动
计划准备	分组讨论，做好完成项目计划	讨论、计划	引导
共同决策	按照计划，共同设计平面草图	小组完成方案草图	巡回
项目实施	完成确定平面设计方案	小组完成平面方案	巡回
评价反馈	各设计小组张贴本组方案，进行方案介绍；小组评分	小组展示方案 小组相互评分	1. 师生共同点评设计小组所展示的成果汇报，并评分 2. 讲解对学生完成本任务的总结，分享，改进 3. 进一步引导学生总结经验并运用

通过采用行动导向教学法后，发现课堂气氛活跃，学生学习兴趣增强，学习积极主动性增强，动手能力得到提升，团队工作能力得到锻炼（如图1，图2所示）。

图1　小组讨论中

图2　与作品合影

四、实施行动导向教学法应注意的问题

在实施行动导向教学法的过程中以下问题值得注意。

首先，教师和学生在这个新的教学模

式下都应注意角色的转变。教师是行动导向教学改革的核心人物和关键所在。在行动导向教学法实施过程中，教师要转变传统教学观念，从知识的传授者转变为教学引导者、组织者和咨询者，引导学生变更思维模式，变被动地学为主动地学，提倡学生参与“教”与“学”的全过程。所以，行动导向教学法对教师提出了更高的要求。教师既要充分熟悉学生情况，具备足够的组织、引导和控制能力，又要在实施教学前，熟悉企业运作情况，精心设计教学方法和学习情境，根据工作任务和学生实际安排学习内容。这对教师来说无疑是一个巨大的挑战。因此，职业院校应给予教师更宽松的条件，鼓励教师下企业锻炼实践，了解企业的工作流程和生产过程，积累实践经验，教师也要不断更新自己的知识结构，构建更宽泛的专业基础，从而提高自身的综合素质能力和职业教学水平。学生亦应更新学习理念，将过去的被动学习变为积极主动负责的自主学习，充分调动和发挥自身的主观能动性和创造力，使各项专业技能得到升华。

其次，教师要科学有效地组织课堂教学。行动导向教学法中，教师要组织协调课堂教学，充当咨询、辅助的角色，但是实施行动导向教学法并不是完全脱离课堂讲授，教师恰到好处的讲授既能对项目进行延伸和拓展，又能兼顾学生的职业发展需求。因此，教师必须要严密组织安排好教学，在教学过程中把自己的脑、心、手展示给学生，引导每一位学生去学习，同时还必须具备一定的教学应变能力，能够根据学生的学习情况随时调整教学方式方法。这就要求教师在课前做大量的准备工作，包括各种教学信息、资源、学习材料的准备；在教学过程中，不断巡视观察学生的学习情况，发现问题后及时参与学生的讨论，引导学生思考问题，调动学生学习的主动性和积极性，启发学生开拓思路、创新思维。

再次，建立科学的教学评价体系。行动导向教学法强调教学过程控制，评估考核方式不再以传统的笔试，而是以评估实践操作成果和学生能力水平为主。这就需要建立一套科学合理又便于实施执行、便于量化考核的教学评价体系，用以评价新教学模式下的教学效果和学生掌握程度。行动导向教学法的成功与否，不仅取决于课堂上教师的调控能力，还取决于教师能否进行合理的教学评价，在课后能否充分地总结以及不断地调整教学方法。教师在课后将学生在课堂中的教学活动和教学效果与预期的教学目标进行对照，找出具体行动环节中的不足，总结经验，及时进行调整、完善和补充。同时，对教学过程评价考核要科学、合理。项目任务完成后的评价问题十分重要，既要注意到项目成果没有唯一答案，应充分发挥和肯定学生的创新能力，又要使学生认识到遵循国家规范和标准的必要性，使之符合企业真实的工作程序和技术标准。并且，教师要将评价结果迅速反馈给学生，使学生明确自己在学习过程中的不足，及时调整学习方式方法，从而高效合理地完成学习目标。及时建立适应行动导向教学中教学效果和学习质量评价的体系，才能促进行动导向教学法的推广和应用，并通过评估和检查对教师的教学组织是否合理、培养的学生素质是否满意等进行总结。

五、总结

综上所述，行动导向教学法能较好地调动学生的积极性，充分展现学生自主学习、积极创新的一面，学生的各项能力能得到有效的锻炼和提高，是一种十分有效的教学方法。在职业院校的教学过程中，灌输知识不再是主要目的，最终目标是学生专业能力、社会能力、方法能力等综合职业能力的培养。其中，方法能力和社会能力都是通过在行动导向的学习过程中培养掌握的关键能力，是可以适应飞速发展、不断变换的科学技术所必需的关键能力，是一种超出了专业知识范畴和具体职业技能的能力。这正是发展变革激烈的当今社会对专业性人才提出的更高层次的要求。

【参考文献】

[1]张祖辉,娄春谊.试论行动导向教学法对商务英语教学的启示[J].中国成人教育.2010(9).

[2]赵志群.职业教育工学结合一体化课程开发指南[M].北京:清华大学出版社.2012.

[3]戴士弘.职业教育课程教学改革[M].北京:清华大学出版社.2007.

[4]王学明.在职业学校理论课教学中应用行动导向教学法的探索[J].中国职业技术教育.2009(9).

发挥优势，突出特色

——计算机网络专业建设和教学改革探索

广东省城市建设技师学院　方国林

摘　要：针对技工学校计算机网络技术专业遭遇发展瓶颈的状况，在分析原因的基础上，本文提出依附学校特色改进专业方向的观点，结合实际，在培养目标、构建基于工作过程的课程体系、改进教学方法、完善评价体系、加强企业合作等方面进行探索。

关键词：计算机网络　智能建筑　特色　专业建设　教学改革

技工院校计算机网络技术专业主要培养网络相关的高技能技术人才，从事网络工程、维护、管理、技术服务等工作。随着社会发展进步，各行各业信息化的发展进程加快，计算机网络技术专业学生具有广阔的就业前景。但是通过对我校2007、2008两届计算机网络专业共93名毕业生进行调查统计，结果如图1所示。

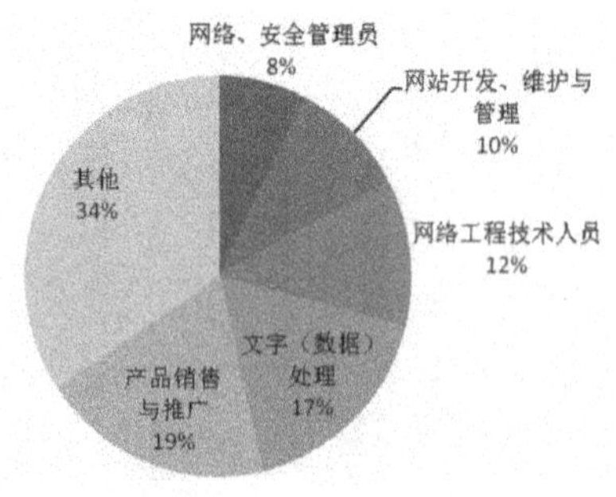

图1　07、08届计算机网络专业毕业生就业情况

从上图可见，从事技术服务层面上的工作不足三成，且有一部分只从事简单的网络数据录入工作，处于计算机技术人才层面的最低端，真正在局域网管理与维护、建设与管理岗位上工作的甚少。该专业毕业生的就业情况并不乐观，特别是就业质量不高。近几年，我校招生规模取得了空前的发展，尤其是建筑施工专业和建筑装饰专业，但计算机网络的相关专业却渐渐走入低谷，处于一种次要位置，招生和就业状况都不是很理想。

因此，如何在我校建筑、装饰、工业分析与质量检验等专业特色鲜明、社会需求旺盛的环境下，办好计算机网络技术专业？这是我们一直探索和实践的课题。两年来，借助世行贷款职业教育改革项目的推行和中职示范学校建设项目的实施，笔者和同事们一道，以创新的思路为主导，边研究，边探索，边实践，专业建设和教改思路更加明晰。

一、依附学校特色，改进专业方向和定位

我校建筑施工管理专业群、建筑装饰专业群建设成就突出，被社会所认可。近年来，广东省的城市建设与发展相当迅速，“数字广东”、“数字珠三角”、“智慧广州”的建设正加速推进，伴随着计算机的普及和信息产业的发展，在建筑业出现了智能建筑，而随着人们生活水平的不断提高，智能建筑得到了迅猛发展，并已成为21世纪建筑业的发展主流。建筑行业的快速发展和建筑智能化的趋势为计算机网络技术专业提供了生存与发展的空间。

因此，我们选择智能建筑工程（智能化楼宇、智能化家居）作为专业发展方向，依据“组网”和“管网”的实际工作过程，我们将目标定位在培养具有局域网组网与调试，智能化楼宇、智能化家居网络系统安装与维护，网络设备管理与维护，网络安全管理，综合布线工程技术，服务器与终端设备管理与维护等能力，面向计算机网络企业和领域的生产、建设、管理、服务一线的人才，培养能在中小型建筑、装饰企业第一线从事网络规划、组建、应用、管理与维护等高等技术的应用型人才。

二、整合教学资源，构建“工作过程导向”教学体系

从应用性人才培养的全局来看，当前课程改革的主要任务是重新审定、合理调整总的课程设置。计算机网络技术专业的培养目标定位是培养学生“组网”、“管网”的职业能力，让学生获得在“组网”、“管网”工作过程中所需要的知识技能。课程体系的构建应该与整体化的实际工作过程相联系，即基于工作过程的计算机网络技术专业课程体系构建必须与网络技术的组建、管理方向的工作过程相联系。首先，通过调研确定与建筑智能化相关的网络工程、网络管理两个方向的岗位群；其次，进行相应模块的行动领域（行动领域是按典型工作过程能力要求进行归纳总结的结果，体现的是现实的工作岗位能力目标，是完成目前工作岗位的要求）分析，即具体工作过程的分析；再次，根据行动

领域确定相应模块的学习领域（学习领域即专业课程体系，是基于岗位工作过程分析，最终由行动领域转化而来，它的教学目标要求既源于岗位工作能力要求，同时又高于之）；最后，创建具体的学习情境教学项目。

三、实施项目教学，构建实践教学方法体系

“项目教学”是在“建构主义”思想的指导下，根据工作要求，将学生的学习内容合理编排成实际的工作任务（一个或若干个项目），由教师提出工程项目，给出任务解决方案，然后将学生编组，学生以小组为单位对工程项目进行讨论，协作学习，并分工完成项目任务，最后以共同完成项目的水平、学生的创新内容、小组分工合作的情况来评价学生是否达到教学目的的课堂教学模式。

项目式教学项目课程涉及的知识面广，包括承接一个完整的网络系统集成项目的全过程，从项目的招投标开始，经历项目的启动、规划设计、实施（系统的搭建及全面配置）、总体测试、验收并撰写相关工程文档。

具体实施以小组的形式组织教学，将学生按基础技能和动手能力的强弱均匀地分配到每个学习小组中，保证各小组的综合实力均衡。我们把《智能建筑网络工程与维护》项目课程分成6个专业技能模块和1个综合项目模块：智能家居工程模块、WIFI无线传感网络开发模块、楼宇安防监控工程模块、网络综合布线模块、综合布线故障检测模块、智能网络工程实用案例模块和智能家居系统集成项目设计与实施。在每个模块中再安排多个具体的实训任务。例如，在第一个模块即智能家居工程模块中设置了家庭对外通信、家庭内部通信、家庭安全防范、家庭设备自动控制等4个实训任务，学生在这个过程中可以学到智能家居工程方面的基本知识和基本技能。学生具备扎实的基本功后，进入综合项目模块——智能家居系统集成项目设计与实施，学生要从教师提供的多个工程项目中选择自己感兴趣的一个项目，利用在前5个技能模块中学到的知识，按要求构建项目产品——智能家居系统集成项目方案。这些项目都来自实际的工程需要，并由教师进行收集和整理。各小组成员（一般每个小组5~6人）在接到项目任务后，按照项目需要进行角色分配并分工。在项目招投标阶段，角色主要分为甲方代表、乙方代表、招标公司代表等，按角色分工完成招标书、投标书的撰写。在此阶段，学生可以学习到招投标相关法律法规、招投标书的内容和格式，具备需求分析、设备选型、工程预算等能力。在项目设计与实施阶段，角色主要分为项目经理、工程师、施工技术员、监理师、文员等。按角色分工完成项目规划与设计、综合布线、网络搭建、服务器架设与配置、网络测试、施工日志及进度控制、文档整理等工作。项

目实施采用虚拟现实技术的方式完成。在项目验收阶段，由甲方代表对网络系统进行总体性能测试，如果不能达到项目要求或国家标准，则再次进入前6个基础技能模块进行有针对性的学习，在教师和小组成员的共同努力下，将问题一个个解决，直至网络系统性能达标为止。验收通过后，撰写并提交工程项目设计与实施方案。通过如此方式开展项目课程教学，学生能很好地掌握一个网络系统集成项目的工作流程。在这种反复的“学习——测试——再学习”的过程中，学生的分析问题和解决问题能力进一步增强，同时可以学会较好地进行团队合作、沟通与交流。

四、引进表现性评价，完善教学考核目标体系

教学与评价一体化已经成为项目教学改革的趋势所在。采用项目教学后如何才能全面、有效地评价学生各方面的能力，提高学生素质，已成为职业院校教学改革的一项迫切的任务。

20世纪90年代，美国教育界基于建构主义理论和多元智力理论构建了一种新的学生评价观——表现性评价，它是一种真实的、非传统的、替代性的评价。它成为项目教学有效评价学生的选择之一。

所谓表现性评价是指在学生完成一项学习任务的过程中来评价学生的发展，不仅要评价学生知识技能的掌握情况，更重要的是通过对学生表现的观察分析，评价学生在创新能力、实践能力、与人合作的能力以及健康的情感、积极的态度、科学的价值观等方面的发展情况。

表现性评价是对学生在完成任务时的具体行为表现的评价，因此必须事先确定评价的内容，并将它化解为构成表现成果的可观察的具体行为，制定评价这些行为优劣的标准（等级水平和权重）。

计算机网络技术课程的项目教学一般采用分组团队协作的形式进行学习。原因是教学对设备要求较高，需要使用工作站计算机、服务器、交换机和路由器等多种设备，很难提供每人一组设备；另外考虑实际岗位需要。项目学习过程中需要组员共同讨论待解决的问题，有针对性地提出自己的想法和建议，共同制定解决方案，合理分工，各自完成实验、调查、研究任务中指派的工作，任务实施过程中要及时沟通与协调，解决方案最终的汇总、时间管理、成果的汇报与演示等。因此，高职计算机网络技术课程项目教学表现性评价的一般标准包括对拟定项目的能力、策划能力、搜集资料的能力、整理和综合资料的能力，书面汇报的表现——内容、组织能力，书面汇报的表面——设计，书面汇报的表面——目录、参考文献，口头汇报的技巧——声音和眼神，口头汇报的技巧——内容的表达、沟通能力、判断思维能力、解决问题的能力、创造力、运用信息技术的能力、协作能力——对小组的贡献、协作能力——与他人协作的程度、协作能

力——履行任务的情况以及时间管理能力等能力的评价。

为了不挫伤学生的自尊心、积极性和培养学生的自我评价和反思能力，设置评价的等级时一般不使用优、良、合格、差，而采用精通（典范级）、懂得运用（高级）、尚在培养（中级）和无技巧（初级）四个档次。

五、加强校企合作，培养学生综合实践力

现代企业在招聘员工时，不仅要求应聘者具有相关的知识和技能，而且要求有一定的工作经历。在计算机网络教学中，给学生体验企业工作经历的机会，可以有以下几种途径。

（一）在教学计划中安排学生到企业去实践

部分企业由于业务发展的需要，他们欢迎在校学生来企业实习，这样可以解决企业内部劳动力暂缺的问题，如网络工程项目中的综合布线。让学生一边在学校学习，一边在企业工作，工学结合、半工半读。这既可减轻学生和家长的经济负担，毕业后也容易找到工作。

（二）在校内模拟企业的工作环境

在教学中，把网络技术的培养看成是一项从事网络工作的任务，学生的课室就是办公室，实训中心就是企业信息中心的设备中心，师生关系可以理解为师徒关系或同事关系。特别是网络教学中的各个实验室、实训中心和网络设备应与企业的应用基本一致。学生在校所做的项目也可以真实地应用于企业，这样学生在就业之前就熟悉了企业的工作环境和设备，从而使学生在学习过程中就有了网络工作经验的积累。

六、结语

我们在进行系统调查、分析、研究的基础上，逐步形成了具有我校特色的计算机网络专业教学体系；建立和完善了适应职业教育特点的教学管理和考核机制，对我省乃至全国技工院校计算机网络专业的教学改革具有一定的推广价值。

德育在中职语文教学中的渗透

阳江技师学院　袁　静

摘　要：目前，中等职业学校中不少学生语文素质普遍不高，心理健康问题也日益突出。主要集中于厌学、冷漠、自私、适应能力差、不善于人际交往等方面。这些问题严重影响了学生的身心健康和学业发展。因此，我觉得语文课程应该充分发挥学科优势，在教学过程中进行德育的教育渗透，发掘学生的优秀心理品质，减少心理压力，锻炼抗压能力，培养感恩之心，提高人际交往能力，进而提高学生的综合素质。

关键词：中职教育　语文教学　德育渗透

人才的含金量最主要在于他的德性而不是他的才能。美国一位教育家曾说："只教给孩子知识，而不培养其心灵，只能给社会培养一堆麻烦。"那么，我们作为文化的传播者，教学生应该先教会其做人，重视对学生品德的培养，然后再传播知识，使他们成长为对社会、对家庭有用的人。

中等职业学校的语文学科作为基础学科，以其人文性为本质特征，不仅仅是传授传统文化知识的载体，同时亦是德育教育的载体。中职语文教材涵盖的内容广泛，既有语言文字训练的内容，也有思想品德教育和心理健康教育因素。许多课文都是文质兼备的美文，是内容与形式的完美统一。教师在钻研课文时，深入挖掘教材中所蕴含的多侧面、多层次的德育因素，比如爱国主义、集体主义等崇高情感，勤劳淳朴、诚实守信等传统美德，坚韧不拔、锐意进取等优良品质，无需单独花时间对学生进行德育、心育的教育工作，无需采取额外的形式，只需充分利用教材，把握契机，开展渗透。

一、渗透爱国主义教育

现在的学生不喜欢别人用外加的形式，干巴巴的语言进行说教，而喜欢一边学习知识，一边在轻松、愉悦的气氛中，不知不觉地感悟与接收。而语文教材中的大量课文记载了许许多多古今中外杰出人物的动人事迹。其中《左传》中就记载了许多爱国人物，表现了很深的爱国情绪，如《烛之武退秦师》中，郑国为秦、晋两国大军所包围，形势岌岌可危，大夫烛之武本因不受重用而对郑文公不满，但当郑文公要他出使秦师，游说秦师退兵时，他却能以国事为重，摒弃前嫌，受命于危难之际，凭着自己的胆识、智慧和过人的外交才能说服秦国退兵，并派兵帮助郑国守卫都城，从而消弭了战祸，挽救了国家。这种以国事为重，摒弃个人恩怨的品格让学生的感触颇多。

《战国策》一书虽为纵横家言，多叙谋臣策士之言行，但也写到了一些正义人士以国事安危为重，不畏强暴，坚持正义的感天地、泣鬼神的感人行事。

《我有一个强大的祖国》这篇诗歌，让学生们在反复的朗诵中理解到了“地动天不塌，大灾有大爱”；体会到了一张张男男女女、老老少少的脸组成了祖国完整的容颜，一个个忙忙碌碌的身影构筑起了强大祖国的群像；感悟到了灾难面前民族的团结和祖国的强大。

二、渗透挫折教育

很多学生选择技工院校可以说是一种无奈的选择，大部分的学生初中期间的考试分数都中等偏下，长期以来他们被忽视、被遗忘，慢慢地开始自我怀疑，自我否定，从而产生了一种自卑心理。如果不及时进行引导，这种心理会一直影响他们在技校学习和生活。我们应该让他们了解职业教育的性质，让他们明白这是人生新的篇章，培养他们的自信心。

如语文教材第二单元中的《假如给我三天光明》的作者海伦·凯勒，她是一位虽然生活在黑暗中却给人类带来了光明的女性，她是一位遭遇厄运却能笑对厄运，以一颗炙热的心热爱着生活的美好的女性。

《我与地坛》作者史铁生，在最意气风发、最狂妄的二十一岁时忽然失去了双腿，这惨痛的灾难降临到了他头上，对一个年轻的生命来说如雷轰顶。用他自己的话说是“曾一连几个小时专心致志地想关于死的事情”，在经历了一次次心灵与死神的斗争之后，他最终拒绝了死亡，领悟了生命的价值，并成为了一位著名的作家。

当然并不是所有的人都有一颗勇敢的心，在挫折和苦难面前，有些人却选择了放弃生命：战国时期著名诗人屈原得知郢都被破选择怀石自沉；现代作家老舍文化大革命遭受迫害，心怀绝望而投湖自杀；当代诗人海子在留下一句“面朝大海，春暖花开”后，卧轨自杀；法国著名作家莫泊桑用裁纸刀割开了自己的喉咙……他们留给了世人无限感叹和惋惜。

“痛苦是所没人愿意报考的大学，然而毕业出来的都是强者。”每一位经历磨练依然能屹立不倒的人，他们的成功史，就是他们与不幸、苦难、厄运的斗争史。我们生活在这个世界上，烦恼与挫折，是成长中的必然，我们要树立自信，坚定信念，成为真正的强者。

三、渗透感恩教育

我国的感恩教育源远流长，“滴水之恩，涌泉相报”，“谁言寸草心，报得三春晖”，“羊跪乳，鸦反哺”等古训流传至今。

目前学校的学生主体以90后为主，他们独特的生长环境和思想形态，直接导致部分学生感恩意识缺乏，这对他们的为人处事、事业发展都将是一个隐形的瓶颈。在目前的语文教材中有很大的篇幅涉及到了感恩教育，感恩教育不仅契合了这个时代的主题，更契合了技校学生的思想现状。

如《一碗清汤荞麦面》，大家钦佩主人公面对艰难困苦毫不屈服的精神和保持主动进取、乐观向上的心态。当然这层感受是最直接、最表象的，教师还应沿着作品的思路引导学生发掘更深层次的内容。这时，只要教师稍加点拨，学生就可以进一步理解母亲对儿子的无私奉献和无私的爱。情感的不断加温，理性的逐渐上升，两者相辅相成，能使学生达到感情上的升华，理性上的飞跃。

除此以外，教材中第三单元“感受亲情”中，我们可以感受到《世界上最缓慢的微笑》的人间大爱，灾区的孩子们在身体受到重创的情况下，却露出了“最缓慢的微笑”，让我们感受到生命虽然如此脆弱，却又如此坚强。无论遭受何种创伤，也无法阻止生命对美好事物的追求和渴望；感受到《我的母亲》的沉默不语如水的母爱，许多的文化名人几乎都有一位平凡、勤劳、善良、宽厚的母亲，她们言传身教，对子女的成才发挥了极为重要的作用。老舍先生在童年、少年时代就是在母亲的严格要求和深情关爱下逐步成长；感受到《父子应是忘年交》的父子挚友，忘年之交的爱，通过作者跟儿子发生的一些小故事来层层深入描写父子的感情发展，让学生从作品中感受父辈对子女成长的时刻关注和积极思索，从而学会换位思考，理解父辈的良苦用心，减少代沟。

四、渗透人格教育

荣格曾说：“任何文化，都积淀为一种人格。”什么样的人格决定了什么样的人生追求和价值取向。

《人格是最高的学位》中有两个小故事：一是国学大师季羡林先生为一个年轻学子看行李；二是世纪老人冰心病魔缠身仍关心年老病人的状况。这两个小故事中我们感受到了两位文学大师的人格魅力，也让学生们心生崇敬，不禁反思作为著名的学者尚且如此，更何况我们呢？人格的力量虽是无形的，却像一个能量场，能穿透人们的心灵。

《信客》是当代作家余秋雨的一篇散文，文中写到一种从事特殊职业的人——信客。信客常年跋涉，非常辛苦；但是他的收入却非常微薄，生活贫穷；在常年跋涉过程中，又经常蒙受怀疑、欺凌、憎恨。但是，奉献者终究会赢得敬爱和怀念。信客终于不再坚持下去的时候，人们想起他的好处，常送去关怀和温暖，就是那位发财的同乡后来也向他道歉，并请他接受代办本乡邮政的事务。人们推举信客当老师，后来他还当了小学校长。他死时，人们纷纷赶来吊唁。信客看似与这个浮躁的时代格格不入，但他的品质——诚信确是立足社会必不可少的，21世纪是个讲求诚信的时代，人无信而不立。在讲这篇课文时，抓住信客“任劳任怨、诚信无私、待人宽容、恪尽职守、洁身自好”这些优良品质，在教学过程中对学生进行德育渗透。

语文是人类各种文化中最基本的文化，无处不渗透着德育。如苏霍姆林斯基所说的：“任何一种教育现象，孩子在其中越少感觉到教育意图，它的教育效果就越大。”让我们在了解教材的基础上，真正走进学生，了解他们的所求、所需，像“润物细无声”的春雨一般将好的传统美育播散在他们的心田。

【参考文献】

[1]林倩婷.浅谈语文教学中的德育渗透艺术[J].教育探索,2010(2).

[2]李素敏.德育在语文教学中的渗透[J].学科教学探索,2003(3).

[3]饶杰腾.语文学科教育探索[M].北京:首都师范大学出版社,2000.

关于一体化
课程教学改革的几点思考

阳江技师学院　雷自南

摘　要：随着技工院校改革的深入，学制的缩短，特别是理论教学时间的不断压缩，传统的教学模式不但不利于充分发挥理论指导实践的作用，还将困扰和制约着技工教育的发展，如何摆脱困扰，促进技工教育健康发展已迫在眉睫，为使技校生毕业后能够尽快地完成从学生到技工的转变，进行一体化课程教学改革势在必行。

关键词：传统教学模式　技工教育　一体化课程　改革

一体化课程是以国家职业标准为依据，以综合职业能力培养为目标，以典型工作任务为载体，以学生为中心，根据典型工作任务和工作过程设计课程体系和内容，按照工作过程的顺序和学生自主学习的要求进行教学设计并安排教学活动，实现理论教学与工作岗位对接合一、实习实训与顶岗工作学做合一。随着技工院校改革的深入，学制的缩短，特别是理论教学时间的不断压缩，传统的教学模式不但不利于充分发挥理论指导实践的作用，还将困扰和制约着技工教育的发展，如何摆脱困扰，促进技工教育健康发展已迫在眉睫，为使技校生毕业后能够尽快地完成从学生到技工的转变，进行一体化课程教学改革势在必行。

一、明确一体化课程教学的目标

明确一体化教学的目标是一体化教学改革的前提。一体化教学的目标是培养高素质、高技能、技术型的新型生产一线人才，促使生产一线工人具有较高的技能和能力，具备较好的个人整体素质。对于技工院校来说，一体化教学改革也是发展的动力。一体化教学培养的学生是为了顺应市场的需求，也为学校今后的教学拓展了空间。全面推进教学一体化改革是学校提高教学质量、适应社会需要、提高社会声誉、加快学校发展的成功之路和正确选择。

二、建立具有地方院校特色的一体化教学机制

根据本地的产业特点，结合本校的实际制定相应的教学计划是很关键的一步。一体化教学是一项探索性和实践性的工作，也是技工教育教学改革的重点和方向，由于它涉及面广，前期投人大，工作量多，在短时间内较难全面、彻底地实施一体化教学工作。因此，技工院校要根据自身的办学条件和地区经济特色，开设与本地经济社会相适应的专业及课程，逐步推行一体化教学，并不断完善。

三、营造良好的一体化教学改革氛围

实施一体化教学模式，范围大、牵扯面广，绝不是几个人短时间就能完成的，必须经过全体师生的共同努力、通力协作，才能将一体化教学落到实处。一体化教学的阻力既有来自教师方面的，如教师长期以来养成的教学习惯；又有来自学生方面的，如学生对一体化教学的重要性认识不足。为此，在教师方面，技工院校应当邀请企业或知名专家来校讲课，展开一体化教学的座谈会、研讨会，自上而下让全校教师充分认识到技工院校一体化教学改革的重要性，不改革就没有活力，不改革就没有出路。通过座谈、研讨，让全体教师统一了思想，深化了认识，把一体化教学提高到关系学校和教师的生存与发展的高度来对待，从根本上转变了技工教育理念，为一体化教学的实施奠定了基础。在学生方面，则是通过就业指导、企业反馈、信息宣传等方式，让学生明白到职业技能和职业素质的重要性，从而进一步理解学校实施一体化教学的迫切性。

四、寻找一体化教学改革的切入点

（一）加大投入，强化硬件建设

一体化教学使实习教学与理论教学有机地结合在一起，既能使学生掌握必备的操作技能和理论知识，又能使学生自觉地将所学理论与实际紧密结合，还可以培养学生的创业能力和创新能力。培养高素质、高技能人才，技工院校应当积极调整办学思路，加大投入，不断完善综合实训场所。建设集教、学、做于一体的一体化教学场所，是实施一体化教学的硬件保障，是实现教学模式转变的重要条件。主要应从以下几方面入手：一是要有真实或仿真的职业氛围，购置或自制必需的教学实训设备，教室的布局、设备的摆放、室内环境等要体现职业特色。二是要注重一体化教室功能的开发，将专业教室建设成为融讲解、实训、实验、考试等于一体、能承载理论与实践一体化教学的教学工厂模式，拓展一体化教室的多媒体教学、实物展示、演练实训、考核等多种功能。三是要引进企业文化，将企业氛围融入到教室和实训室，

营造企业岗位化的工作环境，发挥环境育人的功能，使学生在校期间就能与企业密切接触，感知企业精神，促进职业意识和素质的养成。

（二）加强“一体化”师资队伍的培养

实施一体化教学首要条件是教师。一体化教学需要的是“一体化”教师，没有“一体化”教师，理论和实训还是分割的。教学过程上要实现教学与实训、实践的一体化，理论教学与实际操作必须同步进行。随着教学模式的不断改革，理论课与实践课的类型界限在不断淡化，理论课教师与实践课教师的身份界限在不断弱化，需要一批适应“教学做一体”教学模式、能够掌握一体化教学的“一体化”教师。打造“一体化”教师队伍，一是要安排专业教师深入生产一线，参加生产实践，提高专业技能。二是要制订培训计划，有目的地培训专业教师，鼓励教师通过技能鉴定成为技师或高级技师。三是要有计划地组织教师参加新技术、新产品、新工艺的培训，鼓励教师参加企业科技公关和产品研发。四是要开展校企双方师资相融。企业高管兼任系部主任或教研室主任，聘请精通企业行业工作程序的技术骨干作为兼职教师；学校教师兼任企业工程师，使教师从擅长对学科能力的分析转向对职业任务的综合，从擅长工程设计转向技术的设计和实施，从而掌握新的教学思想，适应新的教学模式，提高教师的一体化教学能力。五是要充分利用各项可用资金，派遣管理层和骨干教师到国外职业教育发达的国家、地区进行培训，学习他们先进的职教理念、方法和经验。

（三）构建具有本地特色的一体化课程体系和一体化教材、课程标准

1. 构建基于工作过程的课程体系是一体化教学改革的核心

课程体系的构建应按照职业岗位和职业标准，结合当地产业特点，有机整合专业的理论课程与实践课程，以突出职业本位、强化技能训练、提高学生就业能力为目标。要深入行业和企业进行调研，对学生所学专业相应的职业岗位和任务进行具体分析，明确教学目的和培养目标，基于工作过程构建课程体系。要准确把握工作任务与课程搭建的对应关系，分析产业、行业、职业、职业岗位群、职业岗位能力，合理定位培养目标，将培养目标转化为专业目标和课程目标。另外，充分研究重点行业、大型企业的岗位特点，针对企业的人才需求和岗位需求，把行业、企业、岗位所需的新知识、新工艺、新规范纳入到课程体系中，实现学校课程体系与地方区域经济及企业、行业的对接。

2. 教材是教学内容的载体，没有一体化教材，就无法实施一体化教学

进行一体化教材的编写和校本教材的开发，要依据岗位能力和职业技能鉴定标准，注重教材的实用性和有效性。实用性，即以职业为本位，以能力为标准，结合企业生产实际编写教材内容。有效性，即所

编教材在教学运用中要做到知识、技能、标准、效果的对接。要准确把握好相互衔接和递进的教材内容，要明确知识和技能的切入点、任务和任务引导、规范的操作方法与步骤、支撑任务与拓展的相关知识等。

3．一体化教学标准是实施一体化教学的主要依据

教学标准主要包括教学大纲、课程标准、考核标准等。教学标准要体现开发以企业工作过程为课程设计基础的教学内容、以真实工作任务或社会产品为载体的知识、能力和素质融为一体的职业能力和素质培养结构。一是要根据人才培养方案的目标定位，对课程所涉及的实际工作岗位任务进行广泛的社会调研，进行教学大纲的制定和评审。二是要按照一体化教学、任务驱动、项目导向的要求，吸收国家标准、企业标准和职业资格标准，对任务进行分类，设计训练项目，制定各门课程和各个项目的课程标准。三是要结合岗位所需要的知识、能力、素质结构制定相应的考核标准。

（四）制定相应的管理制度、教学评价标准及激励机制

第一，要结合教学工作的具体要求和一体化教学改革的实际需要，建立一体化教学的管理制度，维护一体化教学秩序，保障一体化教学的效果。规范一体化教学计划、一体化教学大纲、一体化教案，规范教师的教学行为和学生的学习行为；健全一体化教学的考核制度，建立一体化教学各个环节的质量标准，对一体化教学的组织、管理、质量等进行过程控制和质量监控；在实验室、实训室、一体化教室的管理上，以有利于设备的使用和管理为目标，专业实验实训室按照谁使用、谁管理的原则划归各系院管理，公共实验室、实训室实行集中管理，统筹安排，提高实训项目的开出率和设备的使用效能。

第二，要建立一套覆盖课堂教学、实践教学、顶岗实习和订单培养全过程，体现工学结合的教学标准和考核标准，包括一体化教学效果的测评标准和教师一体化教学能力的测评标准，定性和定量评价教师的一体化教学能力和学生的学习效果。前者旨在测评培养的学生能否达到预期的培养目标，即学生毕业后能否符合准就业条件，成为企业或单位的有用人才；后者旨在解析教师一体化教学能力的要素构成及其指标，从而衡量教师的一体化教学能力的强弱优劣，从而不断提高教师的一体化教学能力。

第三，要建立相应的考核、监督机制。针对教学中存在的问题提出整改意见和措施，不断完善人事管理制度及激励政策，将教师参与改革取得的成果，作为评价教师能力和水平的重要内容，列入职称评定、职务晋升的重要条件，建立与工学结合人才培养模式和一体化教学模式相适应的分配制度。

（五）加强校企合作和教学研究工作力度

校企合作是一体化教学改革的平台，

技工院校应成立校企合作的专门机构，如校企合作办公室、校企合作专业建设指导委员会等。在一体化教学过程中，通过校企合作、产学结合的方式，共同制订人才培养方案、课程改革方案，联合开发课程、进行课程设计、制定课程标准等，将企业的真实环境引入教学建设和改革，建立新型的人才培养模式和教学模式。

教学研究是一体化教学改革的先导。一体的教学模式改革涉及课程体系构建、课程开发、教学内容和教学手段、教学组织和管理等方面，是一项长期性的系统工程，为此，应加大研究力度，将其作为教学改革研究课题进行专项研究，充分体现产学结合和工学结合的思想和理念，发挥教学研究在教学改革方面的先导作用。

（六）改革教学过程，实现理论和实践一体化

在传统教育中，教学模式采取理论课程在先、实践课在后。这使得理论教学和实践教学在时间上有一个时间差，采取边教边学边做，使得理论教学和实践教学不仅在时间上融为一体，而且理论教学与实践教学的场地也融为一体。在教学内容上，把重点放在从事本专业所需要的理论知识和技能上，专业理论教学突出应用性原则，技工教育培养出来的学生主要成为生产一线的高技能型人才。以掌握实践技能所必需、够用为原则，对实际中采用的新技术、新内容、新设备，必须在实际操作和实训中有所反映。要重视理论教学对实践的指导作用，做到理论联系实际，学以致用，这就决定了专业理论教学要突出适用性。教学内容是以问题展开的，按照需要解决的问题和形成技能所需的理论知识而选择，也就是要告诉学生学什么、为什么、怎样做、做的程度如何等知识。

五、一体化教学改革过程中需要注意的几个问题

（一）充分认识到改革的艰巨性

教学改革既涉及观点、体制等，因此应充分注意到教育改革并不是一朝一夕的事情，它具有艰巨性、复杂性。《国家中长期教育改革与发展规划纲要》从两个方面设计了改革的推进策略。一是自下而上，鼓励支持各地各校大胆探索，不断总结推广。二是自上而下，因为有的改革一个学校、一个地方做不了，它需要整体设计，全国统一考虑。

（二）提高统一协调性

技工院校应重视一体化教学改革的协调性，需要统筹各专业，考虑分步推进，先行试点，动态调整。如学校可以建专业，考虑分步推进，试点改革，动态调整。如学校可以建立一体化教学改革试点；成立教学体制改革领导小组，制定教育改革年度实施方案等。目的就是要完整地设计、扎实地推进，不断地解决教学改革中出现的问题。因此，一定要保证一体化教学改革的正确方向，坚持一体化教学改革制度的协调性，努力深化教学改革，促进技工院校一体化教学的科学发展。

（三）提高改革的质量

教育的核心任务是育人，技工院校目前的目标是要培养具有高素质、高技能的生产一线的实用性人才。一体化教学要达到理想的效果，单靠先进的设备和教师的热情是远远不够的。在实施一体化教学的过程中，实施对课堂教学质量的控制非常重要。紧紧抓住课堂教学的质量，是保证一体化教学取得成效的关键环节。技工院校要重视加强对课堂教学的检查与评估，建立一套较为科学、可行的检查、评价制度，并通过学生座谈、教师座谈及其他有关途径，及时反馈课堂教学质量的信息，全面推进一体化教学改革。

【参考文献】

[1]赵志群. 职业教育工学结合一体化课程开发指南[M]. 北京：清华大学出版社,2009.

[2]赵志群. 职业教育与培训学习新概念[M]. 北京：科学出版社,2003.

[3]苏醒. 浅析职业教育理论与实践一体化教学改革[J]. 中国校外教育,2011(01).

能力本位学生中心的改革

阳江技师学院　黄　娟

摘　要：我国职业教育教学已不适应社会经济发展的需要，技工教育教学课程及教学法必须做出相应的改革。我校在课程改革初期通过学习、研究职教课程类型、模式，选择并进行了充分体现“能力为本、学生中心”的基于工作过程的学习领域课程模式改革，同时推行了“能力为本、学生中心”的行动导向教学法改革。

关键词：以能力为本位　以学生为中心　职教课程模式　学习领域课程　行动导向教学法

改革开放三十多年来，我国经济发展从劳动力密集工业、技能密集工业逐渐向科技密集工业、创新及科研工业转型，并且最终要走进以人力资本为后盾、以创新为核心、以创造为特征的知识经济时代。但是，我国的职业教育尤其是中等职业教育仍停留在培养技能人才甚至是培养熟练操作工人的层面上，职业教育仍然是为技能密集工业甚至是为劳动力密集工业服务，不能满足目前的经济转型、产业升级（即科技密集工业、创新及科研工业）的社会经济发展需要，更远远不能满足未来知识经济的需要。温家宝总理在2009年明确指出，我国的教育及职业教育已不适合社会经济发展的需求。我国的职业教育教学改革迫在眉睫。

广东省技工院校为了能培养适合我国社会经济发展所需要的高技能人才，为了“打造世界水平的技工学校”，掀起了教学改革热潮。技工教育课程改革是一项艰巨的大工程，设及到学校的各方面，需要有强大的人力物力及财力支撑和长时间艰苦奋战。目前，笔者所在技工学校课程改革工作正在进行，并在课程体系改革及教学方法改革这两方面做了初步的研究、探索和尝试，取得了一些阶段性进展，在此与技工院校、职业学校的同仁们共同探讨与分享。

一、分析研究并选择正确职教课程类型，构建“能力本位、学生中心”的职教课程

（一）分析我国职业教育课程类型

从20世纪90年代开始到现在，我国高职院校已进行了三次不同类型的全国性

大规模课程改革，而中职尤其是技工院校，课程改革才刚拉开序幕，真正意义上的课程改革对大多数技工院校而言是新的尝试，没有太多的理论研究和实验，更没有经验，因此，非常需要“站在巨人的肩膀上”，需要学习、研究、借鉴高职课程改革经验，少走弯路、避免走错路，顺利进行课程改革。我国职业教育教学有以下三种模式课程。

1. “理论与实践并行”课程——“三段式”知识本位学科课程

这种课程是围绕着“学科教学 ”和“技能训练”两个中心建立的传统的职教课程，也就是最经典的“三段式”学科课程，目前大多数职业院校尤其是技工院校都还在沿用。这种课程，教学以传授知识和训练动作技能为主，忽视发现学习、探究学习和行动学习在人的职业发展中的价值，无法系统实现获得并最终形成实践能力。简言而之，这种课程适合培养熟练的操作工人，适合劳动力密集型工业的用人要求。

2. “理论为实践服务”课程——能力本位课程

改革开放后，我国已认识到职业教育应当服务经济建设的需要，满足企业对人才的“功利性”需求，引进了一系列建立在工作分析基础之上的课程模式与课程开发方法，如起源于英美文化圈的能力本位课程（CBE）及其课程开发方法（DACUM）、国际劳工组织的模块课程方案（MES）和德国双元制职业教育课程等，其中影响最大的是CBE。这些都是以“理论为实践服务”为主要特征的职教课程类型。我国职业院校的“理论知识以必须够用为度”、“宽基础活模块”和“多元整合课程”等就是这种课程本土化的生动写照。这种课程在我国的引进和推广是成功的，引发了一场针对传统学科体系课程的巨大变革。人们由此意识到职业教育课程开发应当以工作分析为起点，把握社会、市场和工作实践对劳动者的要求，这挑战了长期以来形成的“知识积累”优于“实践经验”的传统，改变了理论与实践的关系，确定了“实践比理论更重要”的地位。这种课程，强调职业教育满足经济社会发展对学生要求的功能性和功利性目标，这对我国职业教育课程理念无疑是重大进步，然而由于相对忽视学习规律和职业生涯发展的规律，这种课程有其必然的局限性，那就是，这种课程仅适合职业培训，而不适合职业教育，或者换句话说，这种课程只适合技能密集型工业的用人要求。

3. “理论与实践一体化”课程

21世纪是一个以人为中心的时代，即科技密集工业、创新及科研工业甚至知识经济时代，传统精细分工的简单岗位工作正在被以解决问题为导向的综合任务工作所取代，劳动者在综合能力和个性特征方面的整体发展具有越来越重要的意义。人们意识到，要想真正实现培养高素质应用型人才（高技能人才）的目标，必须将学生的理论学习和实践能力发展作为一个整体来看待，让学生获得那些在职业工作实践中相互关联的综合能力而不是相对割裂的理论知识和实践技能，建立理论与实践的直接联系，即建立“理论与实践一体化”的课程。这种课程，进行了整合化的课程设计，找到学习内容的一个合适载体，让学生不但借此学习专业知识和技能，而且能够通过经历工作过程获得职业意识和方法，通过合作学习学会交流与沟通并最终形成综合职业能力。

综上述，传统的“三段式”职教课程有不可挽救的致命伤，而“理论为实践服务”课程也有缺陷，只有“理论与实践一体化”课程，才能满足现在及未来社会经济发展的需求，这种充分体现了能力本位、学生中心的“理论与实践一体化”课程，正是当前技工教育教学课程改革的唯一的、正解的选择。

（二）进一步研究“理论与实践一体化”课程，选择最佳课程模式

近年来，我国职业教育界在“理论与实践一体化”课程这一领域做了大量的研究与实践，较有代表性的有项目课程、任务引领型课程、工作过程系统化（亦称基于工作过程）与学习领域课程等，这些课程的共性不再赘述，下面针对其不同之处，作简要对比、分析，见表1。

表1　各种课程对比

课程名称	项目课程	任务引领型（任务驱动）课程	基于工作过程的学习领域课程
定义（含义）	师生通过共同实施一个完整的“项目”工作而进行的教学活动。项目是指以生产一件具体的、具有实际应用价值的产品为目的的任务	以工作任务为中心来组织课程内容，用工作任务引领知识、技能和态度的学习，改变把知识、技能与工作任务相剥离的格局，让学生在完成工作任务的过程中学习相关知识，发展综合职业能力	把学习理解为理论和实践一体化的职业能力发展过程，给学生提供了一个能对理论和实践进行整体化链接的综合性工作任务和工作过程
特点	打破学科课程体系、按照完整的工作过程进行综合性教学，重视学生职业能力的培养，较好地实现了学习与工作之间的平衡，帮助学生了解和处理工作、学习和生活中的各种复杂关系与矛盾，为学生今后职业活动寻求个性化解决方案打下基础	“任务引领”只是现代职业教育教学设计的一个原则，目的是让学生通过独立完成一系列由易到难的任务，通过实践学会蕴涵其中的抽象理论，自主地初步构建新的知识体系，但不能提高到“课程模式”的层面	让学生亲身经历结构完整的工作过程，通过在真实工作情境中的实践学习，帮助学生形成自己对工作的认识和经验，从而获得包括关键能力在内的综合职业能力（而不仅仅是技能），满足学生个人全面发展的需要

续表

课程名称	项目课程	任务引领型（任务驱动）课程	基于工作过程的学习领域课程
优势	教学效果好，能实现学习与工作无缝对接	容易实施教学	符合主体性教育思想、建构主义和行动导向的理念，遵循人的职业生涯成长规律，适用于高技能人才培养
缺陷	课程开发方法存在缺陷、教学资源短缺、教师经验匮乏，难以实施和推广。教学随意性大。	课程开发方法有缺陷，任务的质量及完成任务的工作过程的完整性影响教学效果	社会对该课程认识不足、该课程对教师理论与实践综合水平、教学场所配置、学校教学管理制度均提出挑战
课程间的联系	项目课程都是任务引领的	任务引领型课程不一定都是项目	常以教学项目出现，但又不完全是教学项目，是项目课程的升华
结论（定位）（属性）	不适合作为课程形态，适合作为教学方法	不适合作为课程形态，适合作为教学方法	适用于职业教育课程改革

从上表可以推断，“基于工作过程的学习领域”课程模式是技工院校课程改革的最佳选择。

（三）有关课程模式的一些体会

课改前，我校采用的是“三段式”课程模式，课改最初定位为“能力本位”课程模式。当前职教课程模式五花八门，从最初的对职教课程模式一无所知到初期的“能力本位”课程到最后选定的“基于工作过程的学习领域”课程，我校花了较长的时间、投入了很多精力，采取走出去（培训、交流）、请进来（职教专家）、理论学习（大量研读我国近年职教各流派专著）及校本培训（研讨及推行）等多种方式，庆幸能及时地调整了课程模式，避免了课程改革原则性、方向性的错误。而这些“偶然”的收获，是直接得益于职教专家的点拨和大量的职教理论研习。

二、推行“能力为本”、“学生中心”的教学方法（方式）

（一）“能力为本”、“学生中心”的教学方法的含义

现代职业教育就是要培养学生的职业综合能力，所有教育教学都围绕着培养学生的专业能力、方法能力和社会能力。能力不是教师上课讲、学生被动地听就能培养成的，能力是通过“做中学”、“学中做”培养成的。要达到能力为本的培养目标，必须在教学策略上进行根本性的改革，将教学重心从教师的“教”移至学生的“学”，即构建以学生为中心的教学模式。以学生为中心的教学方式，就是学生在没有教师直接帮助下，围绕已明确了的学习目标独立完成学习任务，要求学生在多变复杂的工作环境中能独立选择劳动工具、设计工作方法、控制工作过程和保证工作质量，能够较好地发展专业能力和关键能力。而教师由单纯的知识传授者转变为学生学习活动的组织者、引导者、咨询者，就像导演、教练或咨询顾问。

最能体现“能力为本、学生中心”职业教育教学方法非“行动导向教学法”莫属。行动导向教学是在学校整个教学过程中，创造一种学与教互动的职业化情境，它强调学生作为学习的行动主体，通过学习活动构建知识，形成以专业能力、方法能力、社会能力整合后形成的行动能力，使受教育者既能适应相应职业岗位的要求，又能将这种构建知识的能力运用于其他职业，进而达到学以致用的教学方法。行动导向教学法不是一种具体的教学方法，而是一个创新的职业教学过程，它能够启发学生的学习兴趣，引导学生自主地进行学习。行动导向教学模式的基本原则是“行动导向”，学生为了“行动”来学习并通过“行动”学习，即针对与专业紧密相关的职业“行动领域”的工作过程，按照“信息（资讯）、计划、决策、实施、检查、评估”这六个完整的行动序列进行行动导向教学，即用工作的方法来学习，使得学生自主、自觉、有目的地参与到学习中来，不仅“手脑并用”，而且还能学会今后工作的正确方法，轻而易举地实现学习与工作的无缝对接。行动导向教学法不仅使学生通过“学知识”获得相应的专业能力，而且使学生“学会”学习，获得一定的方法能力，同时还使学生“学会生存、学会交往”，从而培养其社会能力，由此学生的综合职业能力得到有效提高。行动导向教学法实质上就是工作方法，因此这种方法是最适合的职业教育教学方法。行动导向教学法常用的有头脑风暴法、思维导图法、案例教学法、项目教学法、引导文教学法、角色扮演法、模拟教学法，等等。

（二）推行行动导向教学法

1．全员培训行动导向教学法

我校用职教专家培训和校本培训方式，让全校教师都参加了行动导向教学法培训。别开生面、颠覆式的培训带给全校教师的不仅仅是教学理念的冲击，更是行动上的冲击，培训刚结束，不少教师尤其是年轻教师自发地在教学中实践、尝试行动导向教学法。

2．试行＋总结助推行、以点带面促推行、以竞赛促提高

参加培训后教师就在课堂教学中不断尝试，再根据学生的反应及时调整和改进。初期阶段要求专业带头人、骨干教师和年轻教师要用行动导向教学法上课，然后推行到全校所有教师。经过一段时间的试验，我校及时召开行动导向教学法研讨会，教师互相交流、探讨和分享。计划在试行三个月后，举办行动导向教学法课堂教学竞

赛，促进提高。

3. 推行行动导向教学法注意事项

（1）教师观念很难转变，一定要加强教师培训。

（2）学生观念也很难转变，上行动导向课前一定也要给学生多上几次“洗脑”课，让学生理解先进教学理念和教学方法。

（3）备课一定要充分，上课所需材料也要准备充足。

（4）教研部门要加强对教师的指导和帮助。

【参考文献】

[1]赵志群.职业教育工学结合一体化课程开发指南[M].北京:清华大学出版社,2009.

[2]严中华.职业教育课程开发与实施——基于工作过程系统化的职教课程开发与实施[M].北京:清华大学出版社,2009.

技工院校电子商务课程创新教学模式探讨

——赴新加坡南洋理工学院学习启示

阳江技师学院　谢小俏

摘　要：本文结合新加坡南洋理工学院教学理念和教学模式，针对目前技工院校电子商务课程教学现状存在的问题，提出了电子商务课程创新教学模式，并对该模式的实施进行了深入探讨。

关键词：南洋理工学院　教学理念　教学模式　教学模式创新

新加坡南洋理工学院（Nan Yang Polytechnic，简称 NYP）办学理念超前，校园环境优美、教学设备先进、师资力量雄厚，教学管理体制规范，坚持以人为本的服务理念。NYP 为学生及学员提供优质的教育和设置先进合理的课程，使得学生在毕业后能为新加坡的科技、经济及社会发展做出贡献。而这一目标实现的关键在于 NYP 实行了先进的职业教育教学模式，值得我们学习和借鉴。

一、NYP 教学理念和教学模式

（一）“教学工厂”理念

“教学工厂”是 NYP 最重要的办学理念，它是企业实习、企业项目与学校教学的有机结合。在教学中，将企业环境引入到教学环境中，使学生的学习过程完全置身在一个设备完善、技术先进的企业环境中。这样对于学生来说，学校为他们提供了一个更完善更有效的学习环境和过程，可以激发学习兴趣，同时对培养学生的职业习惯也具有了很强的针对性和实效性；对于教师来说，通过不断地参与项目开发，可以了解企业的技术状况和实际需求，提高解决实际问题的能力；对于学校来说，借助企业项目和科研项目的平台，与企业建立了合作关系，企业为学校提供先进设备和实践实习，学校则为企业解决难题或设计产品，这样确保了课程与企业的实际需求挂钩，提高了培养的针对性和实效性；同时也是学院专能开发和教职员专业培训的重要途径；促进了学院与企业的紧密联系，学院与企业始终保持着良好的互动。“教学工厂”从学生的培养方案、课程的开发、教学的组织和安排，到教师的培养等各个方面都能体现这种理念，其核心是学生职业能力的培养。

（二）双轨教学模式

NYP 双轨教学模式，即把学生分为两

组，交叉学习，以便充分利用好现有的教学资源，如图 1 所示。学生在校学习共 3 年，其中前两年侧重于学习基础理论和进行专业技能训练及学期项目实训。第三年是专项培训，其内容是专业课程的学习、毕业项目的实施以及企业实习。在第三年进行的专项培训里，实施“双轨制”教学模式，把学生分为 A、B 两组，第一学期 A 组开展专项培训，B 组做全日制项目和企业实习，第二学期再将 AB 两组学生进行对调。这样做的好处是，保证每年都有学生与老师一起做项目，而且满足了学生到企业实习不间断，企业生产不断线。

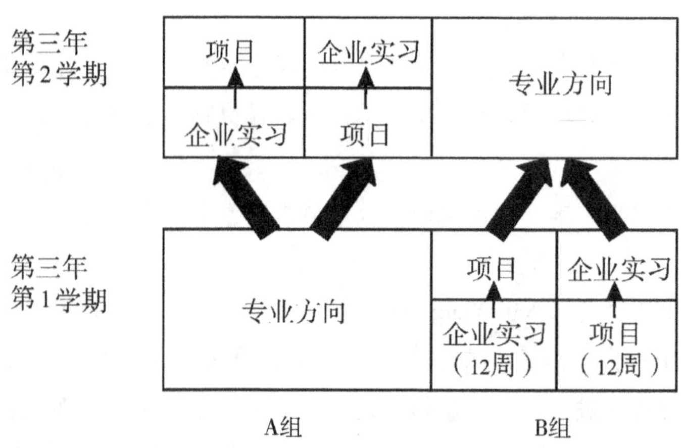

图 1　双轨教学模式示意图

借鉴 NYP 这种双轨制教学模式可以使目前技工院校紧张的教师和实训资源得到合理分配，避免教学资源一学期紧张而另一学期空置的情况出现，这样安排使得在一学年的任何时段都有学生并保证所有学生都能参与校内实训过程，且能够保证学生到企业顶岗实习的连续性。

二、目前技工院校电子商务人才培养模式的现状

（一）定位不清晰，培养目标不明确

电子商务在我国应用与发展的时间不长，本身在概念界定、理论体系、培养模式等方面都不太确定、不太成熟。目前一般人对电子商务的理解就是“电子 + 商务”，因此，在进行专业人才培养时，课程设置是电子类与商务类“对半开”，能力培养也是“一对一”，缺乏符合学校实际和未来就业岗位需求特点的人才培养目标，培养出来的人才与社会需求脱节。

（二）课程设置不合理，没有突出“以职业为导向”

在电子商务课程设置中，没有突出“以职业为导向”，造成电子商务专业的学生所学知识与实际岗位所需的知识和技能差异较大，遇到实际问题时会束手无策。

（三）理论教学过多，学生缺乏实践

在电子商务教学中，教师以说为主，学生以听为主，在实践方面的教学是一个

最薄弱的环节，缺乏技能训练，学生往往停留在“纸上谈兵”状态，学生实际动手能力不强。

（四）专业教师问题

专业教师经验不足，缺乏应有的企业工作背景和经验，对新技术、新工艺、新设备了解较少，难以满足学生应付未来挑战的需要。

三、技工院校电子商务课程创新教学模式

21 世纪是日益网络化的世纪，电子商务作为网络经济发展的平台，将成为全球重要经济模式之一，发展潜力和空间十分巨大。因此，为适应电子商务人才培养要求，结合电子商务课程教学现状和特点，积极探讨针对电子商务课程特点的教学新模式。

（一）专业课程设置与创新

电子商务专业课程设置从岗位需求开发，以工作任务为引领，通过课程实现以就业为导向的培养目标。根据工作任务与职业能力要求开设课程。电子商务专业课程的设置如何真正做到与时俱进，不被淘汰，借鉴 NYP 的经验，一要有专业需求分析—即企业需求分析；二是成立一个专业能力较强的专业建设委员会；三是在调研的基础上，按程序合理开发专业项目课程；四是进行合理的课程设计与教学准备（包括授课计划和教学器材）；五是专业反馈与改进。在专业课程设置时，可聘请企业技术人员共同参与开发适应时代发展要求和学校自身办学条件的校本课程，根据企业的需求安排教学模块，不断把新知识、新技术、新工艺充实到教学内容中去，只有这样，才能培养更多更好的受企业欢迎人才。

（二）实施工学结合教学模式，构建电子商务真实工作环境

新加坡理工学院倡导的教学工厂理念就是我们所提倡的工学结合的理念。它能使学生将所学到的知识和技能应用于多元化、多层次的工作环境之中。它建立在现有的教学系统的基础之上。它为学生提供了一个更为完善和有效的学习环境和过程，为提高教师的教学和科研水平提供了一个平台，也为企业的进步和社会发展做出了贡献。学校可与一些知名的电子商务公司像阿里巴巴（中国）教育科技有限公司等企业合作，在校内构建电子商务公司，营造真实完整的电子商务体验环境，通过公司化的运作机制吸引和引导学生参与真实电子商务项目的策划、运营和管理工作，实现学习与工作情境一体化。因此，要想方设法与一些电子商务企业联合进行实际网上营销活动，积累实践经验，增强师生的实践能力；采取“走出去”“请进来”的方式，为企业提供电子商务咨询与培训，深入企业内部，了解企业的需求特点与电子商务发展情况。另外学校可鼓励电子商务专业教师承担一些校内外具有可行性的项目，教师将项目引入教学，让即将毕业的学生选择参与项目的实施，以提升教师与学生的技术水平。

（三）教材、教学方法的创新

1. 教材的创新

目前电子商务教学内容与电子商务发展的实际脱节，电子商务正处于快速发展、知识结构更新换代快的阶段。因此，在教材方面，鼓励教师根据培养目标及职业岗位能力要求编写有特色的电子商务教材、教学案例、实训指导书。教师编写教材时注意教学内容应与社会实践相结合。

2. 教学方法的创新

传统的电子商务课堂教学依然是以教师为中心进行知识的灌输，学生通过课堂被动接受教师讲授的知识。这种方式导致了教师讲课没有创新性，学生学习兴趣不大，教学效果不佳。针对技校学生的特点和电子商务教学的现状，结合笔者在多年的教学实践中的体会，可以从以下几种方法进行。

（1）采用以项目为导向，将知识和技能融入工作任务实践的教学模式。在教学活动中，根据电子商务专业职业岗位能力要求，以真实企业项目为载体，以真实工作任务为驱动，激发学生学习的主动性和兴趣，学生为完成项目工作任务会主动学习专业知识和技能。摆脱传统的“以讲授为中心”的教学方式。课程实施项目教学，将课程知识融于项目实践中，积极引导学生“做中学、学中做、边学边做”。

（2）充分利用电子商务实训模拟教学软件，将课堂教学与实验教学、模拟教学结合，将真实的应用环境搬到虚拟教室和虚拟实验室中，通过模拟各角色的职能，了解掌握电子商务的体系，效果显著。

（3）创造条件让学生跟踪新技术的发展，参与实际的科学研究，激发学生的创造力。如定期组织学生到企业参加实习、调研，邀请电子商务企业代表到校开讲座和报告。课外项目“网上创业项目”，要求学生选择校企合作企业产品或自行选择产品，在淘宝网上进行创业策划，通过“网上创业项目”的实施，将创业教育融入到教学中，突出“工学结合”。

当然这种教学创新以学生为本，实践操作与理论学习相结合，在实际操作中依赖各种教学资源的配置和电子商务多门课程知识的集成和融合。

四、结束语

随着科学技术的进步，社会对人才的动手能力和综合素质必然提出更高的要求。根据电子商务学科特点和现代商务培养人才的特点，要不断探索新的电子商务课程教学模式，突出技能型人才特点，结合学校自身的专业优势，加强校企合作，培养出企业真正需要的电子商务专业人才。

【参考文献】

[1]张祖华.借鉴NYP教学理念,探究职教新模式[J].文教资料,2009(19):123-124.

[2]丛佩丽.新加坡南洋理工学院的人才培养模式及其启示[J].辽宁高职学报,2009(4):7-8.

[3]邓允.高等职业教育教学模式的探索性研究[J].常州工程职业技术学院学报,2007-02.

[4]王锦.高职院校电子商务专业教学创新探索[J].知识经济,2011(12):167.

斯沃仿真 & MasterCAM 在笔筒模型加工教学中的应用

阳江技师学院　陈恩连

摘　要： 自动编程和仿真加工技术在数控加工领域应用广泛。本文通过教学中对笔筒模型加工的例子，从图纸分析、工艺制定、实体造型、刀路编辑、程序生成、仿真加工等方面，阐述了如何将这两种技术完美结合的方法和技巧。

关键词： MasterCAM 自动编程　刀具路径　后处理　斯沃仿真加工

一、引言

随着我国经济飞速发展，数控机床和 CAD/CAM 软件也得到了普遍使用，而机床仿真技术作为一项机械加工的辅助手段，能够将 CAD/CAM 软件与机床仿真软件综合运用，融刀路编辑、程序生成与仿真加工于一体。成功解决了 CAD/CAM 软件只能进行刀路模拟而不能进行机床操作和程序检验等问题。本文将结合实际教学中笔筒模型加工的实例，阐述如何利用 MasterCAM 9.0 进行自动编程和利用斯沃数控机床软件进行仿真加工的一整套过程。

二、斯沃数控机床仿真软件简介

斯沃仿真由南京斯沃软件技术有限公司结合企业实际生产和学校理实一体化教学需要研制开发的，具有日本发那科 FANUC、广州数控 GSK、北京凯恩帝 KND、德国西门子 SIEMENS、华中世纪星 HNC、大连大森 DASEN 等 28 种系统，62 个控制面板。企业使用该软件可以大大缩短新产品的研发周期，提高加工效率，降低成本，学生也可以通过学校计算机仿真室操作该软件，学习不同系统的编程和不同类型的机床加工，既安全又实用，有效地解决了学校机床系统单一和数量不足的难题。

三、MasterCAM 自动编程软件

MasterCAM 是典型的 CAD/CAM 一体化的中端软件，它将 CAD 造型和 CAM 数控编程集成于一个系统环境中，其工作流程为绘制或导入图形→零件加工工艺分析→编制刀具路径→实体验证（模拟刀具路径）→后置处理生成 NC 程序→传输程序进行机床加工。该软件基于 PC 平台，对

系统运行环境要求低，人机交互，能迅速自动生成 NC 代码，提高学习工作效率，因而被广泛应用。下面以图 1 所示的笔筒模型为例，详细介绍利用 MasterCAM 9.0 软件进行自动编程的过程。

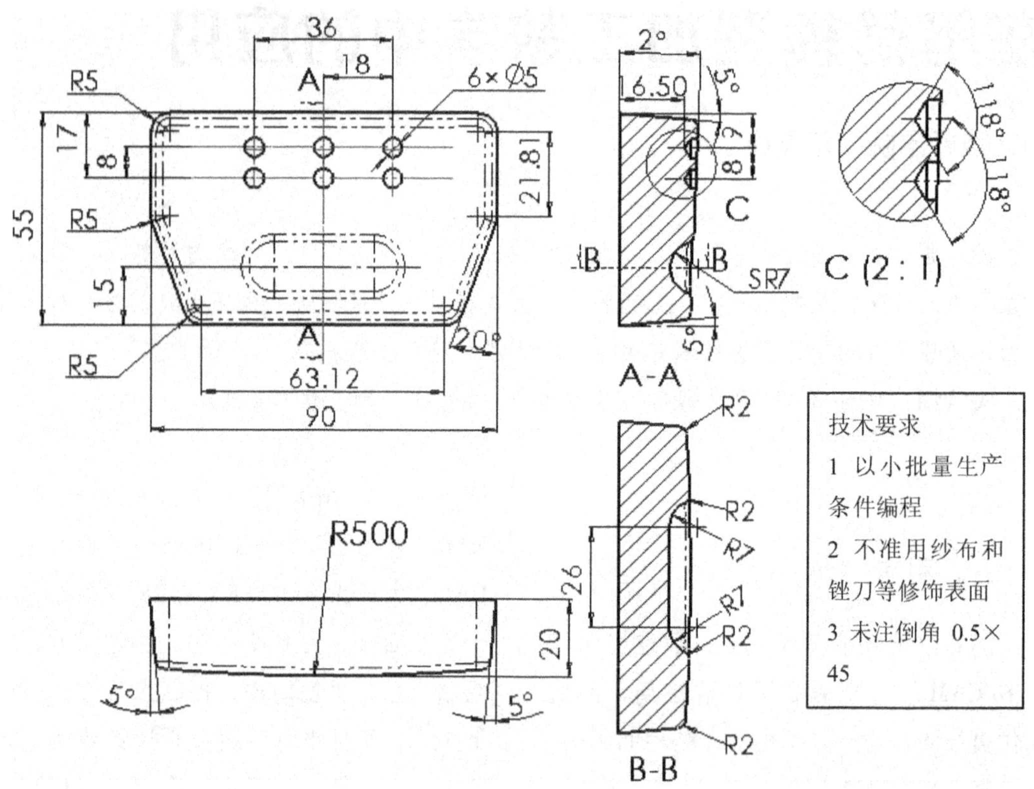

图 1　笔筒零件图

（一）绘制笔筒线框并生成实体

首先，在 MasterCAM 9.0 软件中绘制笔筒的俯视图线框，然后挤出并拔模 5 度产生基本实体，用扫掠切割实体的方法绘制笔筒上表面（如图 2 所示），再用旋转切割实体的方法产生凹槽和小孔，最后按图纸要求对笔筒实体进行倒角，生成实体如图 3 所示。

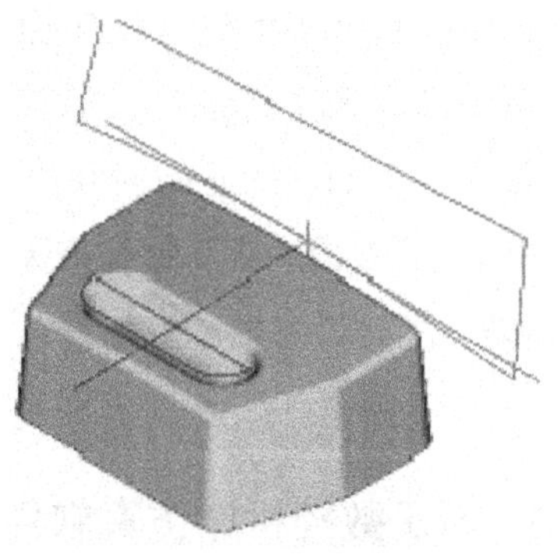

图 2　扫掠切割实体

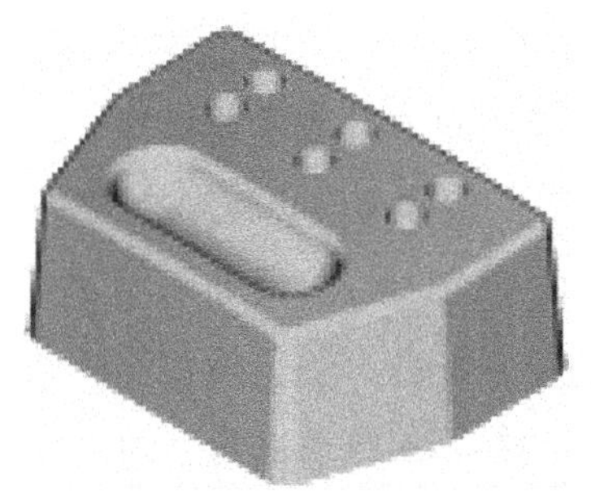

图 3　笔筒实体造型

（二）CAM 数控加工

1. 工作设定

工作设定是用来设置当前的工件参数，包括毛坯设置、NCI 设置和刀具偏置设置等。本例中笔筒工件毛坯大小为 X60，Y95，Z30，工件原点为 X0，Y0，Z0，其他参数取默认值。

2. 工件粗加工

粗加工是以快速切除毛坯余量为目的，在粗加工时应选用大的进给量和尽可能大的切削深度，以便在较短的时间内切除尽可能多的切屑。粗加工对表面质量的要求不高。在【刀具路径】中选择【外形铣削】粗加工，在参数选择卡中选择 Φ10 平刀，XY 方向分 4 层切削，Z 方向最大粗切量为 2mm，预留量为 0.3mm，点击【确定】完成编辑。在主菜单上点击【曲面加工】选择【挖槽粗加工】并完成挖槽相关参数的设定，单击【确定】完成刀路的编辑。

3. 工件精加工

在主功能表中执行菜单命令【刀具路径】/【外形铣削】/【串连】，选择外形粗加工路线作为精加工路径，选择 Φ5 平刀，不留加工余量，其他参数用默认值，单击【确定】，返回主功能表，点击【曲面加工】，选择【等高外形精加工】和【平行精加工】分别完成相关参数设置，点击【确定】完成精加工刀路编辑。

4. 工件钻孔

返回主功能表，执行菜单命令【刀具路径】/【钻孔】/【手动】/【圆心】，按顺序选择 6 个孔的圆心点，回上层功能表，选择【执行】，在参数对话框中选择 Φ5 的钻头，主轴转速为 1200r/min，进给率为 200mm/min，切削深度值为 13.5，其他参数按默认值，点击【确定】完成孔加工路径。

刀路编辑、实体验证和后置处理如图 4 至图 6 所示。

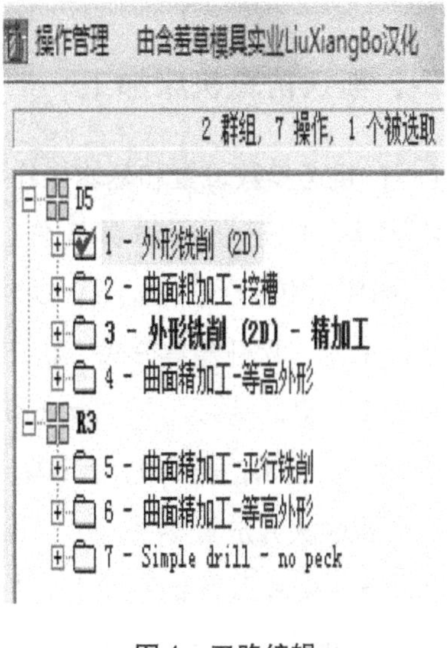

图 4　刀路编辑

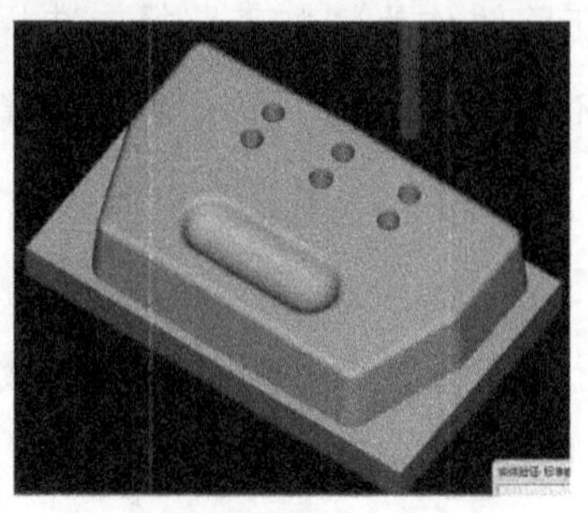

图5 实体验证

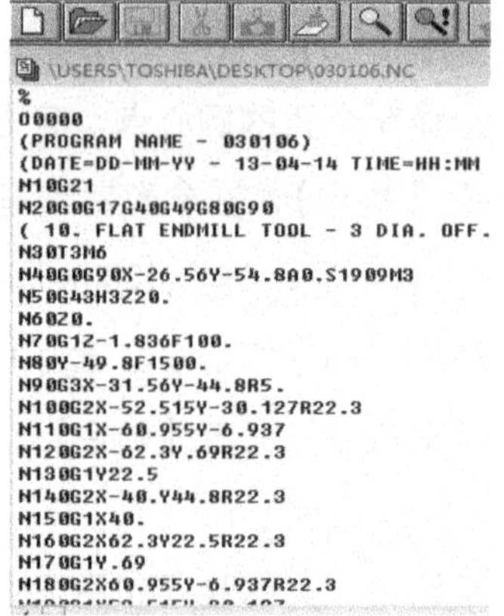

```
\USERS\TOSHIBA\DESKTOP\030106.NC
%
O0000
(PROGRAM NAME - 030106)
(DATE=DD-MM-YY - 13-04-14 TIME=HH:MM
N10G21
N20G0G17G40G49G80G90
( 10. FLAT ENDMILL TOOL - 3 DIA. OFF.
N30T3M6
N40G0G90X-26.56Y-54.8A0.S1909M3
N50G43H3Z20.
N60Z0.
N70G1Z-1.836F100.
N80Y-49.8F1500.
N90G3X-31.56Y-44.8R5.
N100G2X-52.515Y-30.127R22.3
N110G1X-60.955Y-6.937
N120G2X-62.3Y.69R22.3
N130G1Y22.5
N140G2X-40.Y44.8R22.3
N150G1X40.
N160G2X62.3Y22.5R22.3
N170G1Y.69
N180G2X60.955Y-6.937R22.3
```

图6 后置处理程序

四、斯沃仿真机床加工

（一）机床参数设置和基本操作

步骤1，打开斯沃仿真软件，选择FANUC-OiM数控系统，选择立式加工中心，启动系统，松开急停开关，机床回零。

步骤2，定义毛坯，材料为08F低碳钢，形状为长方体，长100，宽60，高30。采用工艺板装夹并放置零件。

步骤3，安装刀具到刀库上（1号Φ5平刀，2号Φ6球刀，3号Φ10平刀，4号Φ5钻头）。

步骤4，机床对刀，使用机床自带的基准芯棒、偏心寻边器、Z向对刀仪进行X、Y、Z轴的对刀，确定工件中心并在工件坐标系G54中测量设定。

（二）机床参数设置和基本操作

调入在MasterCAM中后置处理生成的NC程序（如图6所示的程序转换为文本格式），按循环启动进行仿真加工，结果如图7，图8所示。

图7 斯沃机床仿真粗加工

图8 斯沃机床仿真精加工

五、结束语

笔者从事数控一体化教学多年，深刻认识到仿真软件用得好的学生，在实际加工中不一定做得好，它们之间存在一定的距离。需要我们进一步的练习和总结。数控加工仿真软件虽然有缺点，但对数控初学者的教学和在实际加工前对程序的检验以及修正而言却有着不可替代的作用。作为数控专业教师，我们要掌握数控仿真软件的特点，充分发挥其优势，加强工艺、安全等方面的强化训练，要把数控仿真软件和实际加工有机结合起来，做到自然过渡，才能培养出符合社会需求的数控技能人才。

【参考文献】

[1] 南京斯沃软件技术有限公司. 斯沃数控仿真软件 FANUC 系统操作和编程说明书[R]. 2006.
[2] 傅伟. MasterCAM 软件应用技术[M]. 北京:人民邮电出版社,2007.
[3] 胡如夫. MasterCAM V9.0 中文版教程[M]. 北京:人民邮电出版社,2007.

浅谈《导游业务》课程教学改革

阳江技师学院　庄翠莲

摘　要：现阶段，旅游市场对高素质导游的需求旺盛。但是，大多数院校传统方式培养出来的导游往往与市场需求脱节。导游业务课程改革是大势所趋。本文分析了传统导游业务教学中存在的问题，指出了导游业务课程改革的方向，并着重探讨了导游业务教学方法的改革，同时对导游业务教学改革提出了建议。

关键词：导游业务　教学改革　工学结合　任务

现阶段，旅游市场对高素质导游人才的需求旺盛。但是，大多数院校传统方式培养出来的导游往往与市场需求脱节。传统的教学模式，基本上都是采用单纯的课堂教学形式，教师主导课堂，学生被动地接受，这势必会影响学生对所学知识的掌握和尝试运用理论知识解决实际问题的能力。导游业务课程教学改革是大势所趋。职业教育课程的本质特征是工学结合，即"学习的内容是工作，通过学习完成工作"。本文分析了传统导游课程教学存在的问题，根据作者所在学校旅游专业课程改革的实际情况指出导游课程改革的方向，并着重探讨了导游教学方法的改革，同时对导游教学改革提出了一些建议。

一、传统导游业务教学存在问题，导游业务教学改革实属必要

（一）教学内容设置不合理

迫于导游资格考试的压力，很多旅游院校的旅游专业在对待《导游业务》这门课上，都是采用传统的教学模式，放大导游资格考试这个门槛，把理论教学放到极为重要的高度，忽视了《导游业务》这门课程本身具有的对实践的指导性。教师用零散的知识点铺满整个教学过程，而不是以导游应具备的能力版块构建教学内容。最终学生通过填鸭式教学所获取的理论知识不牢固，不足以应对导游资格考试的多变，更谈不上把理论知识应用于指导实际带团。

（二）教学方式不灵活

传统的教学模式基本上都是采用单纯的课堂教学形式，教师主导课堂，学生被动接受，上课记笔记、下课做习题、考完就忘记的单向灌输式教学使学生掌握知识不灵活，不能体现学生对知识的理解和掌握，教师和学生之间缺乏互动，没有反馈，对事物的分析能力及动手能力更是无从谈起。

（三）教师队伍实践能力薄弱

导游业务课程实践性强的这个特点，要求授课教师不仅需要扎实的专业基础，同时应具有实际带团经验和在旅行社工作的经历。在授课的时候，把自己带团过程中亲身经历的案例分享给学生，并分析自己处理事件的过程、结果，这样教学内容才会鲜活，否则只能照本宣科，学生也很难吸收知识。但在实际教学当中，教师的带团经历总是有限的，而从行业聘请的经验丰富的导游又缺乏理论基础，使整个教学很难做到理论与实践的完美结合。

（四）考核方式局限于理论考核

传统的导游业务课程考核方式：理论考核为主，态度考核为辅。在这种考核方式中完全没有体现对学生实际操作能力的评判，加上我们的学生从小接受的就是应试型的教育，大多数学生认为只要考试合格，自己就有能力成为一名合格的导游，将分数与能力划等号。实际情况却是，通过导游资格考试的学生往往不是导游能力最强的学生，而讲解能力、带团能力较好的学生又不一定能通过导游资格考试。这种片面的考核方式也引导着学生重理论、轻实践的思想。

鉴于传统教学中出现的种种问题，笔者认为导游教学改革是十分必要的。

二、导游业务教学改革的方向

职业教育课程的本质特征是工学结合，即“学习的内容是工作，通过学习完成工作”。实际工作需要什么，学校就开设什么课程，学生就学什么，在校学习的内容和方式就是企业工作的内容和方式，通过学习培养学生工作能力，实现毕业生从学校到企业的无缝对接，使学生一就业就能独立上岗，并且具备一定的职业生涯发展潜力。

导游业务教学改革也遵循这一本质特征，实现导游教学过程系统化。这里蕴藏着导游教学课程理念、课程目标、课程模式、课程开发方法和课程内容的重大变革。

（一）改革课程内容，体现“专业能力+方法能力+社会能力”

在确定导游业务教学内容之前，应先进行企业调研，了解我们企业的导游工作内容是什么。然后，在企业一线专家的帮助下，以典型的工作任务为载体，对教学内容进行整合，以项目化教学来组织课程内容，在课程内容的选择与排序中进行项目提炼，将课程内容划分为互相联系的以工作过程为导向的项目。每个项目分解为若干个任务，把学习内容分解到具体任务中，让学生以分组的方式承担工作任务，从而系统地学习、掌握理论知识和岗位技能。另外，导游工作任务是连贯性的，所以确定相关的学习情境，如“北京双飞五天游”时，必须将全陪服务相关知识、游客特殊要求的处理、旅游突发事故的处理整合进全陪服务工作中。这样学生能够清楚地认识到不同游客的特殊要求及突发事故一般出现在导游接待服务的哪个环节，学生在企业顶岗实习及以后实际工作过程中就可以采取相应措施预防事故的发生，另外，在处理突发事故过程中，学生们分组讨论，互相沟通，或者借助其他部门一起帮忙解决本小组的工作任务，这样学生就能锻炼自身的解决问题的能力和社会交往的能力。

（二）改革教学方法，使学生由被动变主动学习

采用行动导向教学法进行教学。这是一种新的教学模式，以学生为中心，教师为指导，遵循“资讯、计划、决策、实施、检查、评估”这一完整的“行动”过程序列。遵循行为导向教学法的思想而发展的教学技术有下列几种：项目教学、情境模拟、表演、案例研究、角色扮演、任务驱动等等。其教学组织形式根据学习任务的性质可以灵活变化。下面介绍部分行动导向教学法在导游业务教学改革中的应用。

1. 任务驱动法

“任务驱动”教学法要求在教学过程中，以完成一个个具体的任务为线索，把教学内容巧妙地隐含在每个任务之中，让学生自己提出问题，并经过思考和老师的点拨，自己解决问题。在完成任务的同时，学生培养了创新意识、创新能力以及自主学习的习惯，学会如何去发现问题、思考问题，寻找解决问题的方法。具体环节有以下几项。

（1）创设情境：使学生的学习能在与现实情况基本一致或相类似的情境中发生，需要创设与当前学习主题相关的、尽可能真实的学习情境，引导学习者带着真实的“任务”进入学习情境，使学习直观化和形象化。

（2）任务设计：在创设的情境下，选择与当前学习主题密切相关的真实性事件或任务作为学习的中心内容，让学生面临一个需要立即去解决的现实问题。在“任务驱动”教学中，“任务设计”是最重要的，它将决定这节课学生是主动地学习还是被动地学习。任务的提出首先要具有综合性，它应该把学过的知识和即将要学习

的知识综合进去，这样学生既学到了新知识又复习了旧知识，同时还学会了综合运用知识；其次要具有实践性，任务必须能够通过实践来完成，应尽量避免抽象和完全理论化的任务出现。

（3）学生分组，自主、协作学习：教师不直接告诉学生应当如何去解决面临的问题，而是由教师向学生提供解决该问题的有关线索，如需要搜集哪一类资料。从何处获取有关的信息资料等，强调发展学生的“自主学习”能力。同时，倡导学生之间的讨论和交流，通过不断的研讨，小组合作共同找到解决问题的方案，锻炼学生的专业能力、沟通能力、合作能力、管理能力。

（4）评价：评价一般有自我评价、小组互评和教师点评。自我评价由组员针对本次任务的自我表现进行评价，也可派代表针对本小组的表现进行自我点评，教师的点评是针对学生在完成任务整个过程的评价，所以教师在学生讨论或操作过程中一定要认真记录，尤其是优缺点部分。通过评价这个环节，可锻炼学生的语言表达能力和胆量，同时使学生对所学内容理解更深刻。

2. 角色扮演法

角色扮演是一种情境模拟活动。导游业务课程中技能操作性强的内容，最好的学习方式就是角色扮演。全班分为若干组，并分配好各自的角色，如地陪、全陪、领队、游客、司机等。演绎过程根据任务而定。学生自行设计不同的突发事件和情景模式，根据各自不同的职责分工，共同做好角色扮演练习。扮演完毕，由观看的同学对表演的小组进行点评，小组内不同的角色也可以互评，最后由老师根据学生在角色扮演过程中出现的问题、疑点进行评析。角色扮演法不仅让学生体验了一次做导游的滋味，坚定了学生要成为一名优秀导游的信念，同时学生也通过演练，强化了对知识的掌握和运用，更重要的是，课堂气氛相当好，学生学习兴趣浓厚。

（三）改革考核方法

导游业务这门课程的内容实操性很强，所以，除了全国导游人员资格证必考的笔试部分内容外，其余的操作考核可灵活处理，如地陪服务的项目考核可将权力交给所在学校的老师，让学生在校车上为教师们进行导游讲解服务。考核项目、评分标准要事先做好简单的表格，方便老师在短时间内进行评分，让老师当一回游客，学生做一回导游，游客的评分就是最好的评价。同时，本门课程平时多以任务教学为主，每完成一个任务都有评价项目，所以平时的这些成绩在期末成绩里应占一定的比例。如期末成绩可由实训成绩占40%，理论成绩占30%，平时成绩占30%进行计算。

三、导游业务教学改革的建议

（一）导游业务课程教学改革必须与企业建立紧密联系

技术教育离开企业是没有生命力的。

同样，导游课程教学改革离开企业也是没有生命力的。课程改革的每个环节，我们都要与企业建立紧密联系，真正做到企业工作的内容就是学生学习的内容；同时，我们需要检验学生学习成果时，企业能提供机会达到学习目标。只有这样，导游教学改革才能更易成功，学校与企业才能达到双赢。

（二）导游教学改革必须充分依靠当地的旅游资源

导游教学工作必须充分依靠当地的旅游资源。必要的时候，把教室“搬”到景区去。尽管学生在通过导游资格考试以前都不是真正的导游，也无法真正做一名导游，但可以通过其他形式的讲解活动来锻炼学生的技能。比如在校车上为本校教师进行导游讲解、到景区景点免费为游客进行向导、讲解等，提高实战能力。只有充分依靠这些旅游资源的支持，学生才能学得更好，导游教学工作才能更顺利。

（三）任课教师必须到企业中去锻炼，不断提高导游服务实践能力

导游业务这一实践性极强的旅游专业课程对教师相关业务能力的要求非常高。应鼓励任课教师走向一线旅游企业，通过和业界的接触使专任教师能直接了解到来自企业一线的最新信息。同时，通过不断的实践锻炼，提高导游服务实践能力，这样才能更好地将理论与实践融于课堂教学。

总之，导游业务作为一门实用性很强的专业技能课，教学改革应与时俱进，教学内容、教学手段、教学模式及评价考核方式等必须不断改革，充分利用本土旅游资源，不断深化校企合作。只有这样，才能从根本上满足新时期旅游市场对高素质导游人才的需求。

【参考文献】

[1]张颖.浅析高职高专导游实务课程教学改革[J].吉林广播电视大学学报,2011(06).
[2]王俊红.基于工作过程的《导游业务》课程改革[J].大众商务,2010-2.
[3]周密,赵西萍.旅游专业情景教学及效果评价[J].旅游学刊,2003-1.
[4]王培英.试论我国高校导游人才培养存在的问题及其对策[J].北京城市学院学报,2006(01).
[5]袁银枝.“任务驱动”教学模式在《导游业务》教学中的应用[J].安徽商贸职业技术学院学报,2011-1.